Die poetische Geschichte des Rheins ist die Geschichte seiner romantischen Entdeckung und seiner Fixierung zum nationalen Stereotyp. Die Landschaft des Flußlaufes zwischen Mainz und Köln – und besonders des windungsreichen Abschnitts zwischen Bingen und Koblenz – wurde seit dem Anfang des 19. Jahrhunderts zur symbolischen Geographie par excellence der europäischen Romantik, aber auch zum Symbol der zwiespältigen Identitätsbildung des deutschen Nationalbewußtseins. Der vorliegende Band versammelt erstmals in solcher Ausführlichkeit die wichtigsten Zeugnisse dieses Stücks deutscher Kulturgeschichte: von Goethe und den Romantikern Clemens und Bettina von Brentano über Heine und die politischen Lyriker des Vormärz bis zur George, Nietzsche und zu Gegenwartsautoren wie Anna Seghers, Carl Zuckmayer und Heinrich Böll. Er ist illustriert mit bekannten Stichen und weniger bekanntem, teilweise bisher unveröffentlichtem Bildmaterial.

insel taschenbuch 624

Der Rhein

Der Rhein

SEINE POETISCHE GESCHICHTE
IN TEXTEN UND BILDERN
HERAUSGEGEBEN
VON HELMUT J. SCHNEIDER

INSEL VERLAG

insel taschenbuch 624
Erste Auflage 1983

Vertrieb durch den Suhrkamp Taschenbuch Verlag
Umschlag nach Entwürfen von Willy Fleckhaus
Typografie: Gerd Lenz
Satz: Fotosatz Otto Gutfreund, Darmstadt
Druck: Ebner Ulm · Printed in Germany

1 2 3 4 5 6 – 88 87 86 85 84 83

Der Rhein

Also sagt ich und jetzt kehr ich an den Rhein, in die Heimat,
Zärtlich, wie vormals, wehn Lüfte der Jugend mich an;
Und das strebende Herz besänftigen mir die vertrauten
Offnen Bäume, die einst mich in den Armen gewiegt,
Und das heilige Grün, der Zeuge des seligen, tiefen
Lebens der Welt, es erfrischt, wandelt zum Jüngling mich um.
Alt bin ich geworden indes, mich bleichte der Eispol,
Und im Feuer des Süds fielen die Locken mir aus.
Aber wenn einer auch am letzten der sterblichen Tage,
Fernher kommend und müd bis in die Seele noch jetzt
Wiedersähe dies Land, noch Einmal müßte die Wang ihm
Blühn, und erloschen fast glänzte sein Auge noch auf.
Seliges Tal des Rheins! kein Hügel ist ohne den Weinstock,
Und mit der Traube Laub Mauer und Garten bekränzt,
Und des heiligen Tranks sind voll im Strome die Schiffe,
Städt und Inseln, sie sind trunken von Weinen und Obst.
Aber lächelnd und ernst ruht droben der Alte, der Taunus,
Und mit Eichen bekränzt neiget der Freie das Haupt.

FRIEDRICH HÖLDERLIN: *aus* DER WANDERER

DECIMUS MAGNUS AUSONIUS

AUS

Die Mosel

Frei zu genießen die Pracht ist vergönnt, wenn den schattigen Hügel
Spiegelt der bläuliche Fluß, von Belaubung scheinen zu grünen
Rieselnde Wellen und rebenbepflanzt die lautere Strömung.
Welche Farbe der Flut, wenn dämmernde Schatten herbeiführt
Hesperus, und er begießt mit dem grünenden Berg die Mosella!
Anhöhn schwimmen in rieselnder Wog, und es zittert die ferne
Rank, und schwellend erscheint die Traub in krystallener Tiefe:
Stets sich täuscht aufzählend die grünenden Reben der Schiffer,
Schiffer in wiegendem Kahn hinschaukelend über die Fläche,
Mitten hindurch, wo im Fluß das Bild des Hügels verschwimmet,
Und wo der Strom miteinander vereint nahfallende Schatten.
Wie anmutig erscheint dem Blick dies andere Schauspiel,
Wenn in der Mitte des Stroms umruderte Nachen im Wettstreit
Nun sich in mancherlei Wendungen drehn, am grünen Gestad nun

Sprossende Hälmchen bestreifen auf niedergemäheten Wiesen.
Während, sich hinten im Kahn, und vorn, geschäftige Steurer,
Tummeln, und Knaben zuhauf umschweifen den Spiegel des Flusses,
Schauet der Pflanzer von dort, wo grünend das Ufer emporsteigt,
Merket er nicht, daß verstreiche der Tag, und dem Spiele die Arbeit
Setzet er nach; die jetzige Lust scheucht frühere Sorgen.

FRANCESCO PETRARCA

Köln

An den Kardinal Colonna in Avignon

Ich hatte Aachen verlassen, zuvor aber noch in den wie zu Bajae heißen Quellen gebadet, von denen die Stadt, wie man glaubt, ihren Namen hat, und Köln nahm mich auf, die agrippinische Kolonie, die am linken Rheinufer gelegen ist, ein Ort, berühmt durch seine Lage und seinen Strom, berühmt auch durch seine Bevölkerung. Erstaunlich, wie groß im Barbarenlande die Gesittung, wie schön der Anblick der Stadt, wie gesetzt die Haltung der Männer, wie schmuck das Gebaren der Frauen! Zufällig war gerade Johannisabend, als ich dort anlangte, und die Sonne neigte sich schon gen Westen. Sogleich bringt mich das Zureden der Freunde – denn auch hier hatte mir der Ruhm früher Freunde erworben als das Verdienst – von der Herberge zum Fluß, ein herrliches Schauspiel zu sehen. Und ich ward nicht enttäuscht. Das ganze Flußufer war nämlich bedeckt von einer riesengroßen, glänzenden Schar von Frauen. Ich stutzte... Gute Götter! Was für Gestalten, was für Gesichter, welch eine Haltung! In Liebe hätte entbrennen können, wer nur ein nicht schon gebundenes Herz mitgebracht hätte.

Ich hatte mich an einem etwas erhöhten Fleck aufgestellt, von dort auf das, was sich abspielte, zu schauen. Es war ein unglaublicher Zulauf ohne Gedränge. Manche waren mit duftenden Kräutern umwunden und hatten die Ärmel über die Ellenbogen zurückgestreift. So wuschen sie in fröhlichem Durcheinander die weißen Hände und Arme im reißenden

Strom und mit fremdländischen Murmellauten sagten sie dabei zueinander irgend etwas Reizendes. Kaum irgendwo habe ich noch so klar verstanden, was dem Cicero zu sagen beliebt und was auch ein altes Sprichwort zu sagen pflegt, daß nämlich alle Menschen, wenn sie unbekannte Sprachen hören, gewissermaßen taub und stumm sind. Der einzige Trost war für mich: es fehlte mir nicht an gar liebenswürdigen Dolmetschern. Denn auch das unter dem allen wirst du bestaunen, daß jener Himmelsstrich den Musen ergebene Geister auferzogen hat. Wenn also Juvenal sich wundert, daß *Gallien bildet beredt die prozessierenden Briten*, könnte er sich ebensogut wundern, daß *das gebildete Deutschland geistvolle Dichter genähret*. Damit du aber durch mich als Gewährsmann keiner Täuschung unterliegest, so wisse: einen Maro gibt es dort nicht, Nasonen gar viele, so daß man sagen könnte, es sei eine wahre Prophezeiung gewesen, die der Dichter am Ende seiner Metamorphosen niedergelegt hat, in starkem Vertrauen auf der Nachfahren Dank oder auf seinen eigenen Genius.
Soweit jedenfalls die römische Macht – oder mehr der Wahrheit gemäß: der Römername auf dem unterworfenen Erdkreis sich ausbreitet, wird dieser Dichter jetzt von allem Volke gelesen, und alle sind sie ihm in lobenswerter Weise gewogen. Derartige Begleiter habe ich, wo immer etwas zu hören oder zu antworten erforderlich war, statt der Zunge und statt der Ohren gebraucht.

Als ich also einen aus jener Zahl bewundernd und unkundig des Sachverhalts mit folgendem Virgilsprüchlein fragte:

Was will der Zulauf zum Strome?
Was erstrebt ihr Gemüt?

empfing ich die Antwort: es sei ein uralter Landesbrauch und besonders das Weibervolk bilde sich fest ein, jedwedes für das

Köln, 1620

ganze Jahr etwa drohende Unheil werde reinigend weggespült durch die Waschung im Strome an diesem Tage und im Verfolge werde nur Erfreuliches eintreffen; daher denn diese Läuterung alljährlich mit stets unerschöpflichem Eifer begangen werde und auch zu begehen sei.

Dazu sagte ich lächelnd: O überglücklich seid ihr, ihr Anwohner des Rheins, wenn dieser euch euer Elend abwäscht; das unsere abzuwaschen hat weder der Po je vermocht noch der Tiber. Ihr sendet euer Leid den Britanniern mit dem Fährmann Rhein hinüber, wir würden das unsre gern den Afrern und Illyrern schicken. Aber wir haben, wie leicht zu erkennen ist, trägere Flüsse.

Da erhob sich ein Gelächter. Es war spät geworden, und wir gingen heim. An einigen der nächstfolgenden Tage wanderte ich von früh bis abends mit den gleichen Führern in der Stadt umher, eine nicht unangenehme Aufgabe, nicht einmal so sehr wegen all dessen, was einem noch vor Augen stand, als in der Erinnerung an unsere Vorfahren, die so fern vom Vaterlande solch herrliche Denkmäler römischer Größe hinterlassen haben. In erster Linie drängte sich mir da Marcus Agrippa auf, der Gründer dieser Kolonie, der zwar des Hochberühmten viel daheim, viel auch in der Fremde erbaut hat, der aber diese Stadt vor allem würdig erachtete, ihr seinen Namen beizulegen; er, ein als Bau- und Kriegsherr hervorragender Mann und von Augustus allein auf dem ganzen Erdkreis für würdig gehalten, sein Schwiegersohn zu werden, als Gemahl einer Tochter, die, wie sie auch immer sein mochte, doch sein geliebtes, doch sein einziges Kind, doch eine Kaisertochter war.

Ich sah die vielen Tausend gleichzeitig verstümmelter Körper heiliger Jungfrauen und die Erde, die ihren hochedlen Reliquien geweiht ist und die, wie man sagt, die unedlen Leichen ausgetrieben hat. Ich sah das Kapitol, das Abbild des unsrigen – nur daß statt des Senats, der bei uns über Krieg und

Frieden Rat hält, dort schöne Jünglinge und Mädchen gemischt in ewiger Eintracht nächtliche Lobeshymnen singen. Zu Rom tönt der Räder und Waffen Gelärm und das Seufzen der Gefangenen, dort aber herrscht Ruhe und Freude, dort erklingen Stimmen von Scherzenden, zu Rom schreitet im Triumph der Kriegesfürst herein, dort der Friedensfürst. Ich sah inmitten der Stadt die überherrliche, obschon unvollendete Domkirche, die man nicht ohne guten Grund die allerhöchste nennt. Anbetend betrachtete ich dort der Magierkönige Leichname, die von Morgen gen Abend in dreimaligem Sprunge herübergeschafft worden waren, der Könige, von denen wir lesen, daß sie einstens dem Himmelskönig, da er wimmernd in der Krippe lag, Geschenke und Verehrung darbrachten.

Hier scheint mir nun, bester Vater, daß ich die mir von der Ehrfurcht gesetzten Schranken überschritten und mehr zusammengetragen habe, als Bedarf gewesen wäre. Dies beides gestehe ich ein. Aber nichts ist mir so sehr Bedürfnis, als deinem Befehl gehorsam zu sein. War doch unter dem vielen, was du mir beim Abschied auftrugst, gerade dies das Letzte: ich sollte über die Länder, in die ich reiste, und über jede Einzelheit, die ich zu sehen oder zu hören bekäme, dich schriftlich genau so unterrichten, wie ich es von Mund zu Mund zu tun gewohnt bin; ich sollte die Feder nicht schonen, noch eigens nach Kürze oder Schmuck des Ausdrucks streben, nicht erst die schönsten Blumen herauspflücken, sondern gleich alles zusammenraffen. Am Schluß sagtest du noch mit einer ciceronischen Wendung: »Schreibe nur, was dir gerade auf die Zunge kommt.« Dies versprach ich zu tun. Mir scheint, mit den vielen Briefchen von meinem Reiseweg habe ich mein Versprechen erfüllt. Hättest du befohlen, ich sollte von Höherem reden, ich hätte es versucht. Nun aber halte ich es für die Aufgabe eines Briefes, nicht den Schreiber zu adeln, sondern dem Leser Nachricht zu geben. Denn wenn wir eben gesehen sein wollen, dann laßt uns in Büchern uns zeigen – in Briefen wollen wir Zwiesprache halten.

Ich fahre fort: am 29. Juni reiste ich ab von Köln, bei so starkem Sonnenbrand und Staub, daß ich oft *Alpenschnee und Eisesstarre des Rheines* vom Virgil mir ausbat. Daran anschließend durchzog ich allein den mir durch das Zeugnis von Schriftstellern schon bekannten, aber beim Anblick dunklen und schreckenerregenden Ardennerwald, und dies – worüber du mehr noch staunen wirst – zur Kriegszeit. Den Sorglosen aber, so sagt man, steht Gott bei.

Zu Lyon, am 9. August [1333]

Hoch auf dem alten Turme steht
Des Helden edler Geist,
Der, wie das Schiff vorübergeht,
Es wohl zu fahren heißt.

»Sieh, diese Senne war so stark,
Dies Herz so fest und wild,
Die Knochen voll von Rittermark,
Der Becher angefüllt;

Mein halbes Leben stürmt ich fort,
Verdehnt die Hälft in Ruh,
Und du, du Menschen-Schifflein dort,
Fahr immer, immer zu!«

JOHANN WOLFGANG VON GOETHE
GEISTES-GRUSS

[ANONYM]

Die Rheinfahrt nach Köln

Fragment aus Briefen

Unser Vorsatz war, diese Fahrt mit fühlender Aufmerksamkeit auf jede einzelne Schönheit der Natur, mit mehr als Pilgrimandacht zu vollenden. Unser Auge zu weiden, unser Herz zu füllen mit Himmelsgefühlen, mit Natur, Vortrefflichkeit, Unverderbtheit, Kraft, Allmacht! – Das Wetter war das herrlichste! Kein trübes Wölkchen verbarg uns die köstlichen Aussichten, die blühende, grünende Natur im bräutlichen Schmuck! – Alles festlich, freudig, alles Fülle des Segens strömend! – Bilder der Glückseligkeit! – – Wir passierten das sogenannte Bingerloch ohn' merkwürdiges Ereignis. Wir tranken von dem herrlichen Weine des gegenüberliegenden Orts Riedesheim, und sangen eins von Ramlers Liedern. Nun schwammen wir in die Gebürge. Auf beiden Seiten umschließen sie die Ufer des Rheins, und streben empor bis ins blauigte Dunkel des Himmels! – Hie und da bewachsen mit Stauden und Reistern der Wildnis, dort mit schroffen Felsen beladen, hier gegrabene Klüfte durch Regengüsse. – Unsere Unterhaltung wurde nach und nach ernsthafter. In der Mitte dieser Schlünde, dieser keuchenden, drohenden Gebirge – – Die arbeitenden Ruder unsers Schiffes hallten in den Felsen, und das Echo scholl fürchterlich viele Worte unserer Stimme vernehmlich nach. Wir erblickten auf den Bergen verfallne, zerstörte Schlösser, die so lange unüberwindlich der Vergangenheit getrotzt hatten, und noch! Ehrfurcht fühlten wir, wie bei irgend einem heiligen Orte, bei diesen Trümmern aus den

Lahneck und Niederlahnstein

Biederzeiten, – verloren uns in Betrachtungen, und der Geist des Jahrhunderts schwebte auf uns herab! – – So mild, so sanft fühlten wir seine Gegenwart, so erquickend; er redte zu unsern Herzen – – Unsre Fantasien wurden schweifender, glühender; tausend Empfindungen und Wünsche stiegen in uns auf, Bilder der Vergangenheit reihten sich in unsre Gedanken. – – Unsre Schlösser waren bewohnt, standen sicher in der Biederpracht ihrer Zeiten, im Heldenlüster, fest und stark vor unsern Sinnen da. – Der Nachbar fürchtete ein Dorn in seinen Augen. – – Wir traten in die großen Säle. – Die gepanzerten, bärtigten Helden in der Heldenrauheit, im Biedertreuheitsblicke, hingen an den Wänden. Ihr Ansehn war stark, wie ihr Mut; – Echte Kinder der Natur, keine Ausartung seit Säkuln, in der langen Reihe, kein hektischer Wollüstling, wie die Stammhalter unsrer jetzigen Ahnenschaften! – Stühle und Bett und Kämmerlein, wie innig, wie heimlich, wie vertraut und bequem, und doch wie weit entfernt von Weichlichkeit! – Der eingeschränkte Kreis der Bedürfnisse! – Wie köstlich die Ruhe hier, und das Mahl nach der Jagd in fernen Tälern – nach erfochtnem Siege; die Biedermänner versammelt, einander dankend, Heldengespräche führend! – – Und diese weiblichen, herrlichen Geschöpfe, so gut und treu und keusch – kein Buhlblick, kein Romangefühl – edle Deutsche Herzen, mit still starken, liebenden Gefühlen! Pflegerinnen der Edlen, die häuslichen Freuden schaffend! – – Wir traten in die Kirche. Hier webte stille, hehre Heiligkeit, die einfache Verehrung Gottes; Anbetung in der Reinheit der Herzen, in der Stärke des Glaubens! – Die unmündige Kunst hatte die Stätte des Familienbegräbnisses mit Abbildung des Edlen, seines trauten Weibes, und seiner Nachkömmlinge vor dem Kruzifix knieend, bezeichnet; die ehernen Grabsteine, mit rührenden Reimen, Empfindungen weinender, traurender Herzen geziert! – –

Wir erwachten von diesen unsern süßen Schwärmereien,

Hand in Hand. – Mein Freund V** lag in meinen Armen. – – Wir vermißten unsern edlen P*** und meinen Bruder, und unsern Heinrich. Zu Asmannshausen fuhren wir ans Land, füllten unsre Krüge von diesem weltberühmten Weine, und hatten uns entschlossen, eine Wanderschaft auf eins der nahen Schlösser zu machen, da näher den heiligen Wohnstädten, uns ganz in diese Zeiten hineinzuphantasieren, und unsre Wallfahrt mit Absingung einer Ballade, die das Gepräge dieser Zeiten trägt, zu vollenden. Unsre Schiffer widersetzten sich unserm Vorhaben, da sie dies zu lange in ihrer Reise aufgehalten hätte. –

V** malerisches Genie, von diesen Bildern erhitzt, entwarf im kühnen Flug seiner webenden Imagination, Skizzen, Abrisse, Kopien, aus den lebenden Gegenständen der Natur umher, die die Wahrheit und Treue seines Gefühls bewiesen, Skizzen, die irgend eines der größten Meister würdig wären, die die Kunst vergöttert. –

Wir waren nun an den sogenannten Siebengebürgen, die größten und fürchterlichsten mit Überbleibseln verwüster Schlösser. Wir hatten einige Paar Pistolen bei uns, die wir so lange abschossen, als diese Gebürge währten. Der außerordentliche Donner des Wiederhalls, den jeder dieser Berge einer dem andern zuwarf, ist nicht mit dem Donner des Himmels zu vergleichen. Siebenfach gab das Echo jeden Knall einer Pistole, siebenmal stärker als der Donner des Himmels auf Ebnen, zurück im betäubenden Donnergetöse, das nach der Lage der Berge bald wie der Einsturz eines großen Gebäudes in Trümmer, bald wie die stärkste nahe Kanonade schallte, und sich nach einer ziemlichen Dauer nach und nach in weiter Ferne verlor, oder von den Bergen herunter zu den Ufern fuhr, und am Gestade des Rheins pfeifend hinabstürzte. – So oft wir uns dies Schauspiel wiederholten, goß sich ein Schauer über unsern Nacken. – Wir fragten uns, welche Erschütterungen ein Donnerwetter in diesen Gebürgen anrichten würde? –

Das Wetter, so den Tag über äußerst schwul gewesen, fing an kühl zu werden. Gewitterwolken stiegen auf; der Wind kündigte uns den nahen Donner an. Der Staub von den Feldern wirbelte in den Lüften, und unser Schiff fing an unstet hin und her zu treiben. Die Luft wurd' immer dunkler, die Blitze leuchteten, und der Donner rollte näher bei. – – Wir konnten nirgend ans Land fahren, teils hinderte uns der Sturm, teils das hohe Ufer, das das Aussteigen unmöglich machte. In Donner und Sturm schwebten wir also auf bäumenden Wellen, und unsre Schiffer hatten genug zu tun, unser Schiff, das stark schwankte, gegen die schlagenden Wogen vom Umstürzen zu erhalten. – Der Sturm heulte fürchterlich in den Felsen und Wäldern der Berge! – Ins Getobe des Sturms, ins Gebraus der Wellen knallte der Donner, und der Wiederhall brüllte alle gedoppelt, getreu nach. Nun die Parallele zwischen dem Knall unsrer Pistolen, mit Wiederhall, und dem Donner mit Wiederhall! – Himmel und Donner schienen auf den Gipfeln der Berge zu ruhn, und statt sich zu teilen, wurd er gräßlicher. Alle Elemente im Streite schienen sich aufzureiben. Starke Züge, zu einem Sündflutsgemälde von unserm V**! – Es fing endlich an zu regnen. Regenströme stürzten brausend die Berge herab. Die Gewitterwolken teilten sich, der Donner rollte geschwächt weiter, der Sturmwind schwieg, und der Rhein floß allgemach sanft wieder in seinen Ufern. – Die Regengüsse hörten auf; und nun schwanden die düstern Wolken all in Licht, und die Sonne trat hervor. Alles stand verjüngt im süßen Tau, und die ganze himmliche Natur in diesen Gegenden lächelte neukräftig! Die Seiten der Berge waren vergoldet, und auf den Bäumen der Wälder glänzten Regentropfen im Schein der sinkenden Sonne. Eine sanfte Kühle fächelte, und die Abendsonne wärmte. – – Eine Fülle der Empfindungen zeigte die andre. Im Schau tausender Abwechslungen, tausender Schönheiten, nirgend sichtbar, als auf dieser Fahrt.

Rolandseck und Nonnenwerth

Nichts mein Lieber! von Dingen, die jeder sich die Mühe nimmt zu bemerken!! – Nun waren wir bald in dem Gebiet der Kurfürsten zu Köln; eines der trefflichsten Deutschen Fürsten! – – Wir fuhren einer Aue vorbei, die der Rhein umschließt. Die hohen Bäume, mit denen sie ringsum bepflanzt ist, hatten von weitem das Ansehn einer Terrasse. Wir kamen näher. Ein frischer Wiesenduft flog uns entgegen. Die Aue war sehr groß mit Häusern und Scheunen geziert; endlich sahn wir eine Kirche und ein wohlgebautes Kloster. – Die Vorderseite war gegen den Rhein gerichtet, und ein hoher Berg türmte sich am Ende der Aue. Es war ein Nonnenkloster; wie wir viele in den köstlichsten Gegenden auf dieser Fahrt gesehn hatten; ein Wohnplatz unglücklicher, der Welt entflohener Mädchen, die betrogne Liebe, oder heilige Ruhe, in den Tagen, da das Menschsein, der Mensch erst in aller Kraft fühlt, der Welt entführt hatte. Ein Tal des Elends, wo die blutigen Tränen der niedergedrückten, schmachtenden Menschheit fließen, die Seufzer nach Leben und Freiheit hallen, ein Schauplatz des Jammers, durch sich und innere Einrichtung. – – Ich rede nicht aus Mangel an eigner Erfahrung – – Und meine blühende Freundin im Schleier – – –

Leben Sie recht wohl!

Dies, mein Liebster! sind schwache Züge zum Gemälde; übertragne Gefühle in Worte – dieses großen prächtigen Schauspiels, der herrlichsten aller Wasserfahrten, im Glanz einer paradiesischen Natur, der Rheinfahrt nach Köln! –

MATTHIAS CLAUDIUS

Rheinweinlied

Bekränzt mit Laub den lieben vollen Becher,
Und trinkt ihn fröhlich leer.
In ganz Europia, Ihr Herren Zecher!
Ist solch ein Wein nicht mehr.

Er kommt nicht her aus Hungarn noch aus Polen,
Noch wo man franzmännsch spricht;
Da mag Sankt Veit, der Ritter, Wein sich holen,
Wir holen ihn da nicht.

Ihn bringt das Vaterland aus seiner Fülle;
Wie wär er sonst so gut!
Wie wär er sonst so edel, wäre stille
Und doch voll Kraft und Mut!

Er wächst nicht überall im deutschen Reiche;
Und viele Berge, hört,
Sind, wie die weiland Kreter, faule Bäuche,
Und nicht der Stelle wert.

Thüringens Berge zum Exempel bringen
Gewächs sieht aus wie Wein;
Ist's aber nicht. Man kann dabei nicht singen,
Dabei nicht fröhlich sein.

Im Erzgebirge dürft Ihr auch nicht suchen,
Wenn Ihr Wein finden wollt.
Das bringt nur Silbererz und Koboldkuchen,
Und etwas Lausegold.

Der Blocksberg ist der lange Herr Philister,
Er macht nur Wind wie der;
Drum tanzen auch der Kuckuck und sein Küster
Auf ihm die Kreuz und Quer.

Am Rhein, am Rhein, da wachsen unsre Reben;
Gesegnet sei der Rhein!
Da wachsen sie am Ufer hin, und geben
Uns diesen Labewein.

So trinkt ihn denn, und laßt uns allewege
Uns freun und fröhlich sein!
Und wüßten wir wo jemand traurig läge,
Wir gäben ihm den Wein.

WILHELM HEINSE

Am Rheinfall von Schaffhausen

Den 15. August [1780], nachmittags um fünf Uhr.

Es ist, als ob eine Wasserwelt in den Abgrund aus den Gesetzen der Natur hinausrollte. Die Gewölbe der Schaumwogen im wütenden Schuß flammt ein glühender Regenbogen wie ein Geist des Zorns schräg herab. Keine Erinnerung, der stärkste Schwung der Phantasie kanns der gegenwärtigen Empfindung nachsagen. Die Natur zeigt sich ganz in ihrer Größe. Die Allmacht ihrer Kräfte zieht donnernd die kochenden Fluten herab, und gibt den ungeheuern Wassermassen die Eile des Blitzes. Es ist die allerhöchste Stärke, der wütendste Sturm des größten Lebens, das menschliche Sinnen fassen können. Der Mensch steht klein wie ein Nichts davor da, und kann nur bis ins Innerste gerührt den Aufruhr betrachten. Selbst der schlaffste muß des Wassergebürggetümmels nicht satt werden können. Der kälteste Philosoph muß sagen, es ist eine von den ungeheuersten Wirkungen der anziehenden Kraft, die in die Sinne fallen. Und wenn man es das hundertste Mal sieht: so ergreifts einen wieder vom neuen, als ob man es noch nicht gesehn hätte. Es ist ein Riesensturm, und man wird endlich ungeduldig, daß man ein so kleines festes mechanisches zerbrechliches Ding ist, und nicht mit hinein kann. Der Perlenstaub, der überall, wie von einem großen wütenden Feuer herumdampft, und wie von einem Wirbelwind herumgejagt wird, und allen den großen Massen einen Schatten erteilt, oder sie gewitterwolkigt macht, bildet ein so fürchterliches Ganzes mit dem Flug und Schuß und Drang, und An- und Abprallen, und Wirbeln und Sieden und Schäumen in der Tiefe, und dem Brausen und dem majestätischen erdbebenartigen Krachen dazwischen, daß alle Tiziane, Rubense und Vernets vor der Natur müssen zu kleinen Kindern und lächerlichen Affen werden. O Gott, welche Musik, welches Donnerbrausen, welch ein Sturm durch all mein Wesen! heilig! heilig! heilig! brüllt es in Mark und Gebein. Kommt, und laßt euch die Natur eine andre Oper vorstellen, mit andrer Architektur, und andrer Fernmalerei, und andrer Harmonie und Melodie, als die von jämmerlicher Verschneidung mit einem winzigen Messer euch entzückt. Es ist mir, als ob ich in der geheimsten Werkstatt der Schöpfung mich befände, wo das Element von fürchterlicher Allgewalt gezwungen sich zeigen muß, wie es ist, in zerstürmten ungeheuern großen Massen. Und doch läßt das ihm eigentümliche Leben sich nicht ganz bändigen, und schäumt und wütet und brüllt, daß die Felsen und die Berge neben an erzittern und erklingen, und der Himmel davor sein klares Antlitz verhüllt, und die flammende Sommersonne mit mildern Strahlen drein schaut.

Es ist der Rheinstrom: und man steht davor wie vor dem Inbegriff aller Quellen, so aufgelöst ist er; und doch sind die Massen so stark, daß sie das Gefühl statt des Auges ergreifen, und die Bewegung so trümmernd heftig, daß dieser Sinn ihr nicht nach kann, und die Empfindung immer neu bleibt, und ewig schauervoll und entzückend.

Man hört und fühlt sich selbst nicht mehr, das Auge sieht nicht mehr, und läßt nur Eindruck auf sich machen; so wird man ergriffen, und von nie empfundnen Regungen durchdrungen. Oben und unten sind kochende Staubwolken; und in der Mitte wälzt sich blitzschnell die dicke Flut wie grünliches Metall mit Silberschaum im Fluß; unten stürzt es mit allmächtiger Gewalt durch den kochenden Schaum in Ab-

Rheinfall

grund, daß er wie von einer heftigen Feuersbrunst sich in Dampf und Rauch auflöst, und sich über das weite Becken wirbelt und kräuselt. An der linken Seite, wo sein Strom am stärksten sich herein wälzt, fliegt der Schuß wie Ballen zerstäubter Kanonenkugeln weit ins Becken, und gibt Stöße an die Felsenwand wie ein Erdbeben. Rundum weiterhin ist alles Toben und Wüten, und das Herz und die Pulse schlagen dem Wassergotte, wie einem Alexander nach gewonnener Schlacht.

FRIEDRICH (›MALER‹) MÜLLER
AUS

Kreuznach

O daß ich so lange von dir geschwiegen, du meine geliebte, teure Vaterstadt! Wo ich geboren ward, zuerst das Leben, des Seins erstes Gefühl einsog! Wie herrlich schwebst du mir Flüchtling immer noch vor der Seele, rufst oft mich zurück aus dem Gedränge lärmender Welt, verfolgst liebreich mich bis an die prachtvolle Mahle, bis in die Prunkzimmer der Großen, wirst freundlich mein Tröster in öden, selbst peinigenden Stunden, wo das Herz lech wird, alle Freude, alle Liebe zum Leben versiegt. Da träufelst du Balsam der Wunde, gießest neue Wonne, neues Leben in mein zerschlagnes Gebein, gewährest meinem Herzen neue Freuden. Wenn seh' ich dich wieder, Teure! Teure! Nicht flüchtig wie das gejagte Reh über die Blumenauen; nein, tägelang dich zu genießen, dich wieder zu schauen, zu hangen an dir. O liebe, o süße Erinnerung! Gefühl genossener Freuden! Du trägst oft die Jugend, auf Flügel der Engel trägst du sie mir wieder herab. Mir gehn von neuem an die Täge der Kindheit, des Lebens güldene Toren öffnen sich wieder, die Sonne steigt neu empor. Da gaukeln sie herauf noch einmal im Schimmer des Morgens, die jugendliche Stunden, mit ihnen alle die Zauberphantasieen, alle, alle Melodieen, alle süße, selige Träume, fassen an mein Herz, hinüberzückend in jene schöne grüne Fluren, durch die spielende Bäche sich schlängeln, hinüber, wo die Felsen stehen an den Wassern, auf deren rauhen Schulter Weinreben grünen, wo der bemooste Kauzenberg[1] grauköpfig in die Nah[2] herab liegt, im Wellenspiegel sich altern sieht. Ja du bist's, bist's, schöne vortreffliche Gegend; du Kummer verjagen, Freude dem Herzen bringen kannst. Doch sanfter das Leben fließet in dir, doch milder der Himmel sich wölbet über dir, freundlicher schweben die Jahre, die Wolken, sie leuchten und fahren sanfter, wenn sie spielend der Wind hinträgt an deinen Gebirgen. Ihr Pappeln! Erlen! Weiden der grünbewachsnen Ufer des lieblichsten Stromes, in deren Schatten ich zuerst in Jugendinbrunst hing, sich zuerst mein Herz aufschloß dem Dranggefühl allmächtiger Natur; Spielplätze, ihr blumenreichen Anger, wo Jugend so oft sich gepaart, wo wir zuerst der Knaben männliche Spiele begannen, dort mit Ringen und Laufen, mit dem Bogen und der Schleuder; wo wir uns selbst zum Menschen entwickelt in ausgelassener freier Liebe, unzertreten, noch unangefressen vom Krebs üppiger Vorurteile, sklavischer Zurückhaltung, im eignen, schönen, Gott gefälligen Flore blühten, unverstellt uns fanden in Liebe und Haß; einander Freundschaft schwuren, Teilnehmung an Kummer und Freuden; ja mit verwegner Verachtung aller Gefahr, ja mit Wunden des Helden oft gleich bestätigten, was so treue Lippen gelobt; öfters aber in lauterer Unschuld, in freier, unbefangener Selbstüberlassung hier so selige, selige Stunden durchlebet, die kein König mit aller Macht und Reichtum sich noch einmal erwerben kann.

Ja, vorzüglich vom Himmel geliebet du bist, schöne Vaterstadt, gesegnet vor tausend anderen Städten! Freude und Überfluß wohnen bei dir; du bist auf Liebe gegründet. Der Bauherr, der den ersten Eckstein zu deinem Tore gelegt, war ein Günstling des Himmels; ihn jagte nicht Vaterfluch, ihn drückte nicht Witwenunrecht und Waisentränen verfolgten

1 Kauzenberg, ein Berg mit einem verfallnen Schloß, darauf ehemal die Grafen von Sponheim residierten.

2 Nah, der Fluß, der die Stadt in der Mitte teilt.

ihn nicht. Denn geöffnet von Gott ihm war das Auge zu schauen der Lieblichkeit Heimat, zu ruhen am Herzen der Schönheit.

Vorzüglich geliebt vom Himmel du bist, schöne Vaterstadt! Verrat nicht befleckt deine Mauern, Treue und Redlichkeit sitzen dir zur Seite; du lehnst dich lächelnd über sie hin und aus deinen ernährenden Brüsten springen weiße Ströme auf deine Kinder herab. Fremde dich ehren, deine Söhne tragen dich in Gedanken, wo du sie auch hinsendest über Land und Meer. Ach warum diese Sonderung von dir? Könnt' ich nicht sitzen, trinken das süße Licht der Sonne da, wo es zum erstenmale meine Blicke begrüßt? Hören den sanften Gang deines dich teilenden Stromes, dessen süß Geschwätz zum erstenmal mein kindisch Ohr erquickt? Ach die Bestimmung des Lebens, die alles verändert, hinzieht den Abendländer zum Morgen, Väter von ihren Kindern treibet und Kinder aus den Armen ihrer Mütter los reißt, hält auch mich, deinen Sohn, noch in schwerer Pilgrimschaft weg. Liebe zwar ist mein Geleitsman, wie der Stern vor dem Schiffer dahin geht; ihm nach schaut der über die Wellen, nach seinem Schimmer sichere Bahn suchend; er kehrt in Gedanken oft heim zu seiner Wohnung, sitzt beim Weibe im Schimmer seiner nächtlichen Lampe, hört sich von seinen Kindern rufen und freut sich über ihnen und zeigt den erworbnen Reichtum; das erquickt ihn, gibt im Sturme itzt Mut; weniger er achtet der Winde Pfeifen, sichrer er läuft die gefahrvolle Bahn: so in Gedanken kehr' ich oft heim, bringe den Reichtum des Schiffers mit mir. Wenn wird's werden! Wie einen sanfte Winde anwehen, wie ein klarer Abendhimmel nach stürmendem Tage, wie die Sonne sich durch Gewitterwolken hervordrängt, wonniglich dem schauernden Wandrer, schwebet die Zukunft vor mir. Ich sehe mich selbst heimwandern, dir entgegen ziehen, teure Vaterstadt, sehe auf mich zueilen meine Geliebten, meine Teure!

Ach meine Mutter, die mich so zärtlich liebet, ihr meine getreue Geschwister, die ihr so sehnlich nach mir fraget: wo ist er, teure Mutter, wo ist er, der Bruder, den wir lieben, wir haben doch lange keine Kundschaft! O er vergißt uns wohl gar! Sie singen ein Morgenlied; indessen sitzest du, Teuerste, nachdenkend; stille Tränen rinnen von mütterlichen Wangen herab; ähnlich dem Vogel, der im ersten Ausfluge seine Jungen verloren. Lange sitzt er in der Dämmerung aufs äußerste Ästchen (alle Vögel schlummern bereits) und gurgelt mit schmachtendem Gesange seine Lieben zurück: so hör' ich oft durch die bedeckende Nacht deine Stimme zu mir her: warum mit so viel Schmerzen, mit so viel Liebe Kinder erziehen, daß sie so alles auf einmal wieder vergessen! Nein, Teuere, Teuerste! Nein! Ich habe dich nie vergessen, mit ew'gen Zügen steht alle deine Liebe, alle deine Sorgfalt unauslöschlich in meinem Herzen. O des stürmischen Lebens, der jugendlichen Hitze, der Torheit eines zu feurigen Blutes, das alles mich fortreißt so wider Willen, oft wider besseres Gefühl! Hab' ich doch oft dein gedacht, Mutter, wenn der Mond aufging über die stille Erde, ich melancholisch allein saß in meinem Zimmer, ähnlich dem Klausner; oder wenn draußen herum schweifte, schmerzgedrängt und tränensatt nicht Bleibens mehr fand, nicht Ruhe, ähnlich dem Fremdling am Tore, der da stehet und spähet, unter welcher Traufe er übernachten will – dein Bild mich wieder entbrennt, die mächtige Flamme der Tugend anblies, die in meinem Herzen oft zum kalten Fünklein erlosch! Süße Herzensmutter, dein vergessen nicht kann! Wo ich auch geh' und stehe, bist du bei mir. Mir immer gegenwärtig. Müßt' doch ein ander Herz in meinem Busen schlagen, nicht entsprungen aus deinem Blute, dich zu vergessen, du Allgetreue, die du mich inniger, höher liebst, als Mütter sonst Söhne lieben.

Wer blickt dort zum Osten her? Ihre Augen schmelzen in Sehnsucht. Sie ist's, ist's! Ihre Haare zerstreut der Wind, sie fahren um die Schultern und winken herüber zu mir, Liebe trägt sie entgegen auf ihren Händen, auf ihren Busen brennt ein sanftes Mutterherz.

Fünf Schwestern stehen, sie strecken schon in die Ferne die Arme zum sehnlichen Umfangen aus, ihre Blicke rufen: komm bald, ach komm! Ja ich komme, komme, meine Teure! Schon bin ich auf der Fahrt, bringe mit mir den Edeln, den Helvetiens rauhe Gebirge erzogen. Felsensinn! Die Ader seines Herzens schlägt heiß; ein starker Geist leitet ihn. Aber verschwunden das liebliche Gesicht! Sehnsucht hat es gebild't; verschwunden, ähnlich dem Gesange im Maien. Wohltätige Geister steigen Wachstum erregend itzt aus dem Herzen der Erde hervor, sie bekränzen wieder die Anger und Wiesen, bekrönen die Gipfel der Haine mit lieblicherm Grün, schweben über schmucke Fluren, silbergießende Quellen in liebvoller Arbeit einher. Ihre Freude der Frühlingswind auffängt, trägt sie die Heide herauf; lieblich in die Ohren klingend vernimmt's der Schäfer am Gießbach und wähnet der Blumenfreundin Stimme zu hören. In süßer Ahndung treibt er die Herde vor den Hügel hinunter, bis hinter Bäumen her ein gedämpftes Lachen, ähnlich dem Geschnatter der Enten am Teiche, ihn weckt und verrät, daß er betrogen sei. Und wir ritten schneller, mein Bruder **** der teure Spürer! und ich. Nachtnebel lag auf unsern Pferden; itzt hielten wir vor der Türe. Macht auf drinnen, laßt uns hinein! Spät in die Nacht, wer ruft draußen? Wir schlummern alle, vorgeschoben der Riegel, abgedruckt das Schloß der Türe. Nun stiegen wir ab. Ich schlug meinen Mantel auseinander; dein Engel nannte dir meinen Namen, da erkanntest du mich vom Fenster herab, da ging dein mütterliches Herz über in Freuden, da riegeltest du mir auf, schloßt mich in deine zärtlichen Armen. Woher so spät, mein Sohn, mein Teurer, den ich lange, lange nicht an meinem klopfenden Herzen hielt? Wie hast gelebt seither? Wie bist doch stark worden!

Mehr konntest nicht sagen. Viele Tränen brachen aus deinen lieben Augen hervor. Itzt branntest Licht an, wecktest geschäftig meine Schwestern. Auf, Kinder! Kinder, auf, euer Bruder ist da, ihn zu empfangen! Da treten sie alle hervor, jede Bruderkusses wert, jede mein Stolz, im Gehorsam ihrer Mutter, in der Tugend ihres Herzens. Was liegt mir an schielenden Gesichtern, die meine Liebe schelten, meine Reinheit mit Witz besudeln wollen? Weh' dem, der nicht Freude hat, vor aller Welt zu rufen, dies sind die Meinen! Her, ihr Getreue, ihr Geliebten, in meine Arme! Weh' dem, der nicht stolz auf die Seinigen sein darf! Führet ein in eure Wohnung den Edeln, der mich in dieser Liebesfahrt geleitet, führet ihn in die schönste Kammer. Und meiner Jüngsten reicht er die deutsche Biederhand, sie ließ schamhaft die ihrige hineinfallen; noch niemals hat schöner Tugend die Unschuld begrüßt.

Ach Mutter, wie selig fliehen die Stunden vor deinen Augen! Siehst du, Teuerste, dort, ja dort wird mir das Glück huld sein. Zwar wunderbar drehet 's Rad den gaukelnden Jüngling zu äffen, baut's oft Wunderschlösser, den wandelnden Wolken ähnlich. Itzt schwebt er nahe den Inseln der Freuden, der Sichre, sieht schon niederhangen selige Gärten, die ihn zu empfangen sich öffnen; wagt schon den gierigen Sprung zum Ufer hin, als schnell ein ungesehner Sturm ihn wegschleudert, ungeheuer ferne den Wonnegefilden, an unwirtbaren Klippen, unter brüllenden Himmel hin, dort gebadet im Sand und morschen Gebeinen Hingeopferter, denen auch im Tode des Meeres Welle nicht die Ruhe läßt. O! – Doch sollte das Glück mir einmal lächeln, komm ich einst zu dir zurück am Mittage meines Lebens, will ich an jenen Hügel dort eine Hütte dir erbauen; darinnen will ich flüchten zu dir, Mutter, wann Donner sich auftürmen über meinem Haupte, Seligkeit genießen vor deinen Augen in sicherer Liebe. Hier wollt' ich nachstammeln der Natur, mit meinem Griffel aufs

Tuch hintragen, soviel Gott Auffassenskraft meinen Nerven vertraut. Am Abend gingen wir über die Felder, der Bäume zu pflegen, meinem Claudius ähnlich, der die Ziege weidet, die seine Kinder ernährt. Schon seh ich das Gewimmel meiner Geschwister, wie sie sich um dich her bemühen, dir ein Lächeln abzugewinnen mit diesem oder jenem; du aber ein schwanenweißes Mütterchen machtest mir die Nächte herrlich bei vertraulicher Ampel mit Abschilderung meines stattlichen, mir zu früh entrissenen Vaters. Wollen wir denn leben unter uns, lieben die Wenige, die's wert sind, daß man das Herz an sie teilt, ihrentwegen erduldet schweren Drang der Liebe; nur immer dir würdiger zu werden, Teure, würdiger zu werden meiner Vaterstadt. O eine Wonne, würde man sagen können auf meinem Grabe: seine Vaterstadt geliebt hat der, wie wenige liebten, geliebt seine Mutter, wie wenige Mütter lieben.

Kreuznach! Geburtsort! Wie selig du bist! Dir nach sich hebt im Fluge meine Seele, ich seh dich, vor mir du stehest itzt in deiner Feste! Deine bewachsene Türme, verfallne Mauern, steigen neu vor mir empor; ich hör' das Rauschen deines dich teilenden Stroms, das Wehen deiner Winde von Berge herüber. O süße Luft! Ah! Wolkenstürmer! Kühner Rheingrafenstein! Ihr Wellen der Nah! Gesänge des Haartwaldes!

Kreuznach! Kreuznach! Deinen edelsten Sohn will ich besingen. Schließ' auf, Grotte der Vorzeit, Heldengesang hervor, geharnischt im Stahle, daß männlich ertöne meine Seele im Lobe des Starken. Kreuznach! Kreuznach! Höre mein Lied! Schweigt, Söhne niedrer Vergessenheit, die Stimme des Helden ertönet!

FRIEDRICH HÖLDERLIN

Reisetagebuch 1788

Liebste Mamma!

Hier ein Stück meines Reistagebuchs. Sie müssen eben vorlieb nehmen mit dem Gesudel, ich schriebs oft halb im Schlaf, eh ich zu Bette ging. Ich denke noch immer mit Vergnügen an die, obschon kurze, fünftägige, doch weite Reise. Ich reiste von Mannheim aus noch weiter nach Frankenthal – wie Sie nächstens hören werden. Also tausend Dank, liebste Mamma, für das mir gemachte Vergnügen. Ich habe Ihnen versprochen, alles aufzuschreiben – hier ist es.

In Bruchsal Zeche		43 cr.
Fahrlohn über den Rhein		8 cr.
Zu Rheinhausen Zeche		7 cr.
Wieder Fahrlohn über den Rhein.		24 cr.
In der Mannheimer Comedie.		48 cr.
Dem Mannheimer Perruquier		24 cr.
Zu Frankenthal zahlt ich die Zeche	1 f.	58 cr.
Zu Speyer Trinkgeld		36 cr.
Dem Speyrer Perruquier		24 cr.
Von Speyer zurück nahm ich ein Pferd	1 f.	30 cr.
In Bruchsal für den Mann Zeche		15 cr.
Für das Pferd im Hinabreisen	2 f.	
Mit Kleinigkeiten	1 f.	
Summa	10 f.	17 cr.

Blum zahlte auf der Reise die meiste Zeche, wie Sie sehen werden – ich kam also herrlich davon. Wenn ich nur auch mündlich erzählen könnte! Sagen Sie dem lieben Karl, in der Fortsetzung komme viel vor von großen Schiffen, mit Segeln, und Mastbäumen. Er soll sich nur recht freuen.

Denken Sie, liebste Mamma, ich war nicht ganz wohl, eh ich abreiste, nahm noch den Abend vorher Arznei zu mir – habe mich aber so gesund gereist, daß mirs jedermann ansieht. Ich habe noch viel zu tun. Ich schließe also mit der Versicherung, daß ich sei

Ihr
gehorsamster Sohn
Hölderlin.

Montags, den 2ten Juni, reist ich ab. Es war ein schöner, belebender Morgen. Mein Herz erweiterte sich in all den Erwartungen des, das ich sehen und hören werde. Noch nie war mir so wohl, als da ich, eine halbe Stunde von hier, den Berg hinunterritt – und unter mir Knittlingen lag, und weit hinaus die gesegneten Gefilde der Pfalz. Mit dieser Heiterkeit setzte ich meinen Weg fort durch Brettheim, Diedelsheim, Gondelsheim, Heidelsheim, und jetzt war ich in Bruchsal. Ich hatte im Sinn, mich im Rückweg aufzuhalten – wartete folglich bloß im Wirtshaus auf Vetter Blumen. Ich wartete bis eins, es kam kein Blum, wartete bis zwei, bis drei – noch nicht! Jetzt war ich ärgerlich. Gefallen hatte mirs in Bruchsal ohnehin nicht, unter dummen Pfaffen und steifen Residenzfratzen – mein Pferd hatt ich nur auf diesen Tag gemietet, der Weg nach Speyer war lang, die Zeit kurz, die Straße mir unbekannt. Was war zu tun?

Ich schickte den Mann, den ich bei mir hatte, um das Pferd zurückzunehmen, nach Haus, setzte mich aufs Pferd, und flugs Speyer zu!

Von Bruchsal aus hatte ich zwar keine Chaussee mehr, aber

doch breiten, guten Sandweg. Ich passierte meist dicke, schauerliche Waldungen, so daß ich außer meinem Weg kaum drei Schritte weit um mich sehen konnte. So dick habe ich in Wirtemberg noch keine Wälder gesehn. Kein Sonnenstrahl drang durch. Endlich kam ich wieder ins Freie, nachdem ich Forst, Hambrücken und Wiesenthal passiert hatte. Eine unabsehbare Ebene lag vor meinen Augen. Zur Rechten hatte ich die Heidelberger, zur Linken die französische Grenzgebirge – Ich hielt lange still. Der neue, unerwartete Anblick einer so ungeheuren Ebene rührte mich. Und diese Ebene war so voll Segens. Felder, deren Früchte schon halb gelb waren – Wiesen, wo das Gras, das noch nicht abgemäht war, sich umneigte – so hoch, so reichlich stand es – und dann der weite, schöne, blaue Himmel über mir – – Ich war so entzückt, daß ich vielleicht noch dort stände mit meinem Roß, wann mir nicht gerade vor mir das fürstlich-bischöfliche Lustschloß Waghäusel in die Augen gefallen wäre.

Ich wollte eben darauf zu reiten, weil ich es auch in meiner Marschroute hatte – von wo aus ich dann über Lußheim gekommen wäre – aber man wies mich links nach Oberhausen, weils dahin näher ist. Von dem Lustschloß kann ich also nichts sagen, als daß es im Wald liegt, eine Kapelle und noch etlich Gebäude um sich hat, weiter aber nichts Sehenswürdiges, keine Gärten, keine Hohenheimer Wildnisse, oder was ich sonst da erwartet hätte. Vor Oberhausen bemerkte ich erst die Domkirche in Speyer, ob ich sie schon bald nach Bruchsal hätte sehen können, so groß ist die Ebene – so ungeheuer hoch ist diese Domkirche. Ich glaubte, ich werde jetzt keine Viertelstunde mehr haben, und freute mich schon aufs Abendessen in Speyer, aber ich hatte mich gewaltig betrogen. Von Oberhausen kam ich nach Rheinhausen. Hier mußte ich über den Rhein fahren, mußte aber ziemlich lange warten, bis die Schiffer vom jenseitigen Ufer herüberkamen, weil die Überfahrt gewöhnlich eine halbe Stunde lang dauert. Aber so gerne hab ich noch nie gewartet als damals. Die Zeit wurde mir gar nicht lang.

Man stelle sich vor – ein Strom, der dreimal breiter ist als der Neckar, wo er am breitsten ist – dieser Strom von oben herab an beiden Ufern von Wäldern beschattet – und weiter hinab die Aussicht über ihn so lang, daß einem der Kopf schwindelte – das war ein Anblick – ich werd ihn nie vergessen, er rührte mich außerordentlich – Endlich kamen die Schiffer herüber. Man fährt in Booten über, welche so groß sind, daß zwei Gefährte mit Pferden und noch Leute genug darin Platz haben. Nach Verfluß einer halben Stunde war ich am Speyrischen Ufer. Ich fragte bei Vorübergehenden, wo ungefähr die Frau Blumin wohnte – und wurde von einem, der sie kannte, in HE. Pfarrer Mayers Haus gewiesen. Weil sich der Tag neigte, mußte mein Rößlein noch all seine übrige Kräfte aus den steifen Füßen zusammennehmen – ich dachte – ich und es könnten uns ja jetzt bald Abendessen und Nachtruhe herrlich schmecken lassen. Und so – war ich in den Speyrer Toren. Langweilig wurde mir das ewige Umherreiten in den Gassen, bis ich HE. Pf. Mayers Haus endlich fand.

Ich wurde mit stürmischer Freude von der Rike und Blumen, von der Frau Blumin und deren Tochter, der Pf. Mayerin, und Pf. Mayer mit außerordentlicher Höflichkeit aufgenommen. Genug für diesen Tag!

d. 3ten Juni.

Der Blum und die Rike hatten schon vor meiner Ankunft auf diesen Tag eine Reise nach Heidelberg vorgehabt. Es wurde also ausgemacht, daß ich mein Pferd durch des Blumen Kutscher, der wieder zurück nach Markgröningen sollte, weil sie sich noch länger aufhalten – hinaufschicken sollte – und mit ihnen fahren, wo Blum kutschierte – – Ich mußt also schon wieder morgens um 4 Uhr aus den Federn – und um 5 Uhr saß ich zu gutem Glücke meiner matten Glieder – im Cariol. Wir schifften wieder über den Rhein – und in ein paar Stunden waren wir in den berühmten kurfürstlich-pfälzischen Lustgärten von Schwetzingen.

Beschreibung ist hier wenig. Man muß die Pracht – die außerordentliche Schönheiten der Kunst – die ausgesuchte Gemälde, die Gebäude, die Wasserwerke u.s.w. selbst gesehen haben – wenn man sich einen Begriff davon machen will. Doch eins muß ich nennen. Es ist hier eine türkische Moschee (Tempel) angelegt, die mancher, der sie sieht unter den vielen Schönheiten, vielleicht vergißt, aber mir gefiel sie am besten. Das Ganze ist, was Hohenheim und die *Solitude* miteinander – meinem Begriff nach. Von Schwetzingen nach Heidelberg hatten wir drei Stunden lang schnurgerade Chaussee – und auf beiden Seiten alte, eichengleiche Maulbeerbäume. Ungefähr um Mittag kamen wir in Heidelberg an. Die Stadt gefiel mir außerordentlich wohl. Die Lage ist so schön, als man sich je eine denken kann. Auf beiden Seiten und am Rücken der Stadt steigen steile, waldichte Berge empor, und auf diesen steht das alte, ehrwürdige Schloß – Ich stieg auch hinauf, und machte eine Wallfahrt zu dem berühmten Heidelberger Faß, dem Symbol so manches Zechers, dem *Bonmot* so manches Trinklieds. Es ist wirklich so groß, daß man oben ganz bequem herumtanzen kann. Es sind Schranken auf ihm, daß man ohne Gefahr darauf gehen kann. Aber das kann ich versichern, daß ein Fall von seiner Höhe mir ebenso unangenehm wäre als aus meinem Klosterfenster. Merkwürdig ist auch die neue Brücke daselbst. Nachmittags reisten wir noch nach – Mannheim. Wir hatten herrlichen Weg am Neckar hinab. Kaum waren wir ausgestiegen, so gingen wir ins Schauspiel. Schöner, gebildeter, vollkommener kann man sich nichts denken als das Mannheimer Nationaltheater. – Nach dem Schauspiel sah ich noch das Zeughaus, wo Kanonenkugeln wie Steinhaufen aufgebeugt sind, wo ich zum erstenmal Granaten, Bomben, Kanonen u.s.w. sah – und

Speyer

dann die Jesuiterkirche! das prächtigste Gebäude, das ich auf meiner Reise fand. Die Stadt ist beinahe zweimal größer als Stuttgart. Das fürstliche Schloß sieht man aus den meisten Gassen. Die Gassen sind ganz gerade – Alles ist eben. Die Gebäude machen jedesmal ein großes Viereck. Das Kaufhaus ist so ungeheuer groß, daß mich ein Gang um dasselbe herum beinahe eine halbe Viertelstunde kostete. Am Abendessen kam ich neben einen Grafen von Styrum zu sitzen. Es ist ein Bruder vom Bischof in Bruchsal. Ich war nur eine Stunde um diesen Mann, aber ich werd ihn bis zum Grabe verehren. Er ist General, und in seines Herrn, des Königs von Frankreich Diensten grau geworden. Er unterhielt sich mit mir, wie mit seinem Bruder – erzählte mir von seinen Schlachten, seinen Gefahren, seinen Siegen, seinen Niederlagen – ich hätte bald vergessen, daß dieser Mann Graf Styrum und ich Student Hölderlin wäre, und wär ihm um den Hals gefallen, so viele Liebe gegen ihn flößte mir dieser Greis ein. Er ist mir am verehrungswürdigsten unter allen Leuten, die ich auf meiner Reise kennen lernte. Den 4ten Juni.

Die Fortsetzung folgt.

Mittwoch, den 4. Juni.

Ich blieb noch bis morgens 10 Uhr in Mannheim, in welcher Zeit ich den Hofkammerrat Dillenius, einen *Oncle* von meinem Märklin, besuchte, und sehr viel Höflichkeit genoß – Ich machte noch einen flüchtigen Strich durch die vornehmsten Gassen der Stadt, besahe das Schloß und das Bollwerk, und überall fand ich Paläste, die mich mit Staunen erfüllten. Unterdessen hatten meine Gefährten sich reisfertig gemacht, ich sprang in die Chaise, und trennte mich ungern von einem Ort, in welchem ich noch so viel Merkwürdiges sehen, noch so manchen neuen Begriff mir hätte erwerben können. Wir mußten über fünf Brücken, bis wir auf die Straße kamen; die,

die über den eigentlichen Rhein ging, war ungeheuer lang, und eine Schiffbrücke. Hier waren große Boote an Ankern befestigt, und so aneinander gereiht, auf diesen stand die Brücke. Wann nun Schiffe kommen, so sind Maschinen, mit welchen man die Brücke an verschiedenen Orten öffnen kann. Das aber, was meine Augen am meisten auf sich zog, waren die kurfürstliche Schiffe, die am Ufer standen. Vom Wasser an bis ans Verdeck (also den Boden ungerechnet) mochten sie ungefähr einen kleinen Stock hoch sein, ihre Länger aber betrug sich sicher auf 24 Schuhe, der Mastbaum ragte einen großen Stock über das Verdeck hinaus – und eine Menge von Tauen (Seilen) hing daran herab, mit welchen man den Mastbaum herablassen und aufrichten, das Segeltuch einziehen und ausbreiten konnte. Ganz vorn war ein Zimmer, mit grünen Läden, und überhaupt das ganze Schiff war gelb und rot angestrichen. So waren zwei da, ganz gleich, nur daß das Schiff der Kurfürstin ein wenig kleiner war als Theodors (des Fürsten) selbst.

Wir kamen durch die schönsten Alleen nach Oggersheim, wo der Kurfürstin ihr Sitz ist. Ich kam hier in das nämliche Wirtshaus, in welchem sich der große Schiller lange aufhielt, nachdem er sich aus Stuttgart geflüchtet hatte. Der Ort wurde mir so heilig – und ich hatte genug zu tun, eine Träne im Auge zu verbergen, die mir über der Bewunderung des großen genialischen Dichters ins Auge stieg. Von dem Lustschloß der Kurfürstin kann ich nichts Eigentliches sagen – ich sah nichts – als Häuser und Gärten, dann Schiller ging mir im Kopf herum. Um Mittag kamen wir zu Frankenthal an. Nach dem Essen gingen wir zuerst in die Gegelische Buchdruckerei, dann in die Porzellanfabrike, wo ich im Magazin sehr schöne Arbeit antraf – von da aus in die Seidenfabrike – wo mirs auch sehr wohl gefiel – von da aus zum Kanal, das ein sehr sehenswürdiges Werk ist. Beschreiben kann ich hier nicht, weil ich selbst ein dunkeln Begriff davon habe.

Am nämlichen Nachmittag fuhren wir noch nach Speyer zurück – und so hatt ich die meiste merkwürdige Städte der Pfalz in kurzer Zeit gesehen. Morgen seh ich mich in Speyer um.

Donnerstags, d. 5. Juni.

Mein erster Gang war morgens zur Domkirche. Dies ist eines der merkwürdigsten Gebäude, die ich auf meiner Reise sah, und das einzige, das ich recht genau, und mit gehöriger Muße besah. Wann man vorn am großen majestätischen Portal eingeht, so sieht man vor sich ein leeren Platz von einer ziemlichen Länge bis an große Staffeln hin, und von ungewöhnlicher Höhe, die durch prächtige, einfache Säulen von den Nebengebäuden getrennt wird. Über den Staffeln aber steht ein großer, ganz marmorner Altar, welcher so hoch ist, daß auch wieder Staffeln daran gebaut sind, und auf welchem 5 brennende Lichter in güldenen Leuchtern stehen. (Die Leuchter stehen pyramidenmäßig, und der längste mag sicher eine Elle messen.) Neben dem Altar standen auf beiden Seiten Kirchstühle, und in den zwei Ecken neben den Kirchstühlen wieder zwei Altäre, von gleicher Pracht wie der erste. Ganz hinten im Chor stand der Thron des Bischofs von Bruchsal, das Prächtigste, was man sich vorstellen kann, und auf beeden Seiten des Throns herunter die Stühle der Domherrn, welche alle vergoldet sind. Und so nehme man das ganze riesenmäßige Gebäude zusammen, man stelle sich unten ans Portal hin, und denke sich – wie oben herab der Thron und die prächtige Stühle schimmern – und der Marmor-Altar, wie er mit seinen Lichtern so erhaben dasteht – und oben das unermeßliche Gewölbe – – ich hielte mich eine Stunde darin auf, und könnte beinahe noch bisher jeden Tag eine Stunde darin gewesen sein, ohne Langeweile gehabt zu haben.

Von da aus ging ich zum Rat Boßler – und besahe seine Musikalienhandlung. Es gefiel mir da auch sehr wohl. Doch

Heidelberg

eil ich zu einem interessanteren Gegenstande. Ich hatte vormittags so ziemlich mich in Speyer umgesehen. Nachmittags wollt ich also ins Freie, um da in der Gegend umher mein Auge zu weiden. Ich lief den ganzen Nachmittag beinahe im ganzen Speyrer Bezirk umher, ohne was zu finden, das meine Aufmerksamkeit besonders an sich gezogen hätte. Es ging schon gegen Abend, als ich auf den sogenannten Gran kam (wo die Waren der Schiffe ausgeladen werden). Ich glaubte neugeboren zu werden über dem Anblick, der sich mir darstellte. Meine Gefühle erweiterten sich, mein Herz schlug mächtiger, mein Geist flog hin ins Unabsehliche – mein Auge staunte – ich wußte gar nimmer, was ich sah, und dastand ich – wie eine Bildsäule.

Man denke sich, der majestätischruhige Rhein, so weit her, daß man die Schiffe kaum noch bemerkte – so weit hinaus, daß man ihn fast für eine blaue Wand ansehen könnte, und am gegenseitigen Ufer dicke, wilde Wälder – und über den Wäldern her die dämmernde Heidelberger Gebirge – und an der Seite hinab eine unermeßliche Ebene – und alles so voll Segen des Herrn – und um mich alles so tätig – da lud man Schiffe aus – dort stießen andere ins Meer, und der Abendwind blies in die schwellende Segel – – ich ging gerührt nach Haus, und dankte Gott, daß ich empfinden konnte, wo Tausende gleichgültig vorübereilen, weil sie entweder den Gegenstand gewohnt, oder Herz wie Schmer haben.

Den Abend brachte ich bei einem Glas Bier noch sehr vergnügt zu – ich konnte den Leutchen ansehen, daß sie mich gerne noch länger bei sich gehabt hätten.

Freitags, d. 6. Juni.

Da wär ich nun wieder im Kloster. Es war mir noch nie so eng, ich möcht als gerne meine Kirche fürs Dom, meine Mauren für Paläste, meine Seen für den Rhein, und meinen dunkeln Schlafboden für fürstliche Alleen ansehen. Nur noch kürzlich die Geschichte des heutigen Tages. Der Blum und die Rike begleiteten mich mit der Chaise bis nach Oberhausen, von wo aus ich mir ein Pferd bis hieher nahm. Um 12 Uhr war ich in Bruchsal, kehrte aber diesmal bei Frau Bas Vogtin ein, weil mirs im Wirtshaus so gar nicht gefallen hatte, und ich die ehmalige Jfr. Bas Nikolain auch wieder sehen wollte. Sie freute sich sehr, auch wieder was von Ihnen zu hören, und war außerordentlich höflich und freundschaftlich gegen mich. Um 3 Uhr reist ich wieder weiter. Und so kam ich noch bei hellem Tag hieher, und so hätte dann meine Reisbeschreibung ein Ende.

AURELIO DE' GIORGI BERTÒLA

AUS

Malerische Rheinreise

Ungewitter zu Sankt-Goar

Kaum war ich erwacht, als ich die Fenster meines Zimmers öffnete, welches die Aussicht auf den Rhein hatte. Ein schwaches Licht verbreitete sich an dem Himmel; ich hielt es für das Licht der Morgendämmerung; aber bald überzeugte ich mich, daß die Sonne schon seit einer Stunde über dem Horizonte war, und daß Wolken den Himmel bedeckten, der den Tag vorher so heiter gewesen war. Es war, als wenn wir die Gegend von Sankt-Goar nur in einer ernsten Gestalt sehen sollten.

Die Wolken hatten von der einen Kette der Berge bis zur andern gleichsam ein Zeltdach von mannichfaltigen Streifen, Gruppen und Erhöhungen gezogen, deren einige wie unermeßliche Fortsetzungen der Berge selbst aussahen. Dieses Zeltdach war hier mit einem tiefen Grau, dort mit einem lichten Milchweiß gefärbt; hier dehnte es sich, gleich einem schwarzen Tuche, in verschiedenen Richtungen aus; dort erhoben sich die Streifen, Gruppen und Erhöhungen bald getrennt, bald übereinander getürmt; dort schienen sie sich endlich in einen dünnen Duft aufzulösen, und dem Azur des Himmels eine Öffnung zu gönnen. Gegen Morgen zu strahlten sie von einem silberhellen Glanze. Unter diesem Zelte strömte der Rhein in ernster und düsterer Majestät.

Noch malerischer waren die Nebel der Tiefe. An einer Stelle waren sie von oben bis unten gerissen, und zeigten eine ganze Ecke der Berge; an einer andern ließen sie nur einen grauen oder grünen Streifen durchschimmern; hier verhüllten sie alles bis an den Rand des Ufers, dort enthüllten sie einzelne Hütten. Die Festungen auf der Höhe erhoben stolz ihre Häupter über den Saum von Nebel, der sich um ihren Fuß zog, und schienen in der Luft zu hängen. Endlich zogen einige Streifen desselben wogend über den Fluß, dessen kräuselnde Gewässer sich in sich selbst zurückzuziehen schienen. Die Dunkelheit vermehrte sich; vom Berge zu Berge rollte ein langer, schrecklicher Donner, und mit Ungestüm stürzte der Regen herab.

Ich bin nicht imstande, die Schönheit des Schauspiels zu beschreiben, das sich unsern Augen darbot, als der Regenguß aufhörte; wie die Wolken sich trennten und zerflossen; wie der Nebel entfloh, und die Sonne in schönerem Glanze hervortrat; wie sich die Busen und Klüfte der Anhöhen gleichsam von neuem öffneten; wie die Farben des Lichtes sich mit dem grünen, schwankenden Haare der benachbarten Berge mischten, das von dem Regen noch naß war, und neu belebt schien. Ich bin nicht der erste, der die reinere Gestalt der Natur nach einem Regen, und das herrliche Farbenspiel des Regenbogens zwischen Gebirgen bemerkt hat. Hier vereinigte sich mit den Bergen der majestätische Fluß, welcher dem Regenbogen, der auf beiden Ufern zu ruhen schien, zum Spiegel diente, und so fest und so nah bei uns war, daß wir ihn mit der ausgestreckten Hand berühren zu können glaubten.

Allmählig und in schönen Abstufungen enthüllte sich die Erde und der Himmel vor unsern Blicken. Jeder Augenblick bot uns eine neue Erscheinung dar. Das herrliche Schauspiel gewann durch die Beschränktheit des Ortes, in welchem sich der Kontrast der einzelnen Teile vollkommener zeigte, indem sie sich zu gleicher Zeit inniger aneinander schlossen. Sie schienen, ja sie waren nur Eines. Sie bildeten ein Ganzes, welches keine Zerstreuung erlaubte, und für uns das war, was ein Gemälde im Rahmen ist. Wir maßen mit unsern Blicken und unserm Geiste, in mehr als einem Sinne, die Umgebungen dieser schönen Bucht. Das Licht fiel zwar jetzt stark herein; aber noch immer boten die Klüfte und Vertiefungen, so wie der ganze Umfang der Gegend nur eine pathetische Ansicht dar; ohngefähr so, wie die Ansicht eines gedankenvollen, mit süßer Traurigkeit bedeckten Gesichtes, auf welchem ein sanftes Lächeln strahlt.

Vielleicht wird einer oder der andere meiner Leser in dem von mir beschriebenen Schauspiele manchen Umstand für alltäglich halten. Dies kann sein; aber wenn sie es auch alle wären: so glaube ich doch wenigstens den Dank der Maler erwarten zu dürfen. *Sie* wissen, oder sollten doch wissen, daß ihr großer Meister Leonardo da Vinci, nichts so sehr empfiehlt, als eine sorgfältige Beobachtung der Natur. Wir werfen den Ultramontanern vor, daß sie hierin des Guten etwas zu viel tun; aber sollten wir nicht etwas gar zu wenig tun? sollte es nicht zu wünschen sein, daß wir unsern Augen ein wenig mehr in der genauen Betrachtung solcher Erscheinungen übten? Ich will gar nicht erwähnen, daß die Neigung zu Beobachtungen dieser Art bisweilen den Eifer, in das Innere der Natur einzudringen, erwecken könne, wie die Geschichte des Ursprungs vieler Wissenschaften beweist; ich will nur so viel sagen, daß die Gewöhnung, den malerischen Veränderungen der Natur aufmerksam zuzusehen, uns auf den Weg der Glückseligkeit und der innern Ruhe führen kann, mehr als man gemeiniglich glaubt. Durch sie lernt der Mensch sich mit Vorteil in der schweren Kunst zu üben, die man oft in dem Studium der Philosophie selbst vergeblich sucht, in der Kunst, allein zu leben; durch sie erwerben wir uns jene unschätzbare Fertigkeit, auch im Unglücke überall Gegenstände zu finden, die uns auf eine angenehme Weise beschäftigen. Dann mag uns das feindliche Schicksal in die furchtbarsten Einöden, unter den undankbarsten Himmelsstrich führen, es wird uns immer noch eine Beschäftigung übrig bleiben. Wenn wir nur die täglichen Metamorphosen der Erde und des Himmels aufmerksam betrachten, und untereinander vergleichen, werden wir bald unsere geistigen Kräfte mit einem neuen Leben durchdrungen fühlen, und uns selbst über die Sphäre erhoben glauben, in die wir, gegen unsern Willen, eingekerkert worden.

Rheinufer.
Von Sankt-Goar bis Kester

So sehr ich auch meine Schritte beschleunigte, kam ich doch erst am späten Abend in die Stadt zurück. Ich erzählte meinen Gefährten das kleine Abenteuer, das mir aufgestoßen war; und sie verziehen mir mein Ausbleiben gern; ja, sie wünschten, sich noch länger aufhalten zu können, um alles selbst zu sehen und selbst zu genießen.

So wie wir den folgenden Tag die Ufer von Sankt-Goar verließen, vergrößerte sich vor unsern Augen das Kastell, das wir schon aus der Stadt, aber nicht so, wie es uns jetzt erschien, gesehen hatten. Dieses Kastell und das Städtchen Wellmich, auf der rechten Seite, wurden durch die Aussicht auf eine schöne Gruppe übereinander geschichteter Berge gehoben, an deren Fuße sich eine Landzunge schlängelnd hervorstreckt. Dichte Bäume beschatten dieselbe, und spannen ein herrliches Zeltdach über das Wasser aus.

Aber alle Reize der vor uns liegenden Gegend verdunkelten sich vor der malerischen Schönheit, in welcher wir jetzt Sankt-Goar sahen, als wir unsere Blicke rückwärts richteten. Noch immer war zwar das Pathetische der Charakter dieses Orts; aber jetzt schien mit dem Pathetischen eine größere Mannichfaltigkeit, Großheit und Majestät vereinigt zu sein. Wir sahen gleichsam die nämlichen Säulen, die nämlichen Kapitäler, die nämlichen Piedestale und Architrabe; aber die

Verhältnisse hatten sich geändert; sie schienen einer andern Ordnung anzugehören.

An den breiten Klüften steiler Höhen, die kaum fruchtbar genug scheinen, einen Grashalm hervorzutreiben, laufen Reihen von Reben hin. Zur Rechten unterbricht das Dorf Ehrental die Einförmigkeit der öden Gebirge, auf deren Höhen und Tiefen das Spiel des Lichtes und Schattens unsere Blicke mit manchem angenehmen Betruge täuschte. Jetzt stießen wir endlich auch wieder auf eine Insel, vor Hirzenach, einem Dorfe am linken Ufer des Rheines. Über demselben erhebt sich ein Berg, dessen Gipfel ein dunkles Gebüsch bekrönt. Auf seinem Rücken prangen die mannichfaltigsten Farben, und mischen sich mit den sanftesten Übergängen. Hier breitet sich auch der Fluß, wie ein Golfo, aus, um dem Berge gleichsam zum Spiegel zu dienen. Diese Erweiterungen des Flußbettes, die auf dem Rheine so häufig sind, tragen außerordentlich viel zur Vermehrung des malerischen Anblicks bei. Ein Strom, welcher immer die nämliche Breite behielte, würde vielleicht das Auge und die Einbildungskraft ermüden; aber bei diesen unerwarteten Erweiterungen des Gesichtskreises, fühlt sich der Geist von dem Einflusse des Großen und Freien ungemein belebt. Und dann verengt er sich willig wieder, und sich gleichsam mit dem Bette des Stromes zusammen. Oft glaubten wir mit einem Male vom Abend zum Mittag, vom Morgen zum Abend, aus kühlen und schattigen Grotten zu sonnigen Höhen, und von diesen in den Schoß eines kleinen Meeres überzugehen. Und so groß und wunderbar war diese Mannichfaltigkeit, daß die öftere Rückkehr desselben Betrugs uns dennoch nie vor neuen Täuschungen schützte.

Diese Gegenden sind wegen ihrer Blei- und Kupferminen merkwürdig, die mit großem Eifer bearbeitet werden. Wo also die Oberfläche der Erde nicht ergiebig genug ist, da hat die gütige Natur, welche die Ufer des Rheines mit so ausge-

Schloß Rheinfels

zeichneter Liebe behandelte, Schätze in den Schoß derselben eingeschlossen. Mit derselben Genauigkeit und Güte verfährt zwar diese vorsichtige Mutter überall; aber hier scheint dieses Verfahren am sichtbarsten; hier scheint sie eine noch größere Gleichheit als anderwärts beobachtet zu haben.

Eine Reihe steiler Klippen wirft auf der einen Seite einen traurigen Schatten über den Fluß, während auf der andern ein lachender Hügel prangt, welcher einen seiner Arme gegen den Fluß hin senkt, den andern aber so kühn erhebt, daß er zur Klippe wird, und sich in den Strom herabzustürzen droht. Gleichwohl steigen die Weinstöcke bis an den Rand des Absturzes. Um den Wert dieser Aussicht zu erhöhen, hub ich an, wünschte ich..... in dem Augenblicke zeigte sich Kester zur Rechten, und mein Wunsch war erfüllt. Ist nicht die süßeste Überraschung die, wo dem Wunsche, in dem Augenblicke seiner Entstehung, das Objekt desselben gleichsam begegnet?

NIKOLAY MICHAILOWITSCH KARAMSIN

AUS

Briefe eines reisenden Russen

Mainz, 2. August

Hier bin ich heute um sechs Uhr abends mit der Diligence angekommen, auf der ich auch bis Straßburg zu fahren gedenke. Was für ein guter Weg von Frankfurt bis Mainz! Was für reizende Ansichten! Was für herrliche Gegenden! Als wir uns Mainz näherten, erblickte ich auf der linken Seite den majestätischen Rhein und den stillen Main, die fast nebeneinander fließen, und rechter Hand dehnt sich eine Kette Weinberge aus, die das Auge nicht zu umfassen vermag. Wie freudig schlug mir das Herz! »Rhein, Rhein! Endlich erblick ich dich«, rief ich begeistert aus, »endlich kann ich dich preisen in deinem stolzen Laufe, du König der deutschen Flüsse!«

Mainz liegt auf dem westlichen Ufer des Rheins, wo sich der Main in diesen ergießt. Die Straßen sind eng; schöne Häuser findet man nur wenige, aber Kirchen, Klöster und Mönche in Menge. »Ist's Ihnen nicht gefällig, die Eingeweide des heiligen Bonifazius zu sehen, die in der Johanniskirche aufbewahrt werden?« fragte mich der Lohnlakai mit einer wichtigen Miene. »Nein, mein Freund«, antwortete ich, »der heilige Bonifazius kann ein guter Mann und ein eifriger Heidenbekehrer gewesen sein; aber seine Eingeweide haben auch nicht den geringsten Reiz für mich. Führe mich lieber aus der Stadt ins Freie.« – Wir gingen. Ich setzte mich ans Ufer des Rheins und beschaute in seinen Wellen das Bild der untergehenden Sonne und seiner grünen Ufer.

Abends speiste ich an der Wirtstafel mit verschiedenen Reisenden. Alle tranken Rheinwein wie Wasser. Ich sagte dem Wirt, er solle mir eine Flasche Hochheimer bringen, und zwar von dem ältesten, den er im Keller habe. – »Sie werden mir danken für diesen Nektar«, sagte der dienstfertige Wirt, indem er die Flasche vor mich hinstellte, »ich habe ihn von meinem Vater geerbt, der schon seit dreißig Jahren tot ist.« – In der Tat war es ein vortrefflicher Wein, gleich angenehm in Geschmack und Geruch. Ich freute mich wie ein Kind darüber, daß ich jetzt Rheinwein an den Ufern des Rheins selbst trank! Ich goß ein, ergötzte mich an den Perlen und der Klarheit des Weins, traktierte die neben mir Sitzenden – und war froh wie ein König. Bald war die Bouteille geleert, und der Wirt versicherte mich, »daß er noch herrlichen Kostheimer habe, der gleichfalls von seinem Vater herstamme, der schon seit dreißig Jahren tot sei«. –

»Ich glaube es«, erwiderte ich, »ich glaube es, daß er dem Andenken des seligen Herrn Ehre macht; aber für jetzt ist es genug!«

Mannheim, 3. August

Heute ganz früh verließen wir Mainz. Wir fuhren längs dem linken Ufer des Rheins über Oppenheim und Worms und kamen um 7 Uhr des Abends in Mannheim an. Diesen Teil des obern Deutschland kann man mit Recht ein irdisches Paradies nennen. Der Weg ist glatt wie ein Tisch – überall herrliche Dörfer, reiche Weinberge und Bäume, die von Früchten strotzen. Äpfel, Birnen und Walnüsse wachsen am Weg – ein Schauspiel, das den Bewohner des Nordens, der nur traurige Fichten und umzäunte Gärten zu sehen gewohnt ist, wo Argusse, mit Knütteln bewaffnet, Wache halten, in Begeisterung setzen muß. Und in diesen reichen Ebenen strömt der ehrwürdige, weinbekränzte Rhein, der auf seinem wogenden Rücken die das menschliche Herz erfreuenden

Produkte seiner gesegneten Ufer in ferne Länder trägt, die nicht so reichlich von der Natur begabt sind.

Doch wo sind die vom Weib Gebornen wohl ganz vom Elend frei? Wo bezieht sich der Himmel nicht dann und wann mit trüben Wolken? Wo erschallt nicht manchmal der Donner des Himmels in die Ohren der Sterblichen? Wo werden nicht Tränen des Kummers vergossen? – Auch hier fließen sie, und ich habe sie gesehen; ich habe die Seufzer des armen Landmanns gehört. – Der Rhein und der Neckar waren von den vielen Regengüssen sehr angeschwollen, und ihre verheerenden Wellen strömten über Gärten, Felder und Dörfer. Hier schwamm ein Stück eines zertrümmerten Hauses, in dem sonst Zufriedenheit und Ruhe wohnten. Dort riß die stürmische Woge den Vorrat des sorgenden – ach! vergeblich sorgenden – Landmanns mit sich fort. Dort wurde ein armes blökendes Schaf von den Wellen getragen! – Wir mußten an einigen Stellen durchs Wasser fahren, das manchmal bis in den Wagen drang. Doch verursachte diese Überschwemmung eine prächtige Ansicht, die sich unseren Augen darstellte, als der Wagen in eine lange Allee einkehrte, die etwa drei Werst vor Mannheim anfängt. Diese ganze Allee war auf beiden Seiten mit Wasser umgeben und schien, da das Wasser hier still war, eine ungeheure Brücke zu sein.

In Oppenheim, einem pfälzischen Städtchen, nahmen wir das Frühstück und tranken da von dem berühmten Niersteiner, der mir aber nicht so gut schmeckte wie der Hochheimer. – Oppenheim gegenüber, auf der anderen Seite des Rheins, steht eine hohe Pyramide, auf deren Spitze ein Löwe ein Schwert in der Klaue hält. Dieses Denkmal errichtete im Jahre 1631 der König von Schweden, Gustav Adolf, als er nach der Niederlage der Spanier und der Einnahme Oppenheims über den Rhein ging.

In Worms ist das alte Rathaus merkwürdig, auf dem Luther vom Kaiser Karl V. und von den Fürsten des Reichs auf dem

Reichstag von 1521 gerichtet wurde. Von dieser Zeit an zeigt man hier eine Bank, auf der ein Glas mit Gift zersprang, das für Luther bestimmt war. Mehrere Reisende pflegen einen Splitter von dieser Bank abzuschneiden, und schon ist das Brett fast ganz zerschnitten!

Mannheim ist eine schöne Stadt. Die Straßen sind vollkommen regelmäßig angelegt und durchschneiden einander in rechten Winkeln, was – wenigstens auf den ersten Anblick – sehr angenehm für das Auge ist. Das Rheintor, das Neckartor und das Heidelbergertor sind mit schönen Basreliefs geziert. Auch findet man verschiedene freie Plätze in der Stadt, die von prächtigen Häusern umgeben sind. Der Palast des Kurfürsten steht am Zusammenfluß des Rheins und des Neckars. Hätte ich mich nicht so sehr nach der Schweiz gesehnt, so wäre ich hier gewiß einige Wochen geblieben. So sehr hat mir Mannheim gefallen.

JOSEPH GREGOR LANG

Blick vom Kreuzberg bei Bonn

Die Aussicht von diesem Berge ist über alle Beschreibung, und es scheint, die Natur hat ihn einzig in dieser Gegend zum Stand- und Sehepunkt bestimmet, um von da alle die Reize, die sie, so zu sagen, fast an *Bonn* verschwendete, in Wahrheit zu genießen; denn unzählig sind die Gegenstände, die sich von da aus in der unabsehbaren Landschaft von allen Seiten herausheben. – Man denke sich alle landschaftliche Naturszenen auf der Welt, das langweilige und Aug ermüdende Meer davon abgerechnet, und ich wüßte nicht, ob eine vergessen sei, die sich hier nicht in schönster harmonischer Verbindung, in den glücklichsten Verhältnissen mit tausend andern abwechselnden Schönheiten der reichen Schöpfung dem staunenden Auge darmalte. Lauter, lauter Gottes- und Menschenwerke! –

Am meisten fiel mir die Aussicht gegen das Siebengebirge auf; wo den Horizont in einer nicht allzu weiten und nahen Entfernung die schwarzgrauliche wolkenähnlichen Berge, die aufeinander wie Gewittergewölke aufgetürmt lagen, schlossen. – Himmelan ragten über die andern die einen hervor, und die hintersten schienen als neue Welten sich über die vordern aufzutürmen. So verdrängte ein Gemälde das andere, so zog von einer reizenden Aussicht zu einer noch weit reizendern mein erquicktes Auge dahin. – Wo ist der Dichter? wo der Maler, der diese erhabene, feierliche, majestätische, herzerfüllende Gemälde mit Worten, mit Farben schildern kann, die ich von diesem zauberreichen Standorte sah? –

Lange stand ich da und geizte mit der Zeit, die neidisch mit dem kommenden Abend die entferntesten Gegenstände mir zu verschleiern drohte. – Auch der Abend ist schön, dacht' ich bei mir, und entschloß mich, dem forteilenden Tage zum Trotze, den Abend zu begrüßen, und von dieser bilderreichen Anhöhe ein Gemälde der Nacht zu sehen, das nur ein Gott malen kann.

Die Sonne war schon in Westen gesunken, und die Schatten der Wolken lagerten sich schon in den ruhigen Flächen und bestiegen die einsamen Gebirge, als ich noch da stand und die Freuden des schönsten Abends genoß. Der stille sanft lächelnde Vollmond zog sich wie ein Feuerballon hinter dem geschwärzten Horizont hervor, und kleinere leichte Wolken, mehr Dünste, noch nicht in schwarze Klumpen verdicket, umhüllten sein Gesicht, wie ein Schleier, die aber vor seinem vollen Lichte bald wieder verschwanden. In seinem weißglänzenden silberfärbigen Schmucke hob er sich majestätisch empor, oder vielmehr lief er anfangs schnell, aber bald, je höher er kam, mit einem langsamern Gange, gleich als wenn ihm die weite Landschaft zu zauderen zurufte, um sich in seinem Glanze zu spiegeln. – Da stand sie nun vor mir in aller ihrer Pracht, die himmlisch geschmückte Phöbe, am blauen Gewölbe mit unzähligen tausenden, bis ins Unendliche, flammenden Wundern umringt. Das sanfte Licht durchglitzerte die Stirnen der Berge; die unvergleichliche halbwachende Landschaft lächelte unter seinem versilbernden Schimmer, und tausend und tausend einzelne Gegenstände, halb mit Lichte, halb mit Schatten vermischt, funkelten nur schwach in der allenthalben ruhenden Natur. Großer erhabener Anblick! – mit dem sich mein Geist noch bis zu den Sphären erhob. Ich sah den Schöpfer in seinem mächtigen All, in seiner Herrlichkeit, und still, wie die Nacht ist, stieg ich anbetend mit süßer Empfindung durch die schwarze sanft rauschende Fichtenallee, die sich auf dem Boden noch

Bonn

schwärzer dahin malte, den Berg herab, und erreichte, ehe noch der aus Westen herbeieilende Gewitterregen die Luft kältete, und Gewächse und Boden befeuchtete, die noch wachende und im Zirkel der Vertraulichkeit bei muntern Abendgesprächen sich freuende Stadt. –

Aus: Reise auf dem Rhein

GEORG FORSTER

AUS

Ansichten vom Niederrhein

I

Boppart, den 24. März [1790]

Es war einmal Verhängnis, daß es uns heute anders gehen sollte, als wir erwartet hatten. Statt des herrlichen gestrigen Sonnenscheins, mit dessen Fortdauer wir uns schmeichelten, behielten wir einen grauen Tag, dessen minder glänzende Eigenschaften aber, genau wie man in Romanen und Erziehungsschriften lehrt, das Nützliche ersetzte. Denn weil der Zauber einer schönen Beleuchtung wegfiel und der bekannten Gegend keine Neuheit verleihen konnte, so blieb uns manche Stunde zur Beschäftigung übrig. Auf der Fahrt durch das Rheingau hab' ich, verzeih es mir der Nationalstolz meiner Landsleute! eine Reise nach Borneo gelesen und meine Phantasie an jenen glühenden Farben und jenem gewaltigen Pflanzenwuchs des heißen Erdstrichs, wovon die winterliche Gegend hier nichts hatte, gewärmt und gelabt. Der Weinbau gibt wegen der krüppelhaften Figur der Reben einer jeden Landschaft etwas Kleinliches; die dürren Stöcke, die jetzt von Laub entblößt, und immer steif in Reih' und Glied geordnet sind, bilden eine stachlichte Oberfläche, deren nüchterne Regelmäßigkeit dem Auge nicht wohl tut. Hier und dort sahen wir indes doch ein Mandel- und ein Pfirsichbäumchen und manchen Frühkirschenstamm mit Blütenschnee weiß oder rötlich überschüttet; ja selbst in dem engeren Teile des Rheinlaufs, zwischen den Bergklüften, hing oft an den kahlen, durch die Rebenstöcke verunzierten Felswänden und Terrassen ein solches Kind des Frühlings, das schöne Hoffnungen auf die Zukunft in uns weckte.

Nicht immer also träumten wir uns in den ewigen Sommer der Palmenländer. Wir saßen stundenlang auf dem Verdeck, und blickten in die grüne, jetzt bei dem niedrigen Wasser wirklich erquickend grüne, Welle des Rheins; wir weideten uns an dem reichen mit aneinander hangenden Städten besäeten Rebengestade, an dem aus der Ferne her einladenden Gebäude der Probstei Johannisberg, an dem Anblick des romantischen Mäuseturms und der am Felsen ihm gegenüber hangenden Warte. Die Berge des Niederwalds warfen einen tiefen Schatten auf das ebene, spiegelhelle Becken des Flusses, und in diesem Schatten ragte, durch einen zufälligen Sonnenblick erleuchtet, Hatto's Turm weiß hervor, und die Klippen, an denen der Strom hinunterrauscht, brachen ihn malerisch schön. Die Noh, mit ihrer kühnen Brücke und der Burg an ihrem Ufer, glitt sanft an den Mauern von Bingen hinab, und die mächtigeren Fluten des Rheins stürzten ihrer Umarmung entgegen.

Wunderbar hat sich der Rhein zwischen den engen Tälern einen Weg gebahnt. Kaum begreift man auf den ersten Blick, warum er hier (bei Bingen) lieber zwischen die Felswände von Schiefer sich drängte, als sich in die flachere Gegend nach Kreuznach hin ergoß. Allein bald wird man bei genauerer Untersuchung inne, daß in dieser Richtung die ganze Fläche allmählig steigt, und wahrer Abhang eines Berges ist. Wenn es demnach überhaupt dem Naturforscher ziemt, aus dem vorhandenen Wirklichen auf das vergangene Mögliche zu schließen; so scheint es denkbar, daß einst die Gewässer des Rheins vor Bingen, durch die Gebirgswände gestaucht und aufgehalten, erst hoch anschwellen, die ganze flache Gegend überschwemmen, bis über das Niveau der Felsen des Bingerlochs anwachsen und dann unaufhaltsam in der Richtung, die der Fluß noch jetzt nimmt, sich nordwärts darüber hinstürzen mußten. Allmählig wühlte sich das Wasser tiefer in das Felsenbett, und die flachere Gegend trat wieder aus demselben hervor. Dies vorausgesetzt, war vielleicht das Rheingau, ein Teil der Pfalz, und der Bezirk um Mainz bis nach Oppenheim und Darmstadt einst ein Landsee, bis jener Damm des Binger Felsentals überwältigt ward und der Strom einen Abfluß hatte.

Der stärkere Wein, den das Rheingau hervorbringt, wächst nicht mehr jenseits der Enge von Bingen. Die Richtung des Flusses von Morgen gegen Abend durch das ganze Rheingau gibt den dortigen Rebenhügeln die beste Lage gegen den Strahl der mittäglichen Sonne, und die Gestalt des östlichen Gebirges, das auf seiner Oberfläche beinahe ganz eben ist, trägt vieles zur vorzüglichen Wärme dieses von der Natur begünstigten Tales bei. Der Nord- und der Ostwind stürzen sich, wenn sie über jene erhabene Fläche herstreichen und an den Rand derselben kommen, nicht geradezu hinab, sondern äußern ihre meiste Kraft erst auf der entgegengesetzten Seite des Flusses; das Tal unmittelbar unter dem Berge berühren sie kaum. Was für Einfluß die mineralischen Bestandteile des Erdreichs und die Verschiedenheit der Gebirgslager auf die Eigenschaften des Weins haben können, ist noch nicht entschieden. Je weniger man über diesen Punkt weiß und bestimmt wissen kann, desto weiter treibt die grübelnde Hypothesensucht ihr Spiel damit. Hier darf sie sich keck auf ihre empirische Weisheit berufen; denn sie kann sich vor Widerlegungen wenigstens so lange sicher stellen, als man nicht Erfahrung gegen Erfahrung aufzuweisen hat. So viel ist indessen immer an der Sache, daß, wo alle übrige Umstände völlig gleich sind, und nun doch eine Verschiedenheit im Erzeugnis bemerklich wird, die Ursache davon in der Beschaffenheit des Bodens gesucht werden darf. Bekanntlich entspringen auf jenem östlichen Gebirge mehrere, zum Teil heiße Quellen, von denen einige Schwefel, andere Vitriolsäure und Eisen enthalten. Man hat mich auch versichern wollen, daß ein Kohlenflöz sich unter dem Hügel von Hochheim erstrecke und dem dort wachsenden vortrefflichen Weine der Domdechanei seinen berühmten edlen Geschmack und sein Feuer gebe. Ich erinnere mich hierbei, daß der Schnee am Gehänge dieses Rebenhügels gegen Mainz eher, als vor dem entgegengesetzten Tore, schmilzt. Der Unterschied war mir und andern oft in wenigen hundert Schritten so auffallend, daß sogar die Lufttemperatur, unter völlig gleichen Umständen, dem Gefühle merklich verschieden vorkam. So wie man das abendliche Tor von Hochheim verläßt, um nach Mainz zu gehen, glaubt man in einem milderen Klima zu sein. Ich würde freilich diesen Unterschied dem Winde zuschreiben, der auf der Ebene von dem Altkönig her frei und ohne Widerstand hinstürmet und die Kälte der oberen Luftregion herunterführen, oder besser, die zum Gefrieren erforderliche schnelle Verdünstung befördern kann. Allein andere schreiben die wärmere Temperatur des Weinberges den darunter liegenden Kohlen zu. Wahr ist es, eine Kohle, wie überhaupt jeder Brennstoff, fühlt sich unter einerlei Umständen viel wärmer an, als ein Stück Kalkstein oder Schiefer; und dieses Gefühl beweiset, daß wirklich aus der Kohle in den berührenden Körper mehr Wärmeteilchen übergehen: nicht minder gewiß ist es auch, daß die brennbaren Mineralien bei einer gewissen Lufttemperatur unaufhörlich Wärme ausströmen. Wie, wenn der Weinstock besonders vor andern Gewächsen organisiert wäre, von dieser Ausdünstung begünstigt zu werden? Das Beste zur Vergeistigung des Traubensaftes tut zwar die Sonne; ihr Licht, das von den schwammigen Früchten eingesogen und in ihrer Flüssigkeit fixiert wird, würzt und versüßt die Beere. Daher bleiben auch unsere Weine gegen die griechischen, italienischen, spanischen, ja sogar gegen die ungarischen und französischen so herbe, daß sie bei den Ausländern und dem Frauenzimmer wenig Beifall finden. –

St. Goarshausen

Für die Nacktheit des verengten Rheinufers unterhalb Bingen erhält der Landschaftkenner keine Entschädigung. Die Hügel zu beiden Seiten haben nicht jene stolze, imposante Höhe, die den Beobachter mit *einem* mächtigen Eindruck verstummen heißt; ihre Einförmigkeit ermüdet endlich, und wenn gleich die Spuren von künstlichem Anbau an ihrem jähen Gehänge zuweilen einen verwegenen Fleiß verraten, so erwecken sie doch immer auch die Vorstellung von kindischer Kleinfügigkeit. Das Gemäuer verfallener Ritterfesten ist eine prachtvolle Verzierung dieser Szene; allein es liegt im Geschmack ihrer Bauart eine gewisse Ähnlichkeit mit den verwitterten Felsspitzen, wobei man den so unentbehrlichen Kontrast der Formen sehr vermißt. Nicht auf dem breiten Rücken eines mit heiligen Eichen oder Buchen umschatteten Berges, am jähen Sturz, der über eine Tiefe voll wallender Saaten und friedlicher Dörfer den Blick bis in die blaue Ferne des hüglichten Horizonts hinweggleiten läßt, – nein, im engen Felstal, von höheren Bergrücken umschlossen, und, wie ein Schwalbennest, zwischen ein paar schroffen Spitzen klebend, ängstlich, hängt hier so mancher zertrümmerte, verlassene Wohnsitz der adelichen Räuber, die einst das Schrecken des Schiffenden waren. Einige Stellen sind wild genug, um eine finstre Phantasie mit Orkusbildern zu nähren, und selbst die Lage der Städtchen, die eingeengt sind zwischen den senkrechten Wänden des Schiefergebirges und dem Bette des furchtbaren Flusses, – furchtbar wird er, wenn er von geschmolzenem Alpenschnee oder von anhaltenden Regengüssen anschwillt – ist melancholisch und schauderhaft.

In Bacharach und Kaub, wo wir ausstiegen und auf einer bedeckten Galerie längs der ganzen Stadtmauer hin an einer Reihe ärmlicher, verfallener Wohnungen fortwanderten, vermehrten die Untätigkeit und die Armut der Einwohner das Widrige jenes Eindrucks. Wir lächelten, als zu Bacharach ein Invalide sich an unsere Jacht rudern ließ, um auf diese Manier zu betteln; es war aber entweder noch lächerlicher, oder, wenn man eben in einer ernsthaften Stimmung ist, empörender, daß zu St. Goar ein Armenvogt, noch ehe wir ausstiegen, mit einer Sparbüchse an das Schiff trat und sie uns hinhielt, wobei er uns benachrichtigte: das Straßenbetteln sei zu Gunsten der Reisenden von Obrigkeitswegen verboten. Seltsam, daß dieser privilegierte Bettler hier die Vorüberschiffenden, die nicht einmal aussteigen wollen, belästigen darf, damit sie nicht auf den möglichen Fall des Aussteigens beunruhigt werden!

In diesem engeren, öderen Teile des Rheintals herrscht ein auffallender Mangel an Industrie. Der Boden ist den Einwohnern allerdings nicht günstig, da er sie auf den Anbau eines einzigen, noch dazu so ungewissen Produktes, wie der Wein, einschränkt. Aber auch in ergiebigeren Gegenden bleibt der Weinbauer ein ärgerliches Beispiel von Indolenz und daraus entspringender Verderbtheit des moralischen Charakters. Der Weinbau beschäftigt ihn nur wenige Tage im Jahr auf eine anstrengende Art; bei dem Jäten, dem Beschneiden der Reben u.s.w. gewöhnt er sich an den Müßiggang, und innerhalb seiner Wände treibt er selten ein Gewerbe, welches ihm ein sicheres Brot gewähren könnte. Sechs Jahre behilft er sich kümmerlich, oder antizipiert den Kaufpreis der endlich zu hoffenden glücklichen Weinlese, die gewöhnlich doch alle sieben oder acht Jahre einmal zu geraten pflegt; und ist nun der Wein endlich trinkbar und in Menge vorhanden, so schwelgt er eine Zeitlang von dem Gewinne, der ihm nach Abzug der erhaltenen Vorschüsse übrig bleibt, und ist im folgenden Jahr ein Bettler, wie vorher. Ich weiß, es gibt einen Gesichtspunkt, in welchem man diese Lebensart verhältnismäßig glücklich nennen kann. Wenn gleich der Weinbauer nichts erübrigt, so lebt er doch sorglos, in Hoffnung auf das gute Jahr, welches ihm immer wieder aufhilft. Allein, wenn man so raisonniert, bringt man die Herabwürdigung der

Sittlichkeit dieses Bauers nicht in Rechnung, die eine unausbleibliche Folge seiner unsichern Subsistenz ist. Der Landeigentümer zieht freilich einen in die Augen fallenden Gewinn vom Weinbau; denn weil er nicht aus Mangel gezwungen ist, seine Weine frisch von der Kelter zu veräußern, so hat er den Vorteil, daß sich auch das Erzeugnis der schlechtesten Jahre auf dem Fasse in die Länge veredelt, und ihm seinen ansehnlichen Gewinn herausbringen hilft. Man rechnet, daß die guten Weinländer sich, ein Jahr ins andre gerechnet, zu sieben bis acht Prozent verinteressieren, des Mißwachses unbeschadet. Es wäre nun noch die Frage übrig, ob dieser Gewinn der Gutsbesitzer den Staat für die hingeopferte Moralität seiner Glieder hinlänglich entschädigen kann?

Der ungewöhnliche niedrige Stand des Rheinwassers war schuld, daß unsere Jacht nur langsam hinunterfuhr. Erst um acht Uhr abends erreichten wir Boppart beim Mondlicht, das den ganzen Gebirgskessel angenehm erleuchtete. Wir eilten dem besten Wirtshause zu; allein hier fanden wir alle Zimmer besetzt. In einem zweiten sahen wir alle Fenster eingeworfen; von dem dritten schreckte uns die Schilderung der darin herrschenden Unreinlichkeit zurück. Also mußten wir auf gut Glück im vierten einkehren und uns an einer kalten Kammer und einem gemeinschaftlichen Lager genügen lassen. Hier wärmen wir uns jetzt beim Schreiben mit Deinem russischen Tee, und preisen die gütige Vorsorge, die uns damit beschenkte. Ohne ihn darbten wir in dieser Amazonenstadt, wo noch vor wenigen Tagen dreihundert Mann Exekutionstruppen den Mut der Weiber dämpfen mußten, die sich gegen eine mißverstandene Verordnung aufgelehnt und einigen Soldaten blutige Köpfe geschlagen hatten. Die militärische Gewalt hat die Oberhand über das schöne Geschlecht, das nach einem Paar Gestalten, die an uns diesen Abend vorüberschwebten, zu urteilen, für ganz andere Kriege gebildet zu sein scheint.

Boppart

Ein- für allemal bitte ich jetzt um Deine Nachsicht, wenn ich künftig auf Abschweifungen gerate, oder nicht so zierlich wie ein Gelehrter, der auf seinem Studierzimmer reiset, frisch nach der Tat, nur auch von der Spannung des Beobachtens ermüdet, erzähle.

So dürftig und desultorisch aber dieser erste Reisebericht ausgefallen ist, verspreche ich mir gleichwohl einen Rückblick auf das etwanige Verdienst, welches ihm unsere unbequeme Lage geben kann. Wir schreiben hier bei einem Lichte, welches von Zeit zu Zeit Funken sprüht und nach jeder solchen Anstrengung dermaßen erschöpft ist, daß uns kaum Hellung genug übrig bleibt, unsere Schriftzüge zu erkennen. Kein lebhafteres Bild von unserem eigenen Zustande, nach einer dreizehnstündigen Wasserfahrt könnte ich Dir jetzt ersinnen. Nach jedem Bemühen einen Gedanken zu Papier zu bringen, verengt sich der Raum zwischen unsern Augenlidern, und ein Nebelflor umhüllt das ewige Lämpchen des innern Sinnes.

II

Andernach

An einem milden Sommermorgen bei Sonnenaufgang müßte es köstlich sein, sich mitten auf dem See zu befinden, den der Rhein bei Boppart, weil er ringsum von hohen Gebirgen eingeschlossen ist, zu bilden scheint; denn ungeachtet der feuchten Kälte, womit uns der Ostwind die aufsteigenden Nebel entgegenwehte, konnten wir uns doch nicht entschließen, in unserer Kajüte zu bleiben. Die schöngewölbten Berggipfel erheben sich hier mit reichlicher Waldung, welche das Malerische der Gegend, sobald sie mit frischem Laube geschmückt sein wird, um vieles erhöhen muß.

Die Nähe von Koblenz rief uns bald zum zweitenmal hervor. Hier öffnet sich ein Reichtum der Natur und der Verzierung, den das Ufer des Rheins, seit der Gegend, wo der

Fluß die Schweiz verläßt, nirgends zeigt. Schöne Formen von Gebirgsrücken, Baumgruppen und Gebäuden wechseln hier mit einander ab; die Hügel tragen eine dichte Krone von Wäldern; das neue kurfürstliche Schloß prangt am Ufer, und der Ehrenbreitstein hängt herrlich und erhaben auf dem jenseitigen Gebirge. Beleuchtung wäre hier wieder ein willkommnes Geschenk gewesen; allein auch heute ward uns diese Spende versagt; unser Morgenhimmel war mit dünnem, grauem Gewölk durchstreift, und uns dämmerte nur ein halbes Licht.

Wir erstiegen den Ehrenbreitstein. Nicht die unwichtige Kostbarkeit dieser Festung; nicht der Vogel Greif, jene ungeheure Kanone, die eine Kugel von hundert und sechzig Pfunden bis nach Andernach schießen soll, aber doch wohl nie geschossen hat; nicht alle Mörser, Haubitzen, Feldschlangen, Zwölf- und Vierundzwanzigpfünder, lange gezogene Röhre, Kartätschenbüchsen, Graupen, und was sonst im Zeughause oder auf den Wällen zu bewundern ist; nicht die weite Aussicht von dem höchsten Gipfel des Berges, wo Koblenz mit dem Rhein und der Mosel landkartenähnlich unter den Füßen liegt – nichts von dem allen konnte mich für den abscheulichen Eindruck entschädigen, den die Gefangenen dort auf mich machten, als sie mit ihren Ketten rasselten und zu ihren räucherigen Gitterfenstern hinaus einen Löffel steckten, um dem Mitleiden der Vorübergehenden ein Almosen abzugewinnen. Wäre es nicht billig, fiel mir dabei aufs Herz, daß ein jeder, der Menschen zum Gefängnis verurteilt, wenigstens *einen* Tag im Jahre mit eigenen Ohren ihr Gewinsel, ihre himmelstürmende Klage vernehmen müßte, damit ihn nicht der tote Buchstabe des Gesetzes, sondern eigenes Gefühl und lebendiges Gewissen von der Rechtmäßigkeit seiner Urteile überzeugte? Wir bedauern den unsittlichen Menschen, wenn die Natur ihn straft und physisches Übel über ihn verhängt; wir suchen sein Leid zu mildern und ihn von seinen Schmerzen zu befreien: warum darf nicht Mitleid den Elenden erquicken, dessen Unsittlichkeit den Arm der beleidigten Bürgerordnung reizte? Ist der Verlust der Freiheit kein hinreichendes Sühnopfer, und fordert die strenge Gerechtigkeit noch die Marter des Eingekerkerten? Mich dünkt, die Abschaffung der Todesstrafen hat uns nur noch grausamer gemacht. Ich will hier nicht untersuchen, ob ein Mensch befugt sein könne, einem andern das Leben zu nehmen; aber wenn es Güter gibt, die unantastbar und allen heilig sein sollen, so ist das Leben gewiß nicht das einzige, welches unter diese Rubrik gehört; auch diejenigen Zwecke des Lebens gehören hieher, ohne welche der Mensch seinen Rang auf der Leiter der Wesen nicht behaupten kann, ohne welche er Mensch zu sein aufhören muß. Die Freiheit der Person ist unstreitig ein solches, von der Bestimmung des Menschen unzertrennliches und folglich *unveräußerliches* Gut. Wenn also der bürgerliche Vertrag ein so schreckliches Übel, wie die gewaltsame Beraubung eines *unveräußerlichen* Gutes, über einen Menschen um die Sicherheit aller willen verhängen muß, so bleibt zu entscheiden übrig, ob es nicht zwecklose Grausamkeit sei, das Leben durch ewige Gefängnisstrafe in fortwährende Qual zu verwandeln, wobei es schlechterdings zu keiner andern Absicht, als zum Leiden erhalten wird, anstatt es durch ein Todesurteil auf einmal zu enden? Die fromme Täuschung, die man sich zu machen pflegt, als ob ein Delinquent während seiner lebenslänglichen Gefangenschaft Zeit gewönne, in sich zu gehen, eine sittliche Besserung anzufangen, sich durch seine Reue mit Gott zu versöhnen und für ein künftiges Leben zu bereiten, würde schnell verschwinden, wenn man sich die Mühe gäbe, die Erfahrung um Rat zu fragen, ob dergleichen Bekehrungen die gewöhnlichen Folgen der ewigen Marter sind? Die finsteren, modernden Gewölbe der Gefängnisse, und die Ruderbänke der Galeeren würden, wie ich fürchte, hierüber schauderhafte Wahrheiten verraten,

Ehrenbreitstein

wenn man auch nicht, durch richtiges Nachdenken geleitet, schon im voraus überzeugt werden könnte, daß die Bekehrung im Kerker zwecklos sein müsse, weil sie unfruchtbar bleibt, und daß ein Augenblick wahrer Reue so viel wert sei, als ein in Tränen und Büßungen hingeschmachtetes halbes Jahrhundert. Allein die Furcht vor dem Tode, die nur durch eine der Würde des Menschen angemessene Erziehung gemildert und in Schranken gehalten wird, lehrt den Richter, das Leben in immerwährender Gefangenschaft als eine Begnadigung schenken, und den Verbrecher, es unter dieser Bedingung dankbar hinnehmen. Auch hier wirkt also die Furcht, wie sie sonst immer zu wirken pflegt: sie macht grausam und niederträchtig. Doch den Gesetzen will ich hierin weniger Schuld beimessen, als der allgemeinen Stimmung des Menschengeschlechts. So lange es Menschen gibt, die das Leben ohne Freiheit, an der Kette und im Kerker, noch für ein Gut achten können, so lange bedaure ich den Richter, der vielleicht nicht weiß, welch ein schreckliches Geschenk er dem unglücklichen Verbrecher mit der Verlängerung eines elenden Lebens macht; aber verdenken kann ich es ihm nicht, daß er sich von dem Geiste seines Zeitalters hinreißen läßt. –

Unter den Merkwürdigkeiten des Ehrenbreitsteins zeigte man uns auch das ungenähte Kleid des Heilands. Der ungeziemende Scherz, den ein unvorsichtiger Zuschauer sich darüber erlaubte, erregte bei einem unsrer Führer solchen Abscheu, daß er seine heftigen Äußerungen nicht ohne ein krampfhaftes Zucken unterdrücken konnte. War es echte Frömmigkeit? war es der verzeihliche Aberglaube des Pöbels, was diese Wirkung hervorbrachte? Ich vermute, diesmal keines von beiden. Es gibt Menschen, deren Seele die Vorstellung eines *schuldigen Respekts* so ganz erfüllt, daß sie bei einer Spötterei über den geschmacklosen Galarock eines Ministers genau dieselbe Angst empfinden würden.

In dem alten, leeren, geräumigen Dikasterialgebäude zu

Andernach

Ehrenbreitstein hat der Kaufmann Gerhardi eine neue Lederfabrik angelegt, wozu ihm der Kurfürst von Trier auf fünf oder sechs Jahre Befreiung von allen Abgaben bewilligt hat. In einiger Entfernung von diesem Orte, zu Vallender, zieht eine große Lederfabrik ihre Häute unmittelbar aus Buenos Aires in Südamerika. So knüpfen der Handel und die Industrie das Band zwischen den entferntesten Weltteilen!

[...] Andernach erreichten wir noch vor Sonnenuntergang. Ich bemerkte hier jetzt zum zweitenmal eine Nüance im Menschengeschlecht, welche gegen die Bewohner oberhalb dieses Orts merklich absticht; und da meine Reisegefährten die Bemerkung einstimmig bestätigten, so ist es vielleicht minder keck, daß ich sie Dir vorzulegen wage. Unter dem gemeinen Volke nämlich trifft man hier und weiter hinabwärts am Rhein etwas regelmäßigere, blondere Gesichter an, wiewohl sich etwas Plumpes, Materielles in die Züge mischt, das dem Niederrhein eigen ist und dem Phlegma im Charakter vollkommen entspricht. Ich will hier nur im Vorbeigehen, und ohne eine bestimmte Anwendung zu machen, den Gedanken äußern, daß die Art der Beschäftigung, in der Länge der Zeit, wenigstens mittelbaren Einfluß auf die Verschiedenheit der körperlichen Bildung und folglich auch des Charakters hat. Armut ist unzertrennlich von dem Landvolke, das den Weinstock zu seiner einzigen Stütze wählte, und Armut wirkt nachteilig zurück auf die Gestalt. Um Andernach und weiter hinabwärts steht der Weinbau in keinem bedeutenden Verhältnisse zu den übrigen Erzeugnissen des Bodens. Wie aber, wenn, noch ehe Wein in Deutschland gebauet ward, bereits in Sprache, Farbe und Gestalt eine Abschattung zwischen den ober- und niederrheinischen Stämmen bemerkbar gewesen wäre? Dann könnte sie durch die Länge der Zeit und die Verschiedenheit der Lebensart nur noch schneidender geworden sein. Die weichere, plattere Mundart fällt indes erst auf, wenn man sich der Gegend von Köln zu nähern anfängt.

[...]

IV

Köln

Wir gingen in den Dom und blieben darin, bis wir im tiefen Dunkel nichts mehr unterscheiden konnten. So oft ich Köln besuche, geh ich immer wieder in diesen herrlichen Tempel, um die Schauer des Erhabenen zu fühlen. Vor der Kühnheit der Meisterwerke stürzt der Geist voll Erstaunen und Bewunderung zur Erde; dann hebt er sich wieder mit stolzem Flug über das Vollbringen hinweg, das nur *eine* Idee eines verwandten Geistes war. Je riesenmäßiger die Wirkungen menschlicher Kräfte uns erscheinen, desto höher schwingt sich das Bewußtsein des wirkenden Wesens in uns über sie hinaus. Wer ist der hohe Fremdling in dieser Hülle, daß er so in mannichfaltigen Formen sich offenbaren, diese redenden Denkmäler von seiner Art die äußeren Gegenstände zu ergreifen und sich anzueignen, hinterlassen kann? Wir fühlen, Jahrhunderte später, dem Künstler nach, und ahnden die Bilder seiner Phantasie, indem wir diesen Bau durchwandern.

Die Pracht des himmelan sich wölbenden Chors hat eine majestätische Einfalt, die alle Vorstellung übertrifft. In ungeheurer Länge stehen die Gruppen schlanker Säulen da, wie die Bäume eines uralten Forstes: nur am höchsten Gipfel sind sie in eine Krone von Ästen gespalten, die sich mit ihren Nachbaren in spitzen Bogen wölbt, und dem Auge, das ihnen folgen will, fast unerreichbar ist. Läßt sich auch schon das Unermeßliche des Weltalls nicht im beschränkten Raume versinnlichen, so liegt gleichwohl in diesem kühnen Emporstreben der Pfeiler und Mauern das Unaufhaltsame, welches die Einbildungskraft so leicht in das Grenzenlose verlängert. Die griechische Baukunst ist unstreitig der Inbegriff des

Vollendeten, Übereinstimmenden, Beziehungsvollen, Erlesenen, mit einem Worte: des Schönen. Hier indessen an den gotischen Säulen, die, einzeln genommen, wie Rohrhalme schwanken würden und nur in großer Anzahl zu einem Schafte vereinigt, Masse machen und ihren geraden Wuchs behalten können, unter ihren Bogen, die gleichsam auf nichts ruhen, luftig schweben, wie die schattenreichen Wipfelgewölbe des Waldes – hier schwelgt der Sinn im Übermut des künstlerischen Beginnens. Jene griechischen Gestalten scheinen sich an alles anzuschließen, was da ist, an alles, was menschlich ist; diese stehen wie Erscheinungen aus einer andern Welt, wie Feenpaläste da, um Zeugnis zu geben von der schöpferischen Kraft im Menschen, die einen isolierten Gedanken bis auf das äußerste verfolgen und das Erhabene selbst auf einem exzentrischen Wege zu erreichen weiß. Es ist sehr zu bedauren, daß ein so prächtiges Gebäude unvollendet bleiben muß. Wenn schon der Entwurf, in Gedanken ergänzt, so mächtig erschüttern kann, wie hätte nicht die Wirklichkeit uns hingerissen!

Ich erzähle Dir nichts von den berüchtigen heiligen Drei Königen und dem sogenannten Schatz in ihrer Kapelle; nichts von den Hautelissetapeten und der Glasmalerei auf den Fenstern im Chor; nichts von der unsäglich reichen Kiste von Gold und Silber, worin die Gebeine des heiligen Engelberts ruhen, und ihrer wunderschönen ziselierten Arbeit, die man heutiges Tages schwerlich nachzuahmen imstande wäre. Meine Aufmerksamkeit hatte einen wichtigeren Gegenstand: einen Mann von der beweglichsten Phantasie und vom zartesten Sinne, der zum erstenmal in diesen Kreuzgängen den Eindruck des Großen in der gotischen Bauart empfand und bei dem Anblick des mehr als hundert Fuß hohen Chors vor Entzücken wie versteinert war. O, es war köstlich, in diesem klaren Anschauen die Größe des Tempels noch einmal, gleichsam im Widerschein, zu erblicken! Gegen das Ende

Kölner Dom

unseres Aufenthalts weckte die Dunkelheit in den leeren, einsamen, von unseren Tritten wiederhallenden Gewölben, zwischen den Gräbern der Kurfürsten, Bischöfe und Ritter, die da in Stein gehauen liegen, manches schaurige Bild der Vorzeit in seiner Seele. In allem Ernste, mit seiner Reizbarkeit und dem in neuen Bilderschöpfungen rastlos tätigen Geiste möchte ich die Nacht dort nicht einsam durchwachen. Gewiß entsetzest Du Dich schon vor dem bloßen Gedanken, wie ihm selbst davor graute.

FRIEDRICH SCHLEGEL

Köln und Rheinfahrt

Briefe auf einer Reise

Köln.

Diese alte Stadt pflegt den Fremden mehrenteils zu mißfallen; wie dann jede große Stadt, die in Verfall geraten ist, keinen angenehmen Eindruck machen kann. Doch fehlt es nicht an schönen großen Plätzen, oder solchen, die mit geringen Veränderungen verschönert werden könnten. Die vorzüglichsten und wichtigsten Gebäude sind günstig und gut gelegen, frei und erhaben. Mancher Tadel flüchtiger Reisenden ist auch ohne Rücksicht auf das Lokalbedürfnis abgesprochen, die Straßen, besonders die nach dem Rheine zu, sind meistens eng, weil alles sich des Verkehrs und des Gewerbes wegen nach dieser Gegend drängt; sehr breite Gassen würden hier auch wegen der Strenge der Rheinluft im Frühling und Herbst nicht eben wohnlich sein.

Die herrliche amphitheatralische Lage der Stadt am Rhein, längs dessen Ufer sie einen halben Mond in der Ausdehnung einer kleinen Stunde bildet, die Menge der Gärten in der Stadt selbst, die Schönheit des innern und äußern Spaziergangs um den Wall, die beträchtliche Erhöhung einiger Teile der Stadt, gewährt einen hinlänglichen Ersatz für den Mangel an umgebenden Spaziergängen, und für die im Ganzen flache Gegend, die nur in der Ferne durch das Siebengebirge begrenzt wird, insofern es für eine solche Lage einen Ersatz geben kann. – Doch dem sei wie ihm wolle, Köln möge den Forderungen des jetzigen Geschmacks so wenig oder so schlecht entsprechen als möglich; für den Freund der Kunst und der Altertümer ist es eine der wichtigsten und lehrreichsten Städte Deutschlands.

Altertümer der verschiedensten Zeiten finden sich hier beisammen. Hier sieht man noch einen römischen Turm und Stücke römischer Mauer aus regelmäßig behauenen Steinen mancherlei Figur, deren verschiedene Farben Mannigfaltigkeit hervorbringen, auch wohl eine Verzierung, oder ein kleines Tempelchen bilden, nach der Weise jenes in Allem außerordentlichen Volkes unerschütterlich fest zusammengefügt. Hier bezeichnet man uns noch die Stelle, wo das Kapitol stand, und so manches Merkwürdige unter den Cäsaren geschah; den Ort, wo die Naumachien waren, von deren bis aus den Bergen des Eifelgebirges hergeführten Wasserleitungen noch Ruinen übrig sind; die Stelle am Rhein, wo, wenn das Wasser ungewöhnlich tief gefallen, noch die Pfeiler hervorragen von Konstantins steinerner Brücke. Hier sehen wir an der alten Stiftskirche St. Marien, deren Chor aus vor Karolingischer Zeit herrührt, das wahrscheinlich gleichzeitige oder wenig spätere Bildnis der Stifterin Plectrudis, Gemahlin Pipins von Heristall, Urgroßvaters Karls des Großen. Dort den unvollendet gebliebenen, jetzt innen der Stadt gelegenen gewaltigen Burgturm, an der St. Georgen Kirche, welchen der heilige Anno im eilften Jahrhundert dicht vor dem damaligen Stadttor in nicht sehr friedlichen Absichten zu bauen begann. So vieler anderer höchst merkwürdigen Denkmale aus jeder Epoche des ganzen Mittelalters nicht zu erwähnen.

Mit einem Worte, Köln war unter den Römern die Hauptstadt der ihnen so wichtigen *Germania secunda*, auch in dem nachmaligen Austrasien von gleicher Wichtigkeit, von Otto dem Großen an der Sitz des mächtigsten geistlichen Kurfürstentums, eine der mächtigsten Hansestädte, und eine der wichtigsten Universitäten des Mittelalters, zu welcher berühmte Männer aus den entgegengesetztesten Weltgegenden

Köln

zusammen kamen. Hier studierte jener Snorri Sturleson aus dem entfernten Island, welcher die nordischen Sagen zur Edda gesammelt und verbunden hat, und Vorsteher dieses damals so blühenden skandinavischen Freistaates war; und hieher eilte von Neapel der heilige Thomas von Aquino, als zwanzigjähriger Jüngling, da er seiner edlen Familie entsprungen war, um sich dem geistlichen Stande zu widmen. Daher fehlt es denn auch nicht an interessanten Erinnerungen und Merkwürdigkeiten jeder Art in dieser alten, durch innere Kriege, durch die Wirkung der Reformation, und durch den mit der veränderten Lage der Dinge mehr oder minder allgemeiner gewordenen Verfall von Deutschland, von ihrer ehemaligen Höhe herabgesunkenen Stadt, die jetzt mit den andern Städten des linken Rheinufers den Franzosen anheim gefallen ist.

Insonderheit aber für gotische Baukunst ist der Reichtum an Denkmalen daselbst wahrhaft unermeßlich. Von den ältesten Zeiten, da dieselbe der christlich griechischen nicht ganz unähnlich war, bis in die spätesten, wo sie in der spanisch prächtigen, aber überladenen Bauart der Jesuiten, sich in die moderne Baukunst zu verlieren anfängt, finden sich herrliche Gebäude als Belege und Beispiele für jede bedeutende Stufe der Kunst nicht nur, sondern auch für jede einigermaßen wichtige Abweichung und Verschiedenheit. Ja außer den Kirchen finden sich auch noch eine hinlängliche Anzahl von ziemlich erhaltenen Privathäusern aus der gleichen Zeit, ganz im Styl der gotischen Kirchen, und zwar der ältern Art, welche man gewöhnlich Tempelhäuser nennt, nach der herrschenden, aber nicht gegründeten Voraussetzung, daß sie von den Tempelherren seien bewohnt worden. Ein Sachverständiger würde sich hier also auch über die niedern Zweige, und selbst den gewiß sehr merkwürdigen, und in Rücksicht der angewandten mathematischen und wissenschaftlichen Kenntnisse bewundernswürdigen mechanischen Teil der go-

Köln

tischen Baukunst, hinreichende Auskunft und Belehrung verschaffen können. Sollte es noch möglich sein, eine ausführliche und genaue Geschichte der gotischen Baukunst zu schreiben, ehe die jetzt herrschende Barbarei und goldgierige Zerstörungssucht vollends alle alte Denkmale verwüstet hat, so ist wohl hier allein ein noch einigermaßen vollständiger Vorrat dazu vorhanden; was man an andern Orten sieht, ist meistens nur einzeln, und außer dem Zusammenhange wird es selten verstanden oder geachtet.

Das merkwürdigste aller Denkmale ist der Dom. Wäre er vollendet, so würde auch die gotische Baukunst ein Riesenwerk aufzuzeigen haben, was den stolzesten des neuen oder alten Roms verglichen werden könnte. Nur der dritte Teil etwa der Kirche, ohne die Kuppel und ohne die Seitenstücke, welche die Kreuzform bilden sollten, und noch nicht die Hälfte nur eines Turms sind aufgeführt. Doch ist auch dieses wenige mehr, als man irgend wo sonst sieht, durch die Größe der Anlage und noch mehr durch die Schönheit des Styls. Konrad von Hochstetten, derselbe kühne Mann, dessen tätiger Einfluß dem furchtbaren Friedrich dem Zweiten mehr als einen Gegenkaiser entgegenstellte, entwarf auch diesen ungeheuern Gedanken. Der bis auf die Zierraten vollendete, ausführliche Grundriß des unbekannten Baumeisters ist noch vorhanden. Der Bau ward angefangen im Jahre 1248, der vollendete Chor aber eingeweiht im Jahre 1322.

Alle ergreift das Große dieses erhabenen Bruchstücks mit Erstaunen, und besonders der Blick in die Höhe des Chorgewölbes erfüllt jede Brust mit Bewunderung. Was aber dem, der mehrere Denkmale der gotischen Baukunst mit Aufmerksamkeit zu beobachten Gelegenheit hatte, am meisten auffällt, ist die Schönheit der Verhältnisse, die Einfalt, das Ebenmaß bei der Zierlichkeit, die Leichtigkeit bei der Größe. Den Eindruck fühlt jeder, der Gefühl für so etwas hat; beschreiben aber oder erklären läßt sich dies Gefühl weiter nicht, nur genaue Abmessungen, im Vergleich mit andern Gebäuden ähnlicher Art, würden lehrreiche Aufschlüsse über das Geheimnis jenes, dem zartern Gefühl so merklichen Ebenmaßes geben können. Gewiß ist es, daß die meisten, auch sehr berühmten und ruhmwürdigen gotischen Kirchen gegen diese, teils noch etwas roh und schwerfällig, teils aber überladen, spielend und weniger zweckmäßig erscheinen. Nur das Löwener Rathaus könnte ihr im kleinern Maßstabe in Rücksicht auf diese edle Einfalt und Schönheit des Styls an die Seite gesetzt werden. In der allgemeinen Anlage ist der Dom, wie die eigentlichen gotischen oder deutschen Kirchen meistens zu sein pflegen, nachdem der noch gräzisierende Styl der ältern christlichen Bauart durch eine größere Künstlichkeit ganz umgestaltet worden war. Die Form des lateinischen Kreuzes endigt im Chor nach Morgen mit einer halben Rundung; zwei hohe Türme zieren den dreifachen Haupteingang nach Abend, und die Querstücke des Kreuzes sollten noch zwei Seiteneingänge nach den andern beiden Weltgegenden bilden. In der Mitte zwischen beiden und der gesamten Kirche sollte die Kuppel sich über dem hohen Grabmal der heiligen drei Könige erheben; doch dieses ist nicht ausgeführt worden. Die Türme, ein Gebäude unzähliger schlanker Säulen, aus immer höher und höher steigenden bogenförmigen Fenstern und Knospentürmchen wie zusammengewachsen, sollten fünf Geschosse haben; das oberste ein durchbrochener Obelisk von durchsichtigen Ranken und großen Knospen, die endlich in einer einzigen großen Blume sich enden; aber nur zwei Geschosse des einen Turms sind fertig. Sind solche Türme gleichsam unermeßliche Gewächse von lauter Schnitzwerk zusammengewunden und stolz in die Höhe schießend, so sind die Menge der weitläufigten Träger mit allen ihren Schwibbogen, ihren Verzierungen, ihren Knospen, Spitzen und Türmen einem Walde zu vergleichen. Auch die gotischen Säulen, wie die im Dome, welche statt einer einzigen, ein

Geflechte vieler zusammengebundener schlanker Röhren darzustellen scheinen, mit nur wenig durch zwei nicht sehr merkliche Vorsprünge angedeutetem Fuß, hoch aufschießendem Schaft und einfachem, bald aus Weinreben, bald aus anderm einheimischen Laubwerk verschiedenartig gebildeten blätterigen Knauf in der Höhe, wo sie einen spitzigen und mannigfach gebrochenen Bogen bilden, hat man mit der stolzen Wölbung eines hohen Baumganges nicht unschicklich verglichen; andere haben darin eine Ähnlichkeit mit den Basaltsäulen finden wollen; man könnte sie auch, was die Höhe der Bogenwölbung betrifft, wohl mit dem Wasserstrahl eines gewaltigen Springbrunnens vergleichen, wenn dieser eben so dicht wieder herabströmte, als er emporschießt. Und wenn das Ganze von Außen mit allen seinen zahllosen Türmen und Türmchen aus der Ferne einem Walde nicht unähnlich sieht, so scheint das ganze Gewächse, wenn man etwas näher tritt, eher einer ungeheuern Krystallisation zu vergleichen. Es gleichen, mit einem Worte, diese Wunderwerke der Kunst, in Rücksicht auf die organische Unendlichkeit und unerschöpfliche Fülle der Gestaltung, am meisten den Werken und Erzeugnissen der Natur selbst; wenigstens für den Eindruck ist es dasselbe, und so unergründlich reich die Struktur, das Gewebe und Gewächse eines belebten Wesens dem untersuchenden Auge ist, eben so unübersehlich ist auch der Gestaltenreichtum eines solchen architektonischen Gebildes. Alles ist gestaltet, und gebildet, und verziert, und immer höhere und mächtigere Gestalten und Zierden steigen auf aus den ersten und kleineren. Die Gestalten aber und Zierraten sind fast alle aus der Pflanzennatur entlehnt, weil hier die Gestaltung nur in entfernterer Beziehung auf den nützlichen Zweck und das bloße Bedürfnis wirklich steht, oder doch wenigstens in der Erscheinung gar nicht daran erinnert, welches für diesen Zweck dasselbe gilt. Die Gliederung der tierischen Wesen hingegen erinnert jederzeit bestimmt an ihren Zweck und das Geschäft, zu dem sie als Werkzeug gebildet ward. Darum ist die tierische Gestalt, vom Ausdruck weggesehen, an sich nicht so schön, als die vegetabilische; die Blume ist die Form der Pflanzen, welche als der Schmuck der Natur, das Urbild für alle Zierraten, auch der menschlichen Kunst geworden sind.

Rein architektonisch genommen, liegen auch in diesen höchsten Kunstgebilden des zweiten blühenden Styls der gotischen Baukunst, dieselben Figuren vom Dreieck und Quadrat, nebst der Kugel und Kreuzform, zum Grunde, wie in dem altchristlichen Kirchenstyl, nach tiefer Berechnung der künstlichen Struktur des ganzen Gebäudes. Aber sie treten nicht mehr in ihrer geometrischen Strenge und Reinheit hervor, sondern alles ist mit dem reichen Blätterschmuck und mit der blühendsten Fülle des Lebens umkleidet, so wie auch auf dem Teppich des Frühlings, an dem Reichtum aller dieser grünenden Gewächse, das Gesetz ihrer Struktur und die innere Geometrie der Natur, nicht mehr im Einzelnen sichtbar hervortritt, sondern alles frei im unendlichen Leben blüht und seine Schönheit entfaltet.

Das Wesen der gotischen Baukunst besteht also in der naturähnlichen Fülle und Unendlichkeit der innern Gestaltung und äußern blumenreichen Verzierungen. Daher die unermüdlichen und unzähligen steten Wiederholungen der gleichen Zierraten, daher das Vegetabilische derselben. Und daher auch das Innigergreifende, das rührend Geheimnisvolle, das freudig Liebliche und Belebende des Eindrucks bei dem Erstaunen über die Größe. Die gotische Baukunst hat eine Bedeutung, und zwar die höchste; und wenn die Malerei sich meistens nur mit schwachen, unbestimmten, mißverständlichen, entfernten Andeutungen des Göttlichen begnügen muß, so kann die Baukunst dagegen, so gedacht und so angewandt, das Unendliche gleichsam unmittelbar darstellen und vergegenwärtigen durch die bloße Nachbildung der

Naturfülle, auch ohne Anspielungen auf die Ideen und Geheimnisse des Christentums, welche allerdings auf die Entstehung und Ausbildung der Kirchenbaukunst nicht geringen Einfluß gehabt haben.

Einem solchen Wunderwerke der Kunst muß jede Beschreibung erliegen. Ich wende mich daher zu den ältern gotischen Kirchen in Köln, weil sich an diesen, nachdem das eigentliche Wesen der gotischen Baukunst an dem höchsten Beispiele ist aufgezeigt worden, der Ursprung dieser merkwürdigen Bauart am besten wird deutlich machen lassen.

Es ist schon bemerkt worden, daß es zwei durchaus verschiedene Epochen in der gotischen Baukunst gebe: eine ältere, welche man wegen einiger Ähnlichkeit mit der konstantinisch-byzantinischen christlichen Bauart die gräzisierende nennen könnte; dann die vollendete spätere, ungleich künstlichere, eigentlich deutsche, von welcher bei der Beschreibung des Doms die Rede war. Doch gibt es in beiden Gattungen noch manche sehr starke Abweichungen und Variationen; so wie der Stephansturm zu Wien, und der Straßburger Münster zwar zur letzten Gattung gehören, aber auch, besonders der letzte, sehr viel Besonderes und Abweichendes haben. Auch ist die gräzisierende Art zwar die ältere, doch greifen beide Epochen in einander, teils weil ein neuer Styl nicht auf einmal herrschend wird, indem das Alte noch eine Zeit lang Anhänger zu behalten pflegt, während von andern schon das Neue befolgt wird, teils weil man oft, als der spätere Styl schon blühete, doch noch zu Zeiten im älteren baute, der geringern Kosten wegen, oder wenn es kein Hauptwerk war.

Der Ursprung und die Erklärung der gotischen Baukunst im Allgemeinen ist zu suchen in der aufgezeigten Grundidee derselben, in der eigentümlichen Beschaffenheit und Bedeutung der christlichen Kirche, und endlich noch in der Natur der nordischen, im Norden gebräuchlichen, und dem nordischen Klima angemessenen Bauart, wozu man allenfalls noch die Natur des Stoffs rechnen könnte, indem die geringere Schönheit des Steins gegen den Marmor, bei steigendem Streben nach Verschönerung, von selbst darauf führen mußte, die Kunst der Verzierung auf eine Höhe zu treiben, die schwerlich in einem andern architektonischen Stoff anwendbar sein dürfte. Aus diesen einfachen Erklärungsgründen werden sich alle die auffallendsten Eigenheiten der gotischen Bauart leicht ableiten lassen, wie wir es wenigstens mit einigen der wichtigsten versuchen, und dabei jene älteren Kirchen, deren Styl noch zu gräzisieren scheint, zum Grunde legen wollen. Die merkwürdigsten und schönsten dieser Art zu Köln sind die Gereonskirche und die Apostelnkirche. Beide liegen meistens frei und fallen schön ins Auge. Ich erinnere bei dieser Gelegenheit, daß, um alle die schönen Kirchen dieser Stadt, auch aus verschiedenen Entfernungen ins Auge zu fassen, der Spaziergang an der innern Seite der Stadtmauer, und die Aussicht vom Domkrane herab, besonders dienlich ist. Am schönsten nimmt sich die ganze Stadt von der gegenüber stehenden Seite des Rheins aus, da sie einen großen halben Mond bildet, der durch mehrere schöne Kirchen und einen alten festen Turm gut begrenzt wird. Besonders der Dom fällt hier vortrefflich ins Auge; die Lage desselben auf einer sehr beträchtlichen Anhöhe, von wo man eine weite Aussicht hat, ist überhaupt vortrefflich. Nur schade, daß diese schöne Lage durch kleinere und größere angebaute Häuser von anderer und schlechter Bauart noch weit mehr verunziert ist, als es wohl auch bei andern großen Domkirchen der Fall zu sein pflegt. So hat man leider auch, um einem italiänischen Altar Platz zu machen, der wohl in seiner Art recht schön sein mag, doch aber in keine gotische Kirche paßt, vor etwa vierzig Jahren das alte Tabernakel abgebrochen, was durchaus im Styl der Kirche selbst mit der äußersten Zierlichkeit und Künstlichkeit ausgearbeitet, und aus lauter Türmchen und Knospen zusammengesetzt war, und dem Beschauer das große Ganze gleichsam in verjüngtem Maßstabe, und wie einen kurzen Inbegriff aller Kunst darstellte, die am Ganzen selbst zu weit verbreitet ist, um in einen Blick gefaßt werden zu können.

In den ältern Kirchen ist die Einrichtung nicht ungewöhnlich, daß der Haupteingang durch einen einzigen schweren schlichten Turm gebildet wird, der Chor aber durch zwei kleinere Türme verziert ist, zwischen denen die letzte Vertiefung desselben in einer halben Rotunde hervortritt. So ist St. Cunibert und St. Severin, beide von edeln großen Formen. Der Turm von St. Martin aus dem zehnten Jahrhundert ist noch ausgezeichneter; der mittlere mächtige Turm ist an den vier Ecken durch vier kleinere bekleidet und geziert; nur zwei derselben sind noch unversehrt. Ungleich künstlicher ist die Apostelnkirche aus dem eilften und zwölften Jahrhundert; den Haupteingang bildet gleichfalls ein einziger, mächtiger, schwerer Turm. Der Chor wird gebildet durch drei halbe Rotunden, über welche sich drei Giebel erheben; zwei Türme schmücken die mittlere Rotunde am Ende des Chors, und über den drei Rotunden und Giebeln erhebt sich eine sechseckige zwiefache Kuppel. Gleichsam ein Gebäude von mehreren künstlich verschlungenen Gebäuden; nicht ein einfacher Tempel, sondern eine stolze Trophäe mehrerer, einer über den andern sich erhebender Tempel. Auf diese Verknüpfung und Einschachtelung mehrerer Gebäude in eines führte schon die älteste Idee und Anlage der christlichen Kirche. Schon Konstantin wollte seine Basilika in Form des Kreuzes gebaut haben; bald nachher strebte man den Hochaltar durch eine über alle andere Teile des Ganzen oder Nebenkuppeln so hoch als möglich erhobene Hauptkuppel zu bezeichnen, wie in der Sophienkirche zu Konstantinopel, und der nach ihr gebildeten St. Markuskirche zu Venedig. Der Chor, als Schauplatz derjenigen, so am Gottesdienst tätigen Anteil

Köln

nehmen, war ursprünglich abgesondert von dem größern für die Zuschauer bestimmten Raume, und mußte es dem herrschenden Begriffe nach sein; er bildete gleichsam eine kleinere Kirche in der größern. Die Notwendigkeit eines Umgangs um den Chor erforderte Seitengänge neben dem Hauptgange des Schiffs, dessen größere Höhe sich so sehr von ihnen absonderte, daß in manchen Kirchen diese Seitengänge auch durch eigene niedrigere, an das Hauptgebäude sich anschließende Seitengebäude, gebildet werden. So führte hier von selbst alles von allen Seiten auf eine vielverschlungene Mannigfaltigkeit, die nachher Charakter und herrschende Grundidee wurde, aus welcher fast alles hergeleitet werden muß. Die eigene Beschaffenheit der gotischen Säulen zum Beispiel. Schon in den ältern noch gräzisierenden Kirchen findet man meistenteils nicht einfache runde Säulen, sondern mehrere in Eins verbunden, worauf die Verbindung des höhern Hauptgangs im Schiff mit den Seitengängen geführt haben kann, da die Säulen des ersten auch Träger der letzten waren; oder es liegt auch hier schon die Neigung zum Verknüpften und Mannigfaltigen zum Grunde. Aus diesem unförmlichen Anfang hat sich eine der eigentümlichsten Schönheiten der gotischen Bauart entwickelt, ich meine jene, wie in schlanken Röhren aufschießenden Säulenbündel, deren seltsame Schönheit zu so manchen sinnreichen Vergleichungen Veranlassung gegeben hat. An den Säulen des Doms zeigt sich's deutlich, wie sie aus jenen ältern entstanden sind; den Kern derselben bildet eine dicke runde Säule, an welcher sich, nach vier Seiten, vier mäßige dicht anschließen, so daß sie nicht ganz herausstehen; in jedem Zwischenraume dieser vier befindet sich noch eine andere, ungleich kleinere, fast ganz heraustretende; im Hauptgange sind deren aber zwei in jedem Zwischenraume, an den Säulen unter der Kuppel drei; so daß jede Säule, außer der mittlern, welche den Kern bildet, aus vier umschließenden, von mäßiger Größe besteht, und aus vier, acht oder zwölf kleinern, nach der mindern oder größern Wichtigkeit der Säule. Wo nun vollends mehrere solche Säulensysteme zusammentreffen, wie an den innern Eckpfeilern des Turmes, ist die Mannigfaltigkeit der in Eins verbundenen Säulen für das Auge und den Eindruck unübersehbar. Eben daher erklärt sich auch die eigentümliche Form der gotischen Bögen. Daß sie spitzig seien, folgte wohl schon aus der spitzigen Gestalt der Dächer im Norden, da das Innere und Äußere doch in jedem Gebilde übereinstimmen soll, wenn nicht die wichtigsten Gründe eine Ausnahme fordern. Die aus mehreren Schäften verbundenen Säulenstämme aber, mußten sich oben, wenn diese Gestaltung fortgesetzt werden sollte, in mehrere Zweige und Äste gleichsam spalten, und so entstanden die spitzig gebrochenen oder sogenannten Sattelbögen, wodurch die hohen Gänge neben der ihnen eigenen Größe noch den Ausdruck der reichsten Mannigfaltigkeit gewinnen; ein großer Teil des herrlichen Eindrucks gotischer Gebäude entspringt gewiß aus dieser eigentümlichen Wölbungsart. Die aus dem spitzigen Dache der nordischen Bauart hergeleitete Bogenform erstreckt sich auch auf die Pforten, wo die an einander geschlossenen vielen, sich immer mehr verengenden und vertiefenden Bögen, die vollste und reichste Anhäufung der Zierraten möglich machen und bilden. Die ältesten gotischen Fenster sind meistens Kleeblätter von Gestalt; da man bald aber auch hier die Form der schmalen langgezogenen Bogen suchte, damit jeder Teil, so weit es sein könnte, wieder dem Ganzen entspräche, und in allen mannigfaltigen doch immer dieselbe Grundgestalt durchblickte; so entstanden daraus, durch Nebeneinanderstellung von zweien solcher Bogen mit dem sonst üblichen Kleeblatte zur Vereinigung oben drüber, die nachher in der vollkommenern gotischen Bauart üblichen Fensterzierraten. An dem Dome sind überhaupt alle noch so künstlich und reich erscheinende Zierraten ganz einfach, nur aus dem Kleeblatt und der Rose zusammengesetzt.

Noch schöner vielleicht in der alten gräzisierenden Art, als diese erwähnten Gebäude, ist die Gereonskirche, gleichfalls aus dem eilften Jahrhundert. Hier bildet eine, als Kuppel sich erhebende Rotunde, oder vielmehr ein solches Zehneck, die Vorkirche; zum Chor, der beträchtlich höher liegt, steigt man auf vielen Stufen hinan. Von außen ist der Chor nur durch zwei Türme verziert. Das Innere dieser Kirche ist ganz vorzüglich schön, und am Äußeren das Ebenmaß der Verhältnisse und die kunstreiche Einfalt der Zierraten. Die Tierköpfe zu Nebenverzierungen, wie an Dachrinnen, sieht man schon hier; fast nur auf diese ganz untergeordneten Teile ist der Gebrauch tierischer Gestalten in der gotischen Baukunst beschränkt. Das Vegetabilische fehlt aber in diesem älteren gotischen Style fast noch ganz; nirgend sieht man hier jene Knospen und Knospentürmchen, die späterhin sich so zahlreich zeigen, daß sie für den ersten Eindruck fast die Hauptsache scheinen könnten – die innern Hauptsäulen sind oft noch ohne blättrigen Knauf, ja auch ohne alle Windung oder Einschnitte; die hervortretenden Kapitäler sind bloß durch Vergoldung geziert. Außerdem sieht man aber eine eigene Art kleiner Säulen, welche das obere Geschoß der Rotunden nach außen bilden, auch sonst in den Fenstern und Kreuzgängen gebraucht werden. Sie sind von Basalt, sehr dünn und schlank, es stehen allemal zwei frei neben einander, bei Hauptabteilungen auch wohl vier. Der Knauf ist teils schlicht, wie bei obigen, teils mit mancherlei Laubwerk geziert, worin Vögel, Drachen und andere Figürchen verschlungen sind. Dergleichen Säulchen findet man an den gotischen Gebäuden der zweiten kunstreichern Epoche durchaus nicht mehr. Doch alles dies müßte durch Messung bestimmter, durch Zeichnungen erst ganz deutlich gemacht werden. Für jetzt sei dies Wenige genug.

Zur Unterscheidung und Charakteristik der zwei verschiedenen Gattungen der gotischen Baukunst wollen wir noch folgendes anführen. In dem altchristlichen Baustyl, von welchem die St. Gereons-Kirche zu Köln ein so vollendetes Urbild darbietet, ist jenes Grundschema von Dreieck und Quadrat, Kreuz und Rotunde, so wie auch das sternförmige Sechseck, und andere noch zahlreichere Vieleck-Figuren, nicht bloß in der innern Struktur verborgen; sondern sie treten in einer, wenn man so sagen darf, geometrischen Schönheit, sichtbar an den Hauptmassen und dem höchsten Gipfel des Gebäudes hervor, und geben dem Ganzen dadurch eine eigne siderische Gestaltung, deren wunderbare Zusammensetzung einen geheimnisvollen Eindruck macht und wohl angemessen ist für eine Kirche, als ein geheiligtes Gebäude, welches gleichsam ein Nachbild von der ewigen Struktur des Himmels im Kleinen darbieten soll. Diese siderische Gestaltung und geometrische Schönheit tritt nun wieder ganz zurück in dem zweiten blühenden Styl der gotischen Baukunst, wo von allen jenen Figuren nur die Kreuzform in der Erscheinung bleibt und sichtbar hervortritt; aber auch diese vom reichsten Schmuck überkleidet und wie von blühenden Rosen umschlungen. Die in zarten Ranken aufschießende Gestaltung der Säulen, Bogen und Fenster, wie von verschlungenen Zweigen, der volle Blätterschmuck der Verzierungen, überhaupt aber das Blumenhafte und Gewächsähnliche bilden die wesentliche Grundform und eigentümliche Schönheit in dieser Bauart, deren wahrer Ursprung und erster Grund in dem tiefen deutschen Naturgefühl und in der Fantasie, als vorherrschendem Geistes-Element jenes Zeitalters zu suchen ist. Ob nun in dem altchristlichen Kirchenstyl die gleiche Stufe und Höhe der Vollkommenheit erreicht worden ist, wie für den blühenden Styl der romantischen Baukunst in dem Kölner Dom; darüber getraue ich mich kaum zu entscheiden, doch bezweifle ich es beinahe, weil die

Gattung selbst einen größern Umfang darbietet, der nicht so leicht erschöpft und bis zu einem schlechthin höchsten Gipfel durchgeführt werden mag, obwohl die Gereonskirche in ihrer Art fast eben so erstaunenswürdig sein dürfte, als der Dom zu Köln, wie auch die Markus-Kirche zu Venedig in dem gräzisierenden, und der Dom von Siena in dem italiänischen Marmorstyl bewundernswert sind.

Von manchen merkwürdigen Gemälden in Kirchen und Privatsammlungen wird bei einer andern Gelegenheit die Rede sein. Durch die Nachweisung eines gelehrten Kunstforschers aufmerksam gemacht, begab ich mich mit Fackeln in die Gruft der Kirche St. Marien, wo an dem Gewölbe sich noch Spuren von Gemälden aus der Zeit Karls des Großen finden. Aber freilich sind es nur Spuren; die Gruft ist seit einigen Jahren zugemauert worden, die hie und da erscheinenden Bruchstücke von halberloschenen Umrissen konnten weder einen Eindruck gewähren, noch ein Urteil begründen. Ob es vielleicht ein Mittel gibt, diese Überbleibsel zu retten, weiß ich nicht. – Unter den vielen in den angeführten Kirchen befindlichen Glasgemälden, die an Vortrefflichkeit wohl an wenigen Orten ihresgleichen finden möchten, sind die merkwürdigsten die ehedem allgemein berühmten in dem Seitengange des Domes, wegen der ausgeführten großen Darstellungen, aus der besten und blühendsten Zeit der Glasmalerei (der letzten Hälfte des funfzehnten Jahrhunderts); und die in St. Cunibert wegen ihres höhern Alters (aus der Mitte des dreizehnten Jahrhunderts) und der dunkeln Farbenpracht derselben. Einige, die beschädigt worden, sind in einer spätern Art ergänzt, die heller und ausgeführter in der Darstellung, aber nicht so prachtvoll ist. In der ältern Manier ließ man die Gesichter, weil man die Farben dazu noch nicht so zu verschmelzen wußte, einfarbig braun, wie überhaupt die Mittelfarben noch nicht sehr gebraucht sind; in Rücksicht der Farbenpracht aber, der das Bild umgebenden Arabesken, welche meist aus Kleeblättern, Rosen, Pfauenaugen und andern Zierraten bestehen, möchte man fast dieser ältern Manier den Vorzug geben.

Rheinfahrt.

Bei dem freundlichen Bonn fängt die eigentlich schöne Rheingegend an; eine reich geschmückte breite Flur, die sich wie eine große Schlucht zwischen Hügeln und Bergen eine Tagereise lang hinaufzieht bis an den Einfluß der Mosel bei Koblenz; von da bis St. Goar und Bingen wird das Tal immer enger, die Felsen schroffer, und die Gegend wilder; und hier ist der Rhein am schönsten. Überall belebt durch die geschäftigen Ufer, immer neu durch die Windungen des Stroms, und bedeutend verziert durch die kühnen, am Abhange hervorragenden Bruchstücke alter Burgen, scheint diese Gegend mehr ein in sich geschlossenes Gemälde und überlegtes Kunstwerk eines bildenden Geistes zu sein, als einer Hervorbringung des Zufalls zu gleichen. Von der flachen Gegend hinaufwärts macht den Anfang unter den vielen Ruinen, welche den Rhein verherrlichen, der Godesberg; eine der schönsten, nicht wegen der Höhe und Kühnheit, wohl aber wegen der reichen Aussicht und anmutigen Lage. Der etwas ferner gegenüber erscheinende Drachenfels macht schon die Erwartung rege nach alle den wilden und seltsamen Felsburgen, die den Fluß aufwärts umgrenzen. – Man betrachtet solche Ruinen alter Burgen entweder nur mit einer oberflächlichen ästhetischen Rührung, als den unentbehrlichen romantischen Hintergrund für allerlei beliebige moderne Gefühle, oder man sieht darin nur Raubschlösser, welche nach angeordnetem Landfrieden zerstört worden sind und zerstört werden mußten; unstreitig waren das viele, vielleicht die meisten von denen, deren Trümmer man jetzt noch sieht; aber man sollte nicht immer und überall nur die letzte Entartung mit der Sache selbst verwechseln, und so sich selber den Sinn für die herrlichsten Denkmale der Vergangenheit abstumpfen. Wenn wir nur die Geschichte aufrichtig befragen wollten, sie würde uns, glaube ich, belehren, daß es manche solcher Burgen gab, Jahrhunderte, ehe die große Fehde zwischen dem Landadel und den reichen Handelsstädten in eine Art von fortgehenden Bürgerkrieg ausgebrochen war, Jahrhunderte lang, ehe noch an eigentliches Faustrecht, Landfrieden, und was dem weiter anhängen mag, gedacht worden war; ja, daß die Neigung der Deutschen, auf Bergen zu wohnen, an Bergen vorzüglich sich anzusiedeln, so alt sei, daß man diese Neigung wohl nicht mit Unrecht zu dem ursprünglichen Charakter der Nation rechnen könnte. Eine erhabene und edle Neigung! Schon ein Blick von der Höhe, ein Atemzug auf freien Bergen, versetzt uns wie in eine andere leichtere Welt, ist uns ein erquickendes Labsal, wo wir das Einerlei der Fläche vergessen, und neuen Lebensmut einsaugen im Anblick des herrlichen Erdbodens vor uns. Aber wie ganz anders muß es erst sein, immer da zu wohnen und zu sein, wo wir jetzt einmal an seltenen Tagen mühsam hinaufsteigen, um doch auch einmal zu fühlen, wie einem zu Mute sein muß, der da lebt und in Freiheit atmet; immer die Erde vor sich zu sehen in ihrem reichen Schmuck, in allen Zeiten des Tages und des Jahrs, wo alles sich deutlicher und merkwürdiger zeigt, das Ziehen der Wolken, das Aufblühen des Frühlings, mondhelle Nacht, ja selbst Ungewitter, und die weißen Felder des Winters. Für mich sind nur die Gegenden schön, welche man gewöhnlich rauh und wild nennt; denn nur diese sind erhaben, nur erhabene Gegenden können schön sein, nur diese erregen den Gedanken der Natur. Der Anblick üppiger reicher Fluren erweckt auf eine angenehme Weise zum freudigen Genuß des Lebens, wenn man lang in Städten gefangen saß; diese blühenden Reize der Natur rühren um so kräftiger an unser Herz, je seltener sie genossen werden. Alles ist da nur Gefühl einer angenehmen lieblichen Gegenwart, nichts

Siebengebirge

erinnert uns an die große Vergangenheit. Jene Felsen aber, die wie sprechende Denkmale von den alten Kriegen im Reiche der noch wilden Natur da stehen, von den furchtbaren Kämpfen der in ihrer Gestaltung gewaltsam ringenden Erde so deutlich reden, sind ewig schön, und machen immer den gleichen, nie ermattenden Eindruck. Wie das Rauschen des Waldes, das Brausen der Quelle uns ewig in dieselbe Schwermut versenkt, wie das einsame Geschrei wilder Vögel eine schmerzlich freudige Unruh und Begierde der Freiheit ausdrückt, so fühlen wir in dem Anblick der Felsen immer die Natur selbst; denn nur in den Denkmalen alter Naturzeiten, wenn Erinnerung und Geschichte in großen Zügen vor unser Auge tritt, tun wir einen Blick in die Tiefe dieses erhabenen Begriffs, der nicht beim Genuß der angenehmen Oberfläche schon hervortreten mag. Nichts aber vermag den Eindruck so zu verschönern und zu verstärken, als die Spuren menschlicher Kühnheit an den Ruinen der Natur, kühne Burgen auf wilden Felsen – Denkmale der menschlichen Heldenzeit, sich anschließend an jene höheren aus den Heldenzeiten der Natur; die Quelle der Begeisterung scheint sich sichtbar vor unsern Augen zu ergießen, und der alte vaterländische Strom erscheint uns nun wie ein mächtiger Strom naturverkündender Dichtkunst –

Wie kühn auch andre Quellen sprudeln, brausen,
  Wo sonst die Dichter schöne Weihe tranken,
  Den Kunstberg stets anklimmend ohne Wanken,
  Bis wo die ewig heitern Götter hausen;
Ich wähle dich, o Rhein, der du mit Sausen
  Hinwogst durch enger Felsen hohe Schranken,
  Wo Burgen hoch am Abhang auf sich ranken,
  Ans Herz den Wandrer greift ein ahndend Grausen.
Schnell fliegt in Eil auf grünlich hellen Wogen
  Das Schifflein munter hin des deutschen Rheines,

Schloß Elz

Wohlauf gelebt! das Schifflein kehrt nicht wieder.
Mut, Freud' in vollen Bechern eingesogen
Krystallen flüssig Gold des alten Weines,
Singend aus freier Brust die Heldenlieder.

Längs dem Rhein herauf sieht man noch viele Rudera römischer Kastelle, Türme und Mauern, die zu manchen Betrachtungen Veranlassung geben. Hier war ehedem die ängstlich bewachte Grenze des römischen Reichs; wie ähnlich sind sich oft auch die entferntesten Zeiten, und was würde wohl aus dem Menschengeschlecht geworden sein, in welchen bodenlosen Abgrund von Erniedrigung würde nicht alles versunken sein, wenn diese römischen Grenzen geblieben wären, und nicht endlich das edelste Volk der Erde sie durchbrochen, der Knechtschaft ein Ende gemacht, und statt derselben wieder eine Verfassung eingeführt hätte, die auf Treue gegründet war und auf Freiheit, auf alte Sitte, auf Ehre und Gerechtigkeit, mehr als jede andere gepriesene Einrichtung älterer oder neuerer Zeiten. Freilich konnte eine so willkürliche Grenze nicht Grenze bleiben. Doch muß man das Verfahren der Römer, um es erklärbar zu finden, nicht nach unsern Ansichten und Verhältnissen beurteilen. Uns scheint es durchaus nicht tunlich, einen Fluß als natürliche Grenze behandeln zu wollen, der doch vielmehr ein Medium des lebhaftesten gegenseitigen Verkehrs und der verdoppelten Vereinigung ist, da es keine andere natürliche Grenze gibt, als eine unter den Menschen, die Sprache, und dann im Lande hohe Gebirge, deren Stelle allenfalls noch große Waldungen ersetzen können. Aber damals bei der Unerfahrenheit des südlichen Stammes der Deutschen mit aller Schiffahrt, bei dem Mangel an Belagerungswerkzeugen, konnte es doch eine hinlängliche Schutzwehr für die Römer sein.

Bei Rüdesheim, gegen Bingen über, wo die Enge der Felsen am furchtbarsten und geschlossensten ist, wo der alte deutsche Turm mitten im Strom eine so eigene Ansicht gewährt, ist eine der bedeutendsten römischen Ruinen zu sehen, hart am Ufer des Stromes.

Jene Reihe von Ruinen altdeutscher Burgen, welche den Rheinstrom hinauf und herab so herrlich umkränzen, gibt uns aber außer dem unmittelbaren Naturgefühl noch zu einer andern Betrachtung Gelegenheit; indem wir in dieser ursprünglich deutschen Gewohnheit und Neigung zum kühnsten Felsenbau allerdings das Eine Element der späterhin so kunstreich entwickelten gotischen Baukunst bemerken. Burgen hatten und bauten die Deutschen, seit den ältesten Zeiten, schon in den germanischen Wäldern, wie Tacitus deren in Hermanns und Marbods Geschichte erwähnt; lange vor der Anlage der geschloßnen Städte, welche vielmehr nach dem Vorbilde der Burgen ummauert wurden, ja noch ehe jene größeren Vereine von Landhäusern und Bauersitzen, die wir Dörfer nennen, allgemein gebräuchlich waren. Diese Burgen waren die Fürsten- und Heldensitze, welche unter den einzeln zerstreuten Meierhöfen dastanden, zur Verteidigung gegen den Feind in mannichfacher Fehde, und zum festen Gewahrsam im stets gewaffneten Frieden. Eigentliche Gotteshäuser hatten die alten Germanier nicht, da sie in der Regel die Feuer auf den Bergen anzündeten, und die Opfer am einsamen See darbrachten, oder in der Einöde des Waldes, unter den heiligen Eichen. Auch die Gebeine der Helden deckte der aufgeschüttete Hügel der Hünengräber, oder sie wurden im tiefen Bette des abgeleiteten Stromes versenkt. Es ist also die ganze germanische Bauart, nicht wie bei andern Völkern von den Tempeln und Gräbern, sondern allein und ganz vorzüglich von den Burgen ausgegangen, welche schon das Bedürfnis der leichteren Verteidigung und der Vorteil einer freien Umsicht veranlassen konnte, mehrenteils auf Bergen anzutürmen; wie auch andre kriegerische Nationen die Kastelle oftmals wohl auf die Höhen hingesetzt haben. Nur so allgemein, wie bei allen deutschen und gotischen Völkern ist dieses bei den andern nicht jederzeit gewesen; wobei auch eine besondre Neigung sichtbar ist, grade die kühnsten Stellen vorzugsweise zu wählen, und Türme und Mauern auf eine oft unglaubliche Weise, wie hohe Adlernester, an die schroffsten Felsenspitzen fest zu hängen oder einzuklammern. Das deutsche Naturgefühl, die zum Bedürfnis gewordne Neigung, das Auge an dem Anblick dieser irdischen Naturherrlichkeit zu weiden, hat auch seinen Anteil daran gehabt; mit Rührung sehen wir noch die Trümmer von des großen Theodorichs Schloß zu Terracina, oben an der Zinne des Berges, die Aussicht über das Meer weithin beherrschend. So plump nun auch die Bauart der Burgen ursprünglich gewesen, so roh sie in den allermeisten Fällen geblieben sein mag, indem gewiß viele tausend Burgen erbaut und wieder zertrümmert wurden, ehe auch nur Eine die Kunst und prachtvolle Schönheit der hohen Kaiserburg des Barbarossa erreichte; so hat doch der in diesen altdeutschen Burgen und ihrer Bauart liegende und in ihr entwickelte eigentümliche Sinn, einen unverkennbar großen Einfluß auf die Ausbildung der gotischen Baukunst gehabt. Nicht in einzelnen Ähnlichkeiten besteht derselbe; denn wo sich diese an einigen Kirchen mit den Burgen findet, und in den Zinnen oder der sonstigen Struktur sichtbar hervortritt, da sind es mehrenteils nur Kirchen von einem roheren Baustyl, denen dieses eigentümlich ist. In der ganzen Tendenz und innern Idee dieser Bergschlösser aber lag eine Veranlassung, jene kühne, baukünstlerische Fantasie zu erregen und zu nähren, welche die gotische Baukunst in allen ihren Epochen ausgezeichnet hat und gleich bei der ersten Erscheinung und den frühesten Hervorbringungen derselben, von Theodorich an, als die auffallendste Eigenschaft und charakteristisches Merkmal derselben aufgefaßt und betrachtet wurde. Die mannichfaltigen Zwecke für Krieg und Frieden, welche in einer solchen Ritterburg vereinigt werden

Stolzenfels

mußten; die verschiedene Lage und Umgebung und die besondern Lokalumstände, worauf dabei Rücksicht zu nehmen war, die oft schwierige und seltsame Gestaltung des Felsengrundes, auf welchem der Bau sich erheben sollte; führten unvermeidlich eine große Unregelmäßigkeit herbei, welche bald ein Wohlgefallen an dem Kühnen und Seltsamen erregte, eine absichtliche Wahl desselben veranlaßte, und jene wunderbare Fantasie in der Bauart begründete, welche das Eine Element der gotischen Baukunst geworden ist, so wie das andre in dem altchristlichen Kirchenstyl und seiner siderischen Bedeutung gefunden war; und diese beiden Elemente zusammengenommen, enthalten eben den vollständigen Aufschluß über das ganze Rätsel dieser sonderbaren Kunsterscheinung.

Das deutsche Naturgefühl, als die Wurzel und lebendige Quelle, aus welcher alles hervorgegangen ist, muß uns dabei aber immer gegenwärtig bleiben. In zwiefacher Weise wird der Reichtum der Erde, oder die Natur, in der Kunst, besonders auch in den alten deutschen Gemälden aufgefaßt; als Garten oder als Wildnis. Als Garten d.h. als buntgeschmückter Teppich des Frühlings, oder in einem tieferen Sinne, als das hochzeitliche Blumengewand der beseligten Braut; oder als Wildnis, d.h. um in demselben Gleichnisse der Wahrheit fortzufahren, im halb zerrißnen Schleier der ewigen Trauer und öden Witwenklage. Der Garten, in diesem symbolisch künstlerischen Sinne, ist schon ein erhöhter, schön gewordner und verklärter Zustand; in der Einöde ist es die wirkliche Natur selbst, deren Gefühl uns mit jener tiefen Trauer erfüllt, die zugleich etwas so wunderbar Anziehendes hat. Einsam steht der Sohn des Himmels in der Wildnis der Natur und irrt umher mit dem Gefühl, das Herz seines Vaters zu suchen, den er verloren hat, in nie gesättigtem oder ganz gelindertem Schmerz der Trennung. Dieses ist der zwiefache Sinn der Natur und der schönen Landschaft für die Kunst im Gemälde. Wie eine kriegerisch ummauerte Wagenburg und ein festes Waffenschloß stehen auch jene altdeutschen Felsengebäude, in der Einöde der wilden Natur, deren Gefühl genau mit jener wunderbaren Bauart zusammenhängt. In der höheren Baukunst aber ist es nicht mehr die wilde Natur in ihrem Klagegefängnis, welche nachgebildet oder dargestellt wird, sondern die verklärte und in der Verklärung frei und voll aufblühende Natur, als himmlische Gottes-Stadt und das geordnete, siderische Haus der verherrlichten Schöpfung; nach der herrschenden Grund-Idee der vollkommenen Kirche im altchristlichen Styl.

FRIEDRICH HÖLDERLIN

Der Rhein

An Isaak von Sinclair

Im dunkeln Efeu saß ich, an der Pforte
Des Waldes, eben, da der goldene Mittag,
Den Quell besuchend, herunterkam
Von Treppen des Alpengebirgs,
Das mir die göttlichgebaute,
Die Burg der Himmlischen heißt
Nach alter Meinung, wo aber
Geheim noch manches entschieden
Zu Menschen gelanget; von da
Vernahm ich ohne Vermuten
Ein Schicksal, denn noch kaum
War mir im warmen Schatten
Sich manches beredend, die Seele
Italia zu geschweift
Und fernhin an die Küsten Moreas.

Jetzt aber, drin im Gebirg,
Tief unter den silbernen Gipfeln
Und unter fröhlichem Grün,
Wo die Wälder schauernd zu ihm,
Und der Felsen Häupter übereinander
Hinabschaun, taglang, dort
Im kältesten Abgrund hört
Ich um Erlösung jammern
Den Jüngling, es hörten ihn, wie er tobt',
Und die Mutter Erd anklagt',

Und den Donnerer, der ihn gezeuget,
Erbarmend die Eltern, doch
Die Sterblichen flohn von dem Ort,
Denn furchtbar war, da lichtlos er
In den Fesseln sich wälzte,
Das Rasen des Halbgotts.

Die Stimme wars des edelsten der Ströme,
Des freigeborenen Rheins,
Und anderes hoffte der, als droben von den Brüdern,
Dem Tessin und dem Rhodanus,
Er schied und wandern wollt, und ungeduldig ihn
Nach Asia trieb die königliche Seele.
Doch unverständig ist
Das Wünschen vor dem Schicksal.
Die Blindesten aber
Sind Göttersöhne. Denn es kennet der Mensch
Sein Haus und dem Tier ward, wo
Es bauen solle, doch jenen ist
Der Fehl, daß sie nicht wissen wohin
In die unerfahrne Seele gegeben.

Ein Rätsel ist Reinentsprungenes. Auch
Der Gesang kaum darf es enthüllen. Denn
Wie du anfingst, wirst du bleiben,
So viel auch wirket die Not,
Und die Zucht, das meiste nämlich
Vermag die Geburt,
Und der Lichtstrahl, der
Dem Neugebornen begegnet.
Wo aber ist einer,
Um frei zu bleiben
Sein Leben lang, und des Herzens Wunsch
Allein zu erfüllen, so

Aus günstigen Höhn, wie der Rhein,
Und so aus heiligem Schoße
Glücklich geboren, wie jener?

Drum ist ein Jauchzen sein Wort.
Nicht liebt er, wie andere Kinder,
In Wickelbanden zu weinen;
Denn wo die Ufer zuerst
An die Seit ihm schleichen, die krummen,
Und durstig umwindend ihn,
Den Unbedachten, zu ziehn
Und wohl zu behüten begehren
Im eigenen Zahne, lachend
Zerreißt er die Schlangen und stürzt
Mit der Beut und wenn in der Eil
Ein Größerer ihn nicht zähmt,
Ihn wachsen läßt, wie der Blitz, muß er
Die Erde spalten, und wie Bezauberte fliehn
Die Wälder ihm nach und zusammensinkend die Berge.

Ein Gott will aber sparen den Söhnen
Das eilende Leben und lächelt,
Wenn unenthaltsam, aber gehemmt
Von heiligen Alpen, ihm
In der Tiefe, wie jener, zürnen die Ströme.
In solcher Esse wird dann
Auch alles Lautre geschmiedet,
Und schön ists, wie er drauf,
Nachdem er die Berge verlassen,
Stillwandelnd sich im deutschen Lande
Begnüget und das Sehnen stillt
Im guten Geschäfte, wenn er das Land baut,
Der Vater Rhein, und liebe Kinder nährt
In Städten, die er gegründet.

Doch nimmer, nimmer vergißt ers.
Denn eher muß die Wohnung vergehn,
Und die Satzung und zum Unbild werden
Der Tag der Menschen, ehe vergessen
Ein solcher dürfte den Ursprung
Und die reine Stimme der Jugend.
Wer war es, der zuerst
Die Liebesbande verderbt
Und Stricke von ihnen gemacht hat?
Dann haben des eigenen Rechts
Und gewiß des himmlischen Feuers
Gespottet die Trotzigen, dann erst
Die sterblichen Pfade verachtend
Verwegnes erwählt
Und den Göttern gleich zu werden getrachtet.

Es haben aber an eigner
Unsterblichkeit die Götter genug, und bedürfen
Die Himmlischen eines Dings,
So sinds Heroen und Menschen
Und Sterbliche sonst. Denn weil
Die Seligsten nichts fühlen von selbst,
Muß wohl, wenn solches zu sagen
Erlaubt ist, in der Götter Namen
Teilnehmend fühlen ein Andrer,
Den brauchen sie; jedoch ihr Gericht
Ist, daß sein eigenes Haus
Zerbreche der und das Liebste
Wie den Feind schelt und sich Vater und Kind
Begrabe unter den Trümmern,
Wenn einer, wie sie, sein will und nicht
Ungleiches dulden, der Schwärmer.

Drum wohl ihm, welcher fand
Ein wohlbeschiedenes Schicksal,
Wo noch der Wanderungen
Und süß der Leiden Erinnerung
Aufrauscht am sichern Gestade,
Daß da und dorthin gern
Er sehn mag bis an die Grenzen,
Die bei der Geburt ihm Gott
Zum Aufenthalte gezeichnet.
Dann ruht er, seligbescheiden,
Denn alles, was er gewollt,
Das Himmlische, von selber umfängt
Es unbezwungen, lächelnd
Jetzt, da er ruhet, den Kühnen.

Halbgötter denk ich jetzt
Und kennen muß ich die Teuern,
Weil oft ihr Leben so
Die sehnende Brust mir beweget.
Wem aber, wie, Rousseau, dir,
Unüberwindlich die Seele,
Die starkausdauernde, ward,
Und sicherer Sinn
Und süße Gabe zu hören,
Zu reden so, daß er aus heiliger Fülle
Wie der Weingott, törig göttlich
Und gesetzlos sie, die Sprache der Reinesten, gibt
Verständlich den Guten, aber mit Recht
Die Achtungslosen mit Blindheit schlägt,
Die entweihenden Knechte, wie nenn ich den Fremden?

Die Söhne der Erde sind, wie die Mutter,
Alliebend, so empfangen sie auch
Mühlos, die Glücklichen, Alles.

Rolandsbogen und Drachenfels

Drum überraschet es auch
Und schröckt den sterblichen Mann,
Wenn er den Himmel, den
Er mit den liebenden Armen
Sich auf die Schultern gehäuft,
Und die Last der Freude bedenket;
Dann scheint ihm oft das Beste,
Fast ganz vergessen da,
Wo der Strahl nicht brennt,
Im Schatten des Walds
Am Bielersee in frischer Grüne zu sein,
Und sorglosarm an Tönen,
Anfängern gleich, bei Nachtigallen zu lernen.

Und herrlich ists, aus heiligem Schlafe dann
Erstehen und, aus Waldes Kühle
Erwachend, abends nun
Dem milderen Licht entgegenzugehn,
Wenn, der die Berge gebaut
Und den Pfad der Ströme gezeichnet,
Nachdem er lächelnd auch
Der Menschen geschäftiges Leben,
Das othemarme, wie Segel
Mit seinen Lüften gelenkt hat,
Auch ruht und zu der Schülerin jetzt,
Der Bildner, Gutes mehr
Denn Böses findend,
Zur heutigen Erde der Tag sich neiget. –

Dann feiern das Brautfest Menschen und Götter,
Es feiern die Lebenden all,
Und ausgeglichen
Ist eine Weile das Schicksal.
Und die Flüchtlinge suchen die Herberg,

Und süßen Schlummer die Tapfern,
Die Liebenden aber
Sind, was sie waren, sie sind
Zu Hause, wo die Blume sich freuet
Unschädlicher Glut und die finsteren Bäume
Der Geist umsäuselt, aber die Unversöhnten
Sind umgewandelt und eilen
Die Hände sich ehe zu reichen,
Bevor das freundliche Licht
Hinuntergeht und die Nacht kommt.

Doch einigen eilt
Dies schnell vorüber, andere
Behalten es länger.
Die ewigen Götter sind
Voll Lebens allzeit; bis in den Tod
Kann aber ein Mensch auch
Im Gedächtnis doch das Beste behalten,
Und dann erlebt er das Höchste.
Nur hat ein jeder sein Maß.
Denn schwer ist zu tragen
Das Unglück, aber schwerer das Glück.
Ein Weiser aber vermocht es
Vom Mittag bis in die Mitternacht,
Und bis der Morgen erglänzte,
Beim Gastmahl helle zu bleiben.

Dir mag auf heißem Pfade unter Tannen oder
Im Dunkel des Eichwalds gehüllt
In Stahl, mein Sinclair! Gott erscheinen oder
In Wolken, du kennst ihn, da du kennest, jugendlich,
Des Guten Kraft, und nimmer ist dir
Verborgen das Lächeln des Herrschers
Bei Tage, wenn

Es fieberhaft und angekettet das
Lebendige scheinet oder auch
Bei Nacht, wenn alles gemischt
Ist ordnungslos und wiederkehrt
Uralte Verwirrung.

Nirgends werden die Erinnerungen an das, was die Deutschen einst waren, und was sie sein könnten, so wach, als am Rheine. Der Anblick dieses königlichen Stromes muß jedes deutsche Herz mit Wehmut erfüllen. Wie er durch Felsen mit Riesenkraft in ungeheuerm Sturz herabfällt, dann mächtig seine breiten Wogen durch die fruchtreichsten Niederungen wälzt, um sich endlich in das flachere Land zu verlieren; so ist er das nur zu treue Bild unsers Vaterlandes, unsrer Geschichte und unsers Charakters.

Hier wäre der Ort, wo eine Welt zusammenkommen und von hier aus übersehen und gelenkt werden könnte, wenn nicht eine enge Barriere die sogenannte Hauptstadt umschränkte, sondern statt der unnatürlich natürlichen Grenze und der kläglich zerrißnen Einheit der Länder und Nationen, eine Kette von Burgen, Städten und Dörfern längst dem herrlichen Strome wiederum ein Ganzes und gleichsam eine größere Stadt bildeten, als würdigen Mittelpunkt eines glücklichen Weltteils.

FRIEDRICH SCHLEGEL: *aus* REISE NACH FRANKREICH

ACHIM VON ARNIM

An die Gräfin Schlitz

Juli 1802

Auf den Postschiffen ist ein herrliches Leben, ganz wie im Himmelreich, nur nicht umsonst, und etwas heißer. Die Rheinländer sind ein so edles Volk wie ihr Wein; sie haben außer dem Sinn für Dichtung eine helle, klingende, hohe Stimme, besonders die Schiffer. In einen alten Mantel gehüllt, ohne Plan mit einem Freunde und einem Buche umherirrend, im Gesange der Schiffer von tausend neuen Anklängen der Poesie berauscht, ohne Tag und Nacht zu sondern, frei von Sturm und Ungewitter, denn unser Gesang führte sie uns wie Bilder unsres Gemüts – so möchte ich wohl noch einmal leben; das Leben war frisch angebrochen wie die echte Quelle des rheinischen Weines. Wir trafen viel frohe Menschen und wurden in ihre Fröhlichkeit eingeweiht, zogen mit Schauspielern und färbten ihnen die Backen und sahn ihre Probestunden beim Kindergeschrei und hörten ihre eignen Klagen über Kindergeschrei. Dann zog ich wieder mit der Prozession nach Not Gottes und sang mit der aufbrechenden Morgenröte mit der lieblichen Wallpurgis von dem Chor herab heilige Gesänge, die langsam und herrlich duftend wie Balsam über die Menge hinströmten. Ich möchte wohl gut dichten und gut singen können, um mein Leben auf dem Marktschiff zwischen Frankfurt und Mainz zu versingen. Hier in dem bunten Gemische alles Volks standen anteillos drei Bänkelsänger: der eine mit der großen Gesichtsbildung des Dante, aber durch den Kot der Welt gezogen. Ein junger

Frankfurt

trunkener Schiffer sprach in göttlichem Enthusiasmus von Freiheit und Vaterland; jener lachte verstohlen erst ihn an und sprach: »Unser Herrgott duldet doch allerlei Leute auf dieser Welt!« Erst hier habe ich Goethes Hermann und Dorothea ganz verstehen gelernt in seiner ganzen Schönheit. Ich wohnte vier Tage in dem Hause von Ackermann in Rüdesheim. Eben die Abhängigkeit der erwachsenen Kinder von ihren Eltern fand ich auch hier, die bei uns unter den arbeitenden Ständen wegen der Notwendigkeit jener für diese bald aufhört; auch das Mürrische des Vaters, das Vereinigende der Mutter. Jeden Augenblick erinnert man sich des einzelnen schattenden Fruchtbaumes im Weinberge und sehnt sich, die Sonne in ihrem Untergange zu erblicken. Ich fühle jetzt recht, wo ich in meinen Gedanken in dem Eichenwalde des Osteins stehe, nachdem es lange ahndend durch die Blätter geblickt hat, und ich endlich in den schönen, einfachen, freien griechischen Tempel trete, daß eine gewaltige Dichtung durch die ganze Natur weht, bald als Geschichte, bald als Naturereignis hervortritt, die der Dichter nur in einzelnen schwachen Wiederklängen aufzufassen braucht, um ins tiefste Gemüt mit unendlicher Klarheit zu dringen. Denn sehe ich nun herab aus dem griechischen Tempel, in den ich durch den deutschen Eichenwald getreten, so braust unter mir zwischen den Binger Felsen der starke Rhein und schäumt unwillig über den nutzlosen Widerstand; aber die Berge scheinen noch immer sich an ihn drängen zu wollen, die sinkenden Felsstükke mit den alten Schlössern auf ihren Spitzen fallen in ihn hinab, auch die Bäume in der Höhe und die Weinstöcke tieferhin saugen ihm sein feuriges Blut aus – und wir in der Höhe nähren uns von allem dem, als wenn es aus uns hervorgegangen wäre, als aus dem ewigen, schöpfenden Geiste.

Rüdesheim

HEINRICH VON KLEIST

An Adolfine von Werdeck

Paris, den 28. Juli 1801

Mit welchen Empfindungen ich *Mainz* wiedererblickte, das ich schon als Knabe einmal sah – wie ließe sich das beschreiben? Das war damals die üppigste Sekunde in der Minute meines Lebens! Sechzehn Jahre, der Frühling, die Rheinhöhen, der *erste* Freund, den ich soeben gefunden hatte, und ein Lehrer wie Wieland, dessen »Sympathien« ich damals las – War die Anlage nicht günstig, einen großen Eindruck tief zu begründen?

Warum ist die Jugend die üppigste Zeit des Lebens? Weil kein Ziel so hoch und so fern ist, das sie sich nicht einst zu erreichen getraute. Vor ihr liegt eine Unendlichkeit – Noch ist nichts bestimmt, und alles möglich – Noch spielt die Hand, mutwillig zögernd, mit den Losen in der Urne des Schicksals, welche auch das *große* enthält – warum sollte sie es nicht fassen *können?* Sie säumt und säumt, indem schon die bloße Möglichkeit fast ebenso wollüstig ist, wie die Wirklichkeit – Indessen spielt ihr das Schicksal einen Zettel unter die Finger – es ist nicht das große Los, es ist keine Niete, es ist ein Los, wie es Tausende schon getroffen hat, und Millionen noch treffen wird.

Damals entwickelten sich meine ersten Gedanken und Gefühle. In meinem Innern sah es so poetisch aus, wie in der Natur, die mich umgab. Mein Herz schmolz unter so vielen begeisternden Eindrücken, mein Geist flatterte wollüstig, wie ein Schmetterling über honigduftende Blumen, mein ganzes

Wesen ward fortgeführt von einer unsichtbaren Gewalt, wie eine Fürsichblüte von der Morgenluft – Mir wars, als ob ich vorher ein totes Instrument gewesen wäre, und nun, plötzlich mit dem Sinn des Gehörs beschenkt, entzückt würde über die eignen Harmonieen. –

Wir standen damals in *Bieberich* in Kantonierungsquartieren. Vor mir blühte der Lustgarten der Natur – eine konkave Wölbung, wie von der Hand der Gottheit eingedrückt. Durch ihre Mitte fließt der Rhein, zwei Paradiese aus einem zu machen. In der Tiefe liegt *Mainz*, wie der Schauplatz in der Mitte eines Amphitheaters. Der Krieg war aus dieser Gegend geflohen, der Friede spielte sein allegorisches Stück. Die Terrassen der umschließenden Berge dienten statt der Logen, Wesen aller Art blickten als Zuschauer voll Freude herab, und sangen und sprachen Beifall – Oben in der Himmelsloge stand Gott. Hoch an dem Gewölbe des großen Schauspielhauses strahlte die Girandole der Frühlingssonne, die entzückende Vorstellung zu beleuchten. Holde Düfte stiegen, wie Dämpfe aus Opferschalen, aus den Kelchen der Blumen und Kräuter empor. Ein blauer Schleier, wie in Italien gewebt, umhüllte die Gegend, und es war, als ob der Himmel selbst hernieder gesunken wäre auf die Erde –

Ach, ich entsinne mich, daß ich in meiner Entzückung zuweilen, wenn ich die Augen schloß, besonders einmal, als ich an dem Rhein spazieren ging, und so zugleich die Wellen der Luft und des Stromes mich umtönten, eine ganze vollständige Sinfonie gehört habe, die Melodie und alle begleitenden Akkorde, von der zärtlichen Flöte bis zu dem rauschenden Kontra-Violon. Das klang mir wie eine Kirchenmusik, und ich glaube, daß alles, was uns die Dichter von der Sphärenmusik erzählen, nichts Reizenderes gewesen ist, als diese seltsame Träumerei.

Zuweilen stieg ich allein in einen Nachen und stieß mich bis auf die Mitte des Rheins. Dann legte ich mich nieder auf den Boden des Fahrzeugs, und vergaß, sanft von dem Strome hinabgeführt, die ganze Erde, und sah nichts, als den Himmel –

Wie diese Fahrt, so war mein ganzes damaliges Leben – Und jetzt! – Ach, das Leben des Menschen ist, wie jeder Strom, bei seinem Ursprunge am höchsten. Es fließt nur fort, indem es fällt – In das Meer müssen wir alle – Wir sinken und sinken, bis wir so niedrig stehen, wie die andern, und das Schicksal *zwingt* uns, so zu sein, wie die, die wir verachten –

Ich habe in der Gegend von Mainz jeden Ort besucht, der mir durch irgend eine Erinnerung heilig war, die Insel bei Bieberich, die ich mit *Müllern*, oft im größten Sturm, umschiffte – das Ufer zwischen Bieberich und Schierstein, an welchem *Gleißenberg* mich einmal mitten in der Nacht, als der Schiffer schelmisch aus unserm Kahn gesprungen war, hinanstieß – das Lager bei Marienborn, wo ich noch Spuren einer Höhle fand, die ich einmal mit *Barßen*, uns vor der Sonne zu schützen, in die Erde gegraben hatte –

Von Mainz aus fuhr ich mit Ulriken auf dem Rheine nach Koblenz – Ach, das ist eine Gegend, wie ein Dichtertraum, und die üppigste Phantasie kann nichts Schöneres erdenken, als dieses Tal, das sich bald öffnet, bald schließt, bald blüht, bald öde ist, bald lacht, bald schreckt. Pfeilschnell strömt der Rhein heran von Mainz, als hätte er sein Ziel schon im Auge, als sollte ihn nichts abhalten, es zu erreichen, als wollte er es, ungeduldig, auf dem kürzesten Wege ereilen. Aber ein Rebenhügel (der Rheingau) beugt seinen stürmischen Lauf, sanft aber mit festem Sinn, wie eine Gattin den stürmischen Willen ihres Mannes, und zeigt ihm mit stiller Standhaftigkeit den Weg, der ihn ins Meer führen wird – Und er ehrt die edle Warnung und gibt sein voreiliges Ziel auf, und durchbricht, der freundlichen Weisung folgend, den Rebenhügel nicht, sondern umgeht ihn, mit beruhigtem Laufe seine blumigen Füße ihm küssend –

Mainz

Aber still und breit und majestätisch strömt er bei *Bingen* heran, und sicher, wie ein Held zum Siege, und langsam, als ob er seine Bahn doch wohl vollenden würde – Und ein Gebirge (der Hundsrück) wirft sich ihm in den Weg, wie die Verleumdung der unbescholtenen Tugend. Er aber durchbricht es, und wankt nicht, und die Felsen weichen ihm aus, und blicken mit Bewunderung und Erstaunen auf ihn hinab – doch *er* eilt verächtlich bei ihnen vorüber, aber ohne zu frohlocken, und die einzige Rache, die er sich erlaubt, ist diese, ihnen in seinem klaren Spiegel ihr schwarzes Bild zu zeigen –

Und hier in diesem Tale, wo der Geist des Friedens und der Liebe zu dem Menschen spricht, wo alles, was Schönes und Gutes in unsrer Seele schlummert, lebendig wird, und alles, was niedrig ist, schweigt, wo jeder Luftzug und jede Welle, freundlichgeschwätzig, unsere Leidenschaften beruhigt, und die ganze Natur gleichsam den Menschen einladet, vortrefflich zu sein – o war es möglich, daß dieses Tal ein Schauplatz werden konnte für den Krieg? Zerstörte Felder, zertretene Weinberge, ganze Dörfer in Asche, Festen, die unüberwindlich schienen, in den Rhein gestürzt – Ach, wenn ein *einziger* Mensch so viele Frevel auf seinem Gewissen tragen sollte, er müßte niedersinken, erdrückt von der Last – Aber eine ganze Nation errötet niemals. Sie dividiert die Schuld mit 30000000, da kömmt ein kleiner Teil auf jeden, den ein Franzose ohne Mühe trägt. – *Gleim* in Halberstadt nahm mir das Versprechen ab, als ein *Deutscher* zurückzukehren in mein Vaterland. Es wird mir nicht schwer werden, dieses Versprechen zu halten.

NICLAS VOGT

Die Rheinflöße

Ich habe schon gesagt, daß wir auf der Fahrt von Linz nach Unkel einem Rheinfloß begegneten. Wer den Rhein bereist, trifft gewöhnlich auf einige dieser schwimmenden Inseln, und eine nähere Beschreibung derselben dürfte für jeden meiner Leser Interesse haben.

Die kleinern Flöße werden größtenteils in den Vorgebürgen des Schwarzwaldes und im Odenwalde gebaut, und auf der Murg, der Alb und dem Neckar auf den Rhein gebracht.

Bei Mannheim und Mainz wird alsdann eine Anzahl derselben in größere Flöße vereinigt, und diese wieder – in den Gegenden von Koblenz und Andernach – zu einem Hauptfloß zusammengefügt.

Die Länge eines Hauptfloßes ist gewöhnlich von sieben bis neunhundert Fuß – die Breite beträgt etwa siebzig. Auf dieser ungeheuern Masse von Holz sind zwölf bis funfzehn bretterne Wohnungen zerstreut, worunter die Herrnhütte sich meist durch innere Eleganz und Bequemlichkeit auszeichnet, und das Ganze wird durch eine Menge Ruderknechte und Arbeiter belebt, deren Anzahl sich nicht selten auf neunhundert beläuft.

Die Holzarten, woraus ein solches Floß zusammengesetzt ist, sind Eichen und Tannen.

Der Boden oder Grund ist von langen Stämmen angelegt, die an den hintern Teilen, und wo sie mit einer neuen Lage zusammenstoßen, durch Bundsparren befestigt sind. Diese

Bundsparren bestehen aus Murgtannen, denen man zu Flößen den Vorzug gibt, weil sie zu Tragmasten dienen, und besser gehandhabt werden können, als die runden. Die Länge der Bundsparren bestimmt die Breite eines Floßes. Sie liegen quer über den Stämmen des Bodens, und sind durch Weiden oder gedrillte junge Tannen und eiserne Klammern befestigt.*

Ein Floß hat gewöhnlich die Länge von zehn Murgtannen oder Masten, wozu diese Stämme von den Holländern gebraucht werden. Gibt es in der Zusammenfügung noch Lücken, so werden diese mit Holz ausgefüttert.

Über dem Boden befinden sich noch zwo Lagen von Hölzern, die auf gleiche Art unter sich, und mit dem Grunde verbunden sind.

Die erste Mastlänge ist noch außer ihrer Befestigung, an beiden Enden mit starken Tauen umwunden, um dem Schiffsvolke zur Rettung zu dienen, wenn das Floß – wie es mitunter geschieht, vielleicht scheitern sollte.

Der obere Teil ist mit kleinerem Holzwerke und mit Bohlen belegt. Die Last wird nach dem Wasser berechnet, und ein Hauptfloß geht gewöhnlich sechs bis acht Fuß tief.

An beiden Seiten des Hauptfloßes bewegen sich kleinere Flöße, in der Kunstsprache Kniee genannt, deren jeder mit jenem durch eine junge frische Eiche verbunden ist. Sie dienen dazu, dem Floß eine beliebige Richtung zu geben. Diese Kniee haben gewöhnlich eine Länge von siebzig bis neunzig Fuß.

An dem Hauptfloße und an den Knieen sind noch kleinere und leichtere Flöße befestigt, welche man Anhänge nennt. Sie vermindern auf der einen Seite das Gefährliche des Strandens, und auf der andern Seite vermehren sie die Masse des Holzes zum Vorteil des Holzhändlers, ohne das Hauptfloß zu

* Im *Murgtale* gibt es verschiedene Weidendrehereien, wo junge Fichten wie Schnüre zusammengedrillt werden. Sie werden einzig zum Bau der Flöße gebraucht.

beschweren. Auch befinden sich bei einem solchen Floße jedesmal mehrere Nachen, davon die größern mit zahlreichen Ankern – es sind ihrer oft an hundert – und Tauen beladen sind, die kleinern aber zum Wahrschauen und zu Bestellungen, die man etwa an das Land zu machen hat, gebraucht werden.

Die Wohnungen auf einem Floße sind reinlich und bequem. Die Haupt- und Herrnhütte ist von räumigem Umfang, und gewöhnlich durch einen Gang geteilt. Auf der einen Seite ist die Buchhalterei und das Schlafzimmer des Eigentümers, auf der andern das Zimmer des Steuermanns und das Behältnis zu den feinern Weinen und ausgesuchtern Lebensbedürfnissen. Der Gang endigt in einen Speisesaal, vor welchem ein Gezelt ausgespannt ist, um bei jeder Witterung mit Bequemlichkeit frische Luft atmen und sich der schönen Natur freuen zu können.

Nahe dabei steht die Küche mit einem ungeheuern kupfernen Kessel über dem Herde, in welchem Tag und Nacht gekocht wird. Das Zeichen zum Essen wird durch einen auf eine Stange gesetzten Korb gegeben, der Steuermann ruft zugleich das Loosungswort aus, und im fröhlichen Gedränge eilen die Hunderte von Menschen herbei, und holen sich ihr Mittagsmahl in hölzernen Gefäßen. Es speisen durchaus je sieben und sieben zusammen, und eine solche Abteilung heißt ein Pack.

Die Konsumtion auf einem Floß, bis es an den Ort seiner Bestimmung gelangt, ist beträchtlich, und man rechnet sie gewöhnlich zu vier bis fünftausend Pfund Brots, achtzehn bis zwanzigtausend Pfund frischen und zehn Zentner geräucherten Fleisches, zwölftausend Pfund Käse, zehn bis funfzehn Zentner Butter, dreißig bis vierzig Malter Hülsenfrüchte, acht bis zehn Malter Salzes, fünf bis sechshundert Ohm Biers und sechs bis acht Stückfässer Weines. Das Schlachtvieh wird lebendig mitgeführt, und es sind immer auch einige Fleischer bei dem Zuge. In der Tat gleicht eine solche Holzinsel einer schwimmenden Kolonie, bei welcher strenge Ordnung, und unverdrossene Arbeitsamkeit herrschen.

Ein interessanter Moment ist die Abfahrt. Den Tag vorher werden die Nachen ausgeschickt, um das Volk – nach dem Kunstausdrucke – zu wahrschauen; Bäcker, Fleischer, Küfer, und was sonst noch den Mundvorrat zu besorgen hat, ist in voller Tätigkeit. Heiterkeit und Scherz beleben die überall verteilten geschäftigen Gruppen.

Kaum dämmert der nächste Morgen, so begibt sich jeder Trupp an seinen Posten – einige zu den Streichen, einer Art von Ruder, die zu beiden Seiten der hintersten Kniee angebracht sind; die Ankerknechte treten in die Nachen, und die Meisterknechte – bewaffnet mit großen Stangen, woran sich eiserne Haken befinden – erteilen die Befehle, und halten auf Ordnung und Pünktlichkeit im Dienste. Ist nun ein jeder an seiner Stelle, so nimmt der Obermeister-Knecht eine Musterung vor, hält eine kräftige Rede an das Volk, sagt, was jeder für die Reise bis Dordrecht an Arbeitslohn neben der Kost erhalten werde, und geschieht keine Einrede, so ist der Vertrag abgeschlossen. Wer sich die Bedingungen nicht gefallen lassen will, der entfernt sich ohne weiters und kehrt über die Kommunikationsbrücke nach dem Lande zurück.

Itzt ertönt das Zeichen zur Abfahrt. Der Steuermann besteigt seinen Stuhl, es tritt eine plötzliche Stille ein – die Hüte werden abgenommen, die Hände gefaltet, und ein kurzes Gebet um glückliche Fahrt zum Himmel geschickt. Nun gibt der Steuermann mit seinem Hut die Signale, welche von einigen Ruderknechten, die in bestimmten Entfernungen stehen, und einen wandernden Telegraf bilden, durch die Bewegung eines Stabs fortgepflanzt werden.

Die Kunst ein Floß zu steuern, ist übrigens unter der Schiffergilde nichts weniger als gemein, und vor ohngefähr vierzig Jahren war sie noch das Geheimnis eines einzigen

Mannes zu Rüdesheim und seiner Söhne. Die häufigen Krümmungen des Rheines, die Wirbel und Fälle, welche durch sein oft felsigtes und abschüssiges Bett gebildet werden, erschweren die Leitung einer so ungeheuern Masse, und machen sie oft gefährlich, zumal, da ein Floß – eben weil es tiefer im Wasser geht, auch ungleich schneller dahin treibt, als ein gewöhnliches Fahrzeug. Muß angelegt werden, so reißt oft der Strom die ganze Masse mit ihren hundert Ankern noch eine Strecke fort, daß die stärksten Taue brechen, die Kniee zersplittern, und Felsenstücke von ihrer Stelle gerückt werden, bis endlich der Vorderteil ans Land treibt, und sich daselbst festlegt. Dordrecht ist der Markt für das Holz, wo es oft wieder in Schiffe geladen und nach England, Spanien und Portugal verführt wird.

Der Bau eines Floßes erfordert übrigens bedeutende Auslagen, und ist darum gewöhnlich nur das Unternehmen sogenannter Floßcompagnien. Es gehört dazu ein Kapital von wenigstens dreimal hunderttausend Gulden, und bloß die Verzollung eines Floßes von Mainz bis Dordrecht wird auf fünfunddreißigtausend Gulden berechnet.

Ob aber, bei dem zunehmenden Holzmangel in den Gegenden des Oberrheins, dieser Handel noch lange fortgesetzt werden könne, ohne auf die einzelnen Bewohner jener Provinz empfindlich zu drücken, und ob unserm Vaterlande ein wesentlicher Gewinn dadurch erwachse, möchte ich aus guten Ursachen bezweifeln. Die Not des Augenblickes zerstört ganze Waldungen, und den baren Gewinn erhalten die Engländer und Holländer für Zucker, Kaffee, Musseline, Spitzen, feine Leinwand, und tausend andere Bedürfnisse des Luxus mit hohen Interessen von uns zurück.

Wer diese Betrachtungen etwas weiter verfolgen will, der wird die verhängnisvolle Katastrophe nur zu nahe erblicken, welcher unser Vaterland unaufhaltsam entgegeneilt. Der Teutsche ist endlich dahingekommen, daß er lieber seinen

Sitten und Gesetzen, seinem Namen und seiner Sprache und dem ehrenvollen Andenken seiner Väter entsagen wird, als den täglich steigenden Bedürfnissen einer – jede bessere Kraft lähmenden – Verfeinerung. Wir dünken uns groß mit unsrer Schulweisheit, mit unsrer Geistesbildung, die eine elende einseitige Verbildung ist, und trösten uns mit dem Trödelkram von Vielwisserei, während wir unsre Kraft in frivolen Genüssen verschwendet haben. Und wie könnte ein Volk für seine Verfassung noch etwas wagen, wenn es nur noch durch diese und nicht mehr durch seinen eigentümlichen Charakter zusammengehalten wird?

Ach! und wir ahnden nicht einmal die wahre Ursache, welche unsern Namen tilgen wird von der Völkertafel Europens! und nahe, nahe ist der furchtbare Augenblick, wo wir uns selbst hingeben werden einem fremden Sieger, der uns für unsre Freiheit Spielzeug darbietet, wie die Schwarzen an der afrikanischen Küste ihre Kinder vertauschen – um Glaskorallen und Spiegelscherben.

Aus: Ansichten des Rheins

JOHANN WOLFGANG VON GOETHE

Sankt Rochus-Fest zu Bingen

Am 16. August 1814

Zu des Rheins gestreckten Hügeln,
Hochgesegneten Gebreiten,
Auen die den Fluß bespiegeln,
Weingeschmückten Landesweiten,
Möget, mit Gedankenflügeln,
Ihr den treuen Freund begleiten.

Vertraute gesellige Freunde, welche schon wochenlang in Wiesbaden der heilsamen Kur genossen, empfanden eines Tages eine gewisse Unruhe, die sie durch Ausführung längst gehegter Vorsätze zu beschwichtigen suchten. Mittag war schon vorbei und doch ein Wagen augenblicklich bestellt, um den Weg ins angenehme Rheingau zu suchen. Auf der Höhe über Biebrich erschaute man das weite prächtige Flußtal mit allen Ansiedelungen innerhalb der fruchtbarsten Gauen. Doch war der Anblick nicht vollkommen so schön, als man ihn am frühen Morgen schon öfters genossen, wenn die aufgehende Sonne so viel weißangestrichene Haupt- und Giebelseiten unzähliger Gebäude, größerer und kleinerer, am Flusse und auf den Höhen beleuchtete. In der weitesten Ferne glänzte dann vor allen das Kloster Johannisberg, einzelne Lichtpunkte lagen dies- und jenseits des Flusses ausgesät.

Damit wir aber sogleich erführen, daß wir uns in ein frommes Land bewegten, entgegnete uns vor Mosbach ein italienischer Gipsgießer, auf dem Haupte sein wohlbeladenes Brett gar kühnlich im Gleichgewichte schwenkend. Die darauf schwebenden Figuren aber waren nicht etwa, wie man sie nordwärts antrifft, farblose Götter- und Heldenbilder, sondern, der frohen und heitern Gegend gemäß, bunt angemalte Heilige. Die Mutter Gottes thronte über allen; aus den vierzehn Nothelfern waren die vorzüglichsten auserlesen; der heilige Rochus, in schwarzer Pilgerkleidung, stand voran, neben ihm sein brottragendes Hündlein.

Nun fuhren wir bis Schierstein durch breite Kornfelder, hie und da mit Nußbäumen geschmückt. Dann erstreckt sich das fruchtbare Land links an den Rhein, rechts an die Hügel, die sich nach und nach dem Wege näher ziehen. Schön und gefährlich erscheint die Lage von Walluf, unter einem Rheinbusen, wie auf einer Landzunge. Durch reich befruchtete, sorgfältig unterstützte Obstbäume hindurch sah man Schiffe segeln, lustig, doppelt begünstigt, stromabwärts.

Auf das jenseitige Ufer wird das Auge gezogen; wohlgebaute, große, von fruchtbaren Gauen umgebene Ortschaften zeigen sich, aber bald muß der Blick wieder herüber: in der Nähe steht eine Kapellenruine, die, auf grüner Matte, ihre mit Efeu begrünten Mauern wundersam reinlich, einfach und angenehm erhebt. Rechts nun schieben Rebhügel sich völlig an den Weg heran.

In dem Städtchen Walluf tiefer Friede, nur die Einquartierungskreide an den Haustüren noch nicht ausgelöscht. Weiterhin erscheint Weinbau zu beiden Seiten. Selbst auf flachem, wenig abhängigem Boden wechseln Rebstücke und Kornfelder, entferntere Hügel rechts ganz bedeckt von Rebgeländern.

Und so, in freier, umhügelter, zuletzt nordwärts von Bergen umkränzter Fläche liegt Ellfeld [Eltville], gleichfalls nah am Rheine, gegenüber einer großen bebauten Aue. Die Türme einer alten Burg sowie der Kirche deuten schon auf eine größere Landstadt, die sich auch inwendig, durch ältere, architektonisch verzierte Häuser und sonst auszeichnet.

Die Ursachen, warum die ersten Bewohner dieser Ort-

Eltville

schaften sich an solchen Plätzen angesiedelt, auszumitteln, würde ein angenehmes Geschäft sein. Bald ist es ein Bach, der von der Höhe nach dem Rhein fließt, bald günstige Lage zum Landen und Ausladen, bald sonst irgend eine örtliche Bequemlichkeit.

Man sieht schöne Kinder und erwachsen wohlgebildete Menschen, alle haben ein ruhiges, keineswegs ein hastiges Ansehen. Lustfuhren und Lustwandler begegneten uns fleißig, letztere öfters mit Sonnenschirmen. Die Tageshitze war groß, die Trockenheit allgemein, der Staub höchst beschwerlich.

Unter Ellfeld [Eltville] liegt ein neues, prächtiges, von Kunstgärten umgebenes Landhaus. Noch sieht man Fruchtbau auf der Fläche links, aber der Weinbau vermehrt sich. Orte drängen sich, Höfe fügen sich dazwischen, so daß sie, hintereinander gesehen, sich zu berühren scheinen.

Alles dieses Pflanzenleben der Flächen und Hügel gedeiht in einem Kiesboden, der, mehr oder weniger mit Leimen gemischt, den in die Tiefe wurzelnden Weinstock vorzüglich begünstigt. Die Gruben, die man zu Überschüttung der Heerstraße ausgegraben, zeigen auch nichts anders.

Erbach ist, wie die übrigen Orte, reinlich gepflastert, die Straßen trocken, die Erdgeschosse bewohnt und, wie man durch die offenen Fenster sehen kann, reinlich eingerichtet. Abermals folgt ein palastähnliches Gutsgebäude, die Gärten erreichen den Rhein, köstliche Terrassen und schattige Lindengänge durchschaut man mit Vergnügen.

Der Rhein nimmt hier einen andern Charakter an; es ist nur ein Teil desselben, die vorliegende Aue beschränkt ihn und bildet einen mäßigen, aber frisch und kräftig strömenden Fluß. Nun rücken die Rebhügel der rechten Seite ganz an den Weg heran, von starken Mauern getragen, in welchen eine vertiefte Blende die Aufmerksamkeit an sich zieht, Der Wagen hält still, man erquickt sich an einem reichlich quellenden Röhrwasser; dieses ist der Marktbrunnen, von welchem der auf der Hügelstrecke gewonnene Wein seinen Namen hat.

Die Mauer hört auf, die Hügel verflächen sich, ihre sanften Seiten und Rücken sind mit Weinstöcken überdrängt. Links Fruchtbäume. Nah am Fluß Weidichte, die ihn verstecken.

Durch Hattenheim steigt die Straße; auf der hinter dem Ort erreichten Höhe ist der Lehmenboden weniger kiesig. Von beiden Seiten Weinbau, links mit Mauern eingefaßt, rechts abgeböscht. Reichardtshausen, ehemaliges Klostergut, jetzt der Herzogin von Nassau gehörig. Die letzte Mauerecke durchbrochen, zeigt einen anmutig beschatteten Akaziensitz.

Reiche sanfte Fläche auf der fortlaufenden Höhe, dann aber zieht sich die Straße wieder an den Fluß, der bisher tief und entfernt gelegen. Hier wird die Ebene zu Feld- und Gartenbau benutzt, die mindeste Erhöhung zu Wein. Östrich in einiger Entfernung vom Wasser, auf ansteigendem Boden, liegt sehr anmutig: denn hinter dem Orte ziehen sich die Weinhügel bis an den Fluß, und so fort bis Mittelheim, wo sich der Rhein in herrlicher Breite zeigt. Langenwinkel folgt unmittelbar; den Beinamen des Langen verdient es, ein Ort bis zur Ungeduld der Durchfahrenden in die Länge gezogen, Winkelhaftes läßt sich dagegen nichts bemerken.

Vor Geisenheim erstreckt sich ein flaches niederes Erdreich bis an den Strom, der es wohl noch jetzt bei hohem Wasser überschwemmt; es dient zu Garten- und Kleebau. Die Aue im Fluß, das Städtchen am Ufer ziehen sich schön gegeneinander, die Aussicht jenseits wird freier. Ein weites hüglichtes Tal bewegt sich zwischen zwei ansteigenden Höhen gegen den Hunsrück zu.

Wie man sich Rüdesheim nähert, wird die niedere Fläche links immer auffallender, und man faßt den Begriff, daß in der Urzeit, als das Gebirge bei Bingen noch verschlossen gewesen, das hier aufgehaltene zurückgestauchte Wasser diese Niederung ausgeglichen, und endlich, nach und nach ablaufend und fortströmend, das jetzige Rheinbett daneben gebildet habe.

Und so gelangten wir in weniger als viertelhalb Stunden nach Rüdesheim, wo uns der Gasthof zur Krone, unfern des Tores anmutig gelegen, sogleich anlockte.

Er ist an einen alten Turm angebaut, und läßt aus den vordern Fenstern rheinabwärts, aus der Rückseite rheinaufwärts blicken; doch suchten wir bald das Freie. Ein vorspringender Steinbau ist der Platz, wo man die Gegend am reinsten überschaut. Flußaufwärts sieht man von hier die bewachsenen Auen, in ihrer ganzen perspektivischen Schönheit. Unterwärts am gegenseitigen Ufer Bingen, weiter hinabwärts den Mäuseturm im Flusse.

Von Bingen heraufwärts erstreckt sich, nahe am Strom, ein Hügel gegen das obere flache Land. Er läßt sich als Vorgebirg in den alten höheren Wassern denken. An seinem östlichen Ende sieht man eine Kapelle, dem heiligen Rochus gewidmet, welche soeben vom Kriegsverderben wieder hergestellt wird. An einer Seite stehen noch die Rüststangen; dessen ungeachtet aber soll morgen das Fest gefeiert werden. Man glaubte, wir seien deshalb hergekommen, und verspricht uns viel Freude.

Und so vernahmen wir denn: daß während der Kriegszeiten, zu großer Betrübnis der Gegend, dieses Gotteshaus entweiht und verwüstet worden. Zwar nicht gerade aus Willkür und Mutwillen, sondern weil hier ein vorteilhafter Posten die ganze Gegend überschaute und einen Teil derselben beherrschte. Und so war das Gebäude denn aller gottesdienstlichen Erfordernisse, ja aller Zierden beraubt, durch Biwaks angeschmaucht und verunreinigt, ja durch Pferdestallung geschändet.

Deswegen aber sank der Glaube nicht an den Heiligen,

welcher die Pest und ansteckende Krankheiten von Gelobenden abwendet. Freilich war an Wallfahrten hieher nicht zu denken: denn der Feind, argwöhnisch und vorsichtig, verbot alle frommen Auf- und Umzüge als gefährliche Zusammenkünfte, Gemeinsinn befördernd und Verschwörungen begünstigend. Seit vierundzwanzig Jahren konnte daher dort oben kein Fest gefeiert werden. Doch wurden benachbarte Gläubige, welche von den Vorteilen örtlicher Wallfahrt sich überzeugt fühlten, durch große Not gedrängt, das Äußerste zu versuchen. Hiervon erzählen die Rüdesheimer folgendes merkwürdige Beispiel. In tiefer Winternacht erblickten sie einen Fackelzug, der sich ganz unerwartet, von Bingen aus, den Hügel hinauf bewegte, endlich um die Kapelle versammelte, dort, wie man vermuten können, seine Andacht verrichtete. Inwiefern die damaligen französischen Behörden dem Drange dieser Gelobenden nachgesehen, da man sich ohne Vergünstigung dergleichen wohl kaum unterfangen hätte, ist niemals bekannt geworden, sondern das Geschehene blieb in tiefer Stille begraben.

Alle Rüdesheimer jedoch, die ans Ufer laufend von diesem Schauspiel Zeugen waren, versichern: seltsamer und schauderhafter in ihrem Leben nichts gesehen zu haben.

Wir gingen sachte den Strand hinab, und wer uns auch begegnete, freute sich über die Wiederherstellung der nachbarlichen heiligen Stätte: denn obgleich Bingen vorzüglich diese Erneuerung und Belebung wünschen muß, so ist es doch eine fromme und frohe Angelegenheit für die ganze Gegend, und deshalb eine allgemeine Freude auf morgen.

Denn der gehinderte, unterbrochene, ja oft aufgehobene Wechselverkehr der beiden Rheinufer, nur durch den Glauben an diesen Heiligen unterhalten, soll glänzend wieder hergestellt werden. Die ganze umliegende Gegend ist in Bewegung, alte und neue Gelübde dankbar abzutragen. Dort will man seine Sünde bekennen, Vergebung erhalten, in der

Masse so vieler zu erwartenden Fremden längst vermißten Freunden wieder begegnen.

Unter solchen frommen und heitern Aussichten, wobei wir den Fluß und das jenseitige Ufer nicht aus dem Auge ließen, waren wir, das weit sich erstreckende Rüdesheim hinab, zu dem alten römischen Kastell gelangt, das, am Ende gelegen, durch treffliche Mauerung sich erhalten hat. Ein glücklicher Gedanke des Besitzers, des Herrn Grafen Ingelheim, bereitete hier jedem Fremden eine schnell belehrende und erfreuliche Übersicht.

Man tritt in einen brunnenartigen Hof, der Raum ist eng, hohe schwarze Mauern steigen wohlgefügt in die Höhe, rauh anzusehen, denn die Steine sind äußerlich unbehauen, eine kunstlose Rustika. Die steilen Wände sind durch neu angelegte Treppen ersteiglich; in dem Gebäude selbst findet man einen eigenen Kontrast wohleingerichteter Zimmer und großer, wüster, von Wachfeuern und Rauch geschwärzter Gewölbe. Man windet sich stufenweise durch finstere Mauerspalten hindurch und findet zuletzt, auf turmartigen Zinnen, die herrlichste Aussicht. Nun wandeln wir in der Luft hin und wieder, indessen wir Gartenanlagen, in den alten Schutt gepflanzt, neben uns bewundern. Durch Brücken sind Türme, Mauerhöhen und Flächen zusammengehängt, heitere Gruppen von Blumen und Strauchwerk dazwischen; sie waren diesmal regenbedürftig, wie die ganze Gegend.

Nun, im klaren Abendlichte, lag Rüdesheim vor und unter uns. Eine Burg der mittlern Zeit, nicht fern von dieser uralten. Dann ist die Aussicht reizend über die unschätzbaren Weinberge; sanftere und steilere Kieshügel, ja Felsen und Gemäuer sind zu Anpflanzung von Reben benutzt. Was aber auch sonst noch von geistlichen und weltlichen Gebäuden dem Auge begegnen mag, der Johannisberg herrscht über alles.

Nun mußte denn wohl, im Angesicht so vieler Rebhügel,

Bingen

des Elfers in Ehren gedacht werden. Es ist mit diesem Weine wie mit dem Namen eines großen und wohltätigen Regenten: er wird jederzeit genannt, wenn auf etwas Vorzügliches im Lande die Rede kommt; ebenso ist auch ein gutes Weinjahr in aller Munde. Ferner hat denn auch der Elfer die Haupteigenschaft des Trefflichen: er ist zugleich köstlich und reichlich.

In Dämmerung versank nach und nach die Gegend. Auch das Verschwinden so vieler bedeutender Einzelheiten ließ uns erst recht Wert und Würde des Ganzen fühlen, worin wir uns lieber verloren hätten; aber es mußte geschieden sein.

Unser Rückweg ward aufgemuntert durch fortwährendes Kanonieren von der Kapelle her. Dieser kriegerische Klang gab Gelegenheit an der Wirtstafel des hohen Hügelpunktes als militärischen Postens zu gedenken. Man sieht von da das ganze Rheingau hinauf, und unterscheidet die meisten Ortschaften, die wir auf dem Herwege genannt.

Zugleich machte man uns aufmerksam, daß wir von der Höhe über Biebrich schon die Rochuskapelle, als weißen Punkt von der Morgensonne beleuchtet, deutlich öfters müßten gesehen haben, dessen wir uns denn auch gar wohl erinnerten.

Bei allem diesem konnte es denn nicht fehlen, daß man den heiligen Rochus als einen würdigen Gegenstand der Verehrung betrachtete, da er, durch das gefesselte Zutrauen, diesen Hader- und Kriegsposten augenblicklich wieder zum Friedens- und Versöhnungsposten umgeschaffen.

Indessen hatte sich ein Fremder eingefunden und zu Tische gesetzt, den man auch als einen Wallfahrer betrachtete und deshalb sich um so unbefangener zum Lobe des Heiligen erging. Allein zu großer Verwunderung der wohlgesinnten Gesellschaft fand sich, daß er, obgleich Katholik, gewissermaßen ein Widersacher des Heiligen sei. Am sechzehnten August, als am Festtage, während so viele den heiligen Rochus feierten, brannte ihm das Haus ab. Ein anderes Jahr am selbigen Tage wurde sein Sohn blessiert; den dritten Fall wollte er nicht bekennen.

Ein kluger Gast versetzte darauf: bei einzelnen Fällen komme es hauptsächlich darauf an, daß man sich an den eigentlichen Heiligen wende, in dessen Fach die Angelegenheit gehöre. Der Feuersbrunst zu wehren, sei Sankt Florian beauftragt; den Wunden verschaffe Sankt Sebastian Heilung; was den dritten Punkt betreffe, so wisse man nicht, ob Sankt Hubertus vielleicht Hülfe geschafft hätte? Im übrigen sei den Gläubigen genugsamer Spielraum gegeben, da im ganzen vierzehn heilige Nothelfer aufgestellt worden. Man ging die Tugenden derselben durch und fand, daß es nicht Nothelfer genug geben könne.

Um dergleichen, selbst in heiterer Stimmung immer bedenkliche Betrachtungen los zu werden, trat man heraus unter den brennend gestirnten Himmel, und verweilte so lange, daß der darauf folgende tiefe Schlaf als Null betrachtet werden konnte, da er uns vor Sonnenaufgang verließ. Wir treten sogleich heraus, nach den grauen Rheinschluchten hinab zu blicken, ein frischer Wind blies von dorther uns ins Angesicht, günstig den Herüber- wie den Hinüberfahrenden.

Schon jetzt sind die Schiffer sämtlich rege und beschäftigt, die Segel werden bereitet, man feuert von oben, den Tag anzufangen wie man ihn abends angekündigt. Schon zeigen sich einzelne Figuren und Geselligkeiten, als Schattenbilder am klaren Himmel, um die Kapelle und auf dem Bergrücken, aber Strom und Ufer sind noch wenig belebt.

Leidenschaft zur Naturkunde reizt uns, eine Sammlung zu betrachten, wo die metallischen Erzeugnisse des Westerwaldes, nach dessen Länge und Breite, auch vorzügliche Minern von Rheinbreitbach vorliegen sollten. Aber diese wissenschaftliche Betrachtung wäre uns fast zum Schaden gediehen: denn als wir zum Ufer des Rheins zurückkehren, finden wir die Abfahrenden in lebhaftester Bewegung. Massenweise strömen sie an Bord und ein überdrängtes Schiff nach dem andern stößt ab.

Drüben, am Ufer her, sieht man Scharen ziehen, Wagen fahren, Schiffe aus den obern Gegenden landen daselbst. Den Berg aufwärts wimmelt's bunt von Menschen, auf mehr oder weniger gähen Fußpfaden, die Höhe zu ersteigen bemüht. Fortwährendes Kanonieren deutet auf eine Folge wallfahrender Ortschaften.

Nun ist es Zeit! Auch wir sind mitten auf dem Flusse, Segel und Ruder wetteifern mit Hunderten. Ausgestiegen bemerken wir sogleich, mit geologischer Vorliebe, am Fuße des Hügels wundersame Felsen. Der Naturforscher wird von dem heiligen Pfade zurückgehalten. Glücklicherweise ist ein Hammer bei der Hand. Da findet sich ein Konglomerat der größten Aufmerksamkeit würdig. Ein im Augenblicke des Werdens zertrümmertes Quarzgestein, die Trümmer scharfkantig, durch Quarzmasse wieder verbunden. Ungeheure Festigkeit hindert uns mehr als kleine Bröckchen zu gewinnen. – Möge bald ein reisender Naturforscher diese Felsen näher untersuchen, ihr Verhältnis zu den ältern Gebirgsmassen unterwärts bestimmen, mir davon gefälligst Nachricht nebst einigen belehrenden Musterstücken zukommen lassen! Dankbar würde ich es erkennen.

Den steilsten, zickzack über Felsen springenden Stieg erklommen wir mit Hundert und aber Hunderten, langsam, öfters rastend und scherzend. Es war die Tafel des Cebes im eigentlichsten Sinne, bewegt, lebendig; nur daß hier nicht so viel ableitende Nebenwege stattfanden.

Oben um die Kapelle finden wir Drang und Bewegung. Wir dringen mit hinein. Der innere Raum, ein beinahe gleiches Viereck, jede Seite von etwa dreißig Fuß, das Chor im Grunde vielleicht zwanzig. Hier steht der Hauptaltar, nicht modern, aber im wohlhäbigen katholischen Kirchengeschmack. Er steigt hoch in die Höhe und die Kapelle überhaupt hat ein recht freies Ansehen. Auch in den nächsten Ecken des Hauptvierecks zwei ähnliche Altäre, nicht beschädigt, alles wie vor Zeiten. Und wie erklärt man sich dies in einer jüngst zerstörten Kirche?

Die Menge bewegte sich von der Haupttür gegen den Hochaltar, wandte sich dann links, wo sie einer im Glassarge liegenden Reliquie große Verehrung bezeigte. Man betastete den Kasten, bestrich ihn, segnete sich und verweilte so lange man konnte; aber einer verdrängte den andern, und so ward auch ich im Strome vorbei und zur Seitenpforte hinaus geschoben.

Ältere Männer von Bingen treten zu uns, den herzoglich nassauischen Beamten, unsern werten Geleitsmann, freundlich zu begrüßen, sie rühmen ihn als einen guten und hülfreichen Nachbar, ja, als den Mann, der ihnen möglich gemacht, das heutige Fest mit Anstand zu feiern. Nun erfahren wir, daß, nach aufgehobenem Kloster Eibingen, die inneren Kirchenerfordernisse, Altäre, Kanzel, Orgel, Bet- und Beichtstühle, an die Gemeine zu Bingen, zu völliger Einrichtung der Rochuskapelle um ein Billiges überlassen worden. Da man sich nun von protestantischer Seite dergestalt förderlich erwiesen, gelobten sämtliche Bürger Bingens, gedachte Stükke persönlich herüber zu schaffen. Man zog nach Eibingen, alles ward sorgfältig abgenommen, der einzelne bemächtigte sich kleinerer, mehrere der größeren Teile, und so trugen sie, Ameisen gleich, Säulen und Gesimse, Bilder und Verzierungen herab an das Wasser; dort wurden sie, gleichfalls dem Gelübde gemäß, von Schiffern eingenommen, übergesetzt, am linken Ufer ausgeschifft und abermals auf frommen Schultern die mannigfaltigen Pfade hinaufgetragen. Da nun das alles zugleich geschah, so konnte man von der Kapelle herabschauend, über Land und Fluß, den wunderbarsten Zug sehen, indem Geschnitztes und Gemaltes, Vergoldetes und Lackiertes, in bunter Folgereihe sich bewegte; dabei genoß man des angenehmen Gefühls, daß jeder, unter seiner Last und bei seiner Bemühung, Segen und Erbauung sein ganzes Leben hoffen durfte. Die auch herübergeschaffte, noch nicht aufgestellte Orgel wird nächstens auf einer Galerie, dem Hauptaltar gegenüber, Platz finden. Nun löste sich erst das Rätsel, man beantwortet sich die aufgeworfene Frage: wie es komme, daß alle diese Zierden schon verjährt und doch wohlerhalten, unbeschädigt und doch nicht neu in einem erst hergestellten Raum sich zeigen konnten.

Dieser jetzige Zustand des Gotteshauses muß uns um so erbaulicher sein, als wir dabei an den besten Willen, wechselseitige Beihülfe, planmäßige Ausführung und glückliche Vollendung erinnert werden. Denn daß alles mit Überlegung geschehen, erhellt nicht weniger aus Folgendem. Der Hauptaltar aus einer weit größeren Kirche sollte hier Platz finden, und man entschloß sich die Mauern um mehrere Fuß zu erhöhen, wodurch man einen anständigen, ja reich verzierten Raum gewann. Der ältere Gläubige kann nun vor demselbigen Altar auf dem linken Rheinufer knieen, vor welchem er, von Jugend an, auf dem rechten gebetet hatte.

Auch war die Verehrung jener heiligen Gebeine schon längst herkömmlich. Diese Überreste des heiligen Ruprechts, die man sonst zu Eibingen gläubig berührt und hülfreich gepriesen hatte, fand man hier wieder. Und so manchen belebt ein freudiges Gefühl, einem längst erprobten Gönner wieder in die Nähe zu treten. Hiebei bemerke man wohl, daß es sich nicht geziemt hätte, diese Heiligtümer in den Kauf mit einzuschließen, oder zu irgendeinem Preis anzuschlagen; nein, sie kamen vielmehr durch Schenkung als fromme Zugabe gleichfalls nach Sankt Rochus. Möchte man doch überall, in ähnlichen Fällen, mit gleicher Schonung verfahren sein!

Und nun ergreift uns das Gewühl! Tausend und abertausend Gestalten streiten sich um unsere Aufmerksamkeit.

Diese Völkerschaften sind an Kleidertracht nicht auffallend verschieden, aber von der mannigfaltigsten Gesichtsbildung. Das Getümmel jedoch läßt keine Vergleichung aufkommen; allgemeine Kennzeichen suchte man vergebens in dieser augenblicklichen Verworrenheit, man verliert den Faden der Betrachtung, man läßt sich ins Leben hinein ziehen.

Eine Reihe von Buden, wie ein Kirchweihfest sie fordert, stehen unfern der Kapelle. Voran geordnet sieht man Kerzen, gelbe, weiße, gemalte, dem verschiedenen Vermögen der Weihenden angemessen. Gebetbücher folgen, Offizium zu Ehren des Gefeierten. Vergebens fragten wir nach einem erfreulichen Hefte, wodurch uns sein Leben, Leisten und Leiden klar würde; Rosenkränze jedoch aller Art fanden sich häufig. Sodann war aber auch für Wecken, Semmeln, Pfeffernüsse und mancherlei Buttergebackenes gesorgt, nicht weniger für Spielsachen und Galanteriewaren, Kinder verschiedenen Alters anzulocken.

Prozessionen dauerten fort. Dörfer unterschieden sich von Dörfern, der Anblick hätte einem ruhigen Beobachter wohl Resultate verliehen. Im ganzen durfte man sagen: die Kinder schön, die Jugend nicht, die alten Gesichter sehr ausgearbeitet, mancher Greis befand sich darunter. Sie zogen mit Angesang und Antwort, Fahnen flatterten, Standarten schwankten, eine große und größere Kerze erhob sich Zug für Zug. Jede Gemeinde hatte ihre Mutter Gottes, von Kindern und Jungfrauen getragen, neu gekleidet, mit vielen rosenfarbenen, reichlichen, im Winde flatternden Schleifen geziert. Anmutig und einzig war ein Jesuskind, ein großes Kreuz haltend und das Marterinstrument freundlich anblickend. Ach! rief ein zartfühlender Zuschauer: ist nicht ein jedes Kind, das fröhlich in die Welt hinein sieht, in demselben Falle! Sie hatten es in neuen Goldstoff gekleidet, und es nahm sich, als Jugendfürstchen, gar hübsch und heiter aus.

Eine große Bewegung aber verkündet: nun komme die

Hauptprozession von Bingen herauf. Man eilt den Hügelrükken hin, ihr entgegen. Und nun erstaunt man auf einmal über den schönen, herrlich veränderten Landschaftsblick in eine ganz neue Szene. Die Stadt, an sich wohlgebaut und -erhalten, Gärten und Baumgruppen um sie her, am Ende eines wichtigen Tales, wo die Nahe heraus kommt. Und nun der Rhein, der Mäuseturm, die Ehrenburg! Im Hintergrunde die ernsten und grauen Felswände, in die sich der mächtige Fluß eindrängt und verbirgt.

Die Prozession kommt bergauf, gereiht und geordnet wie die übrigen. Vorweg die kleinsten Knaben, Jünglinge und Männer hinterdrein. Getragen der heilige Rochus, in schwarzsamtenem Pilgerkleide, dazu, von gleichem Stoff, einen langen goldverbrämten Königsmantel, unter welchem ein kleiner Hund, das Brot zwischen den Zähnen haltend, hervorschaut. Folgen sogleich mittlere Knaben in kurzen schwarzen Pilgerkutten, Muscheln auf Hut und Kragen, Stäbe in Händen. Dann treten ernste Männer heran, weder für Bauern noch Bürger zu halten. An ihren ausgearbeiteten Gesichtern glaubt' ich Schiffer zu erkennen, Menschen, die ein gefährliches bedenkliches Handwerk, wo jeder Augenblick sinnig beachtet werden muß, ihr ganzes Leben über sorgfältig betreiben.

Ein rotseidener Baldachin wankte herauf, unter ihm verehrte man das Hochwürdigste, vom Bischof getragen, von Geistlichwürdigen umgeben, von österreichischen Kriegern begleitet, gefolgt von zeitigen Autoritäten. So ward vorgeschritten, um dies politisch-religiöse Fest zu feiern, welches für ein Symbol gelten sollte des wiedergewonnenen linken Rheinufers, sowie der Glaubensfreiheit an Wunder und Zeichen.

Sollte ich aber die allgemeinsten Eindrücke kürzlich aussprechen, die alle Prozessionen bei mir zurückließen, so würde ich sagen: die Kinder waren sämtlich froh, wohlgemut und behäglich, als bei einem neuen, wundersamen, heitern Ereignis. Die jungen Leute dagegen traten gleichgültig anher. Denn sie, in böser Zeit geborne, konnte das Fest an nichts erinnern, und wer sich des Guten nicht erinnert, hofft nicht. Die Alten aber waren alle gerührt, als von einem glücklichen, für sie unnütz zurückkehrenden Zeitalter. Hieraus ersehen wir, daß des Menschen Leben nur insofern etwas wert ist, als es eine Folge hat.

Nun aber ward von diesem edlen und vielfach würdigen Vorschreiten der Betrachter unschicklich abgezogen und weggestört durch einen Lärm im Rücken, durch ein wunderliches gemein-heftiges Geschrei. Auch hier wiederholte sich die Erfahrung, daß ernste, traurige, ja schreckliche Schicksale oft durch ein unversehenes abgeschmacktes Ereignis, als von einem lächerlichen Zwischenspiel, unterbrochen werden.

An dem Hügel rückwärts entsteht ein seltsames Rufen, es sind nicht Töne des Haders, des Schreckens, der Wut, aber doch wild genug. Zwischen Gestein und Busch und Gestripp irrt eine aufgeregte, hin- und widerlaufende Menge, rufend: halt! – hier! – da! – dort! – nun! – hier! nun heran! – so schallt es mit allerlei Tönen; Hunderte beschäftigen sich laufend, springend, mit hastigem Ungetüm, als jagend und verfolgend. Doch gerade in dem Augenblick, als der Bischof mit dem hochehrwürdigen Zug die Höhe erreicht, wird das Rätsel gelöst.

Ein flinker derber Bursche läuft hervor, einen blutenden Dachs behaglich vorzuweisen. Das arme schuldlose Tier, durch die Bewegung der andringenden frommen Menge aufgeschreckt, abgeschnitten von seinem Bau, wird, am schonungsreichsten Feste, von den immer unbarmherzigen Menschen, im segenvollsten Augenblicke getötet.

Gleichgewicht und Ernst war jedoch alsobald wieder hergestellt, und die Aufmerksamkeit auf eine neue, stattlich heranziehende Prozession gelockt. Denn, indem der Bischof nach der Kirche zu wallte, trat die Gemeinde von Büdesheim so zahlreich als anständig heran. Auch hier mißlang der Versuch, den Charakter dieser einzelnen Ortschaft zu erforschen. Wir, durch so viel Verwirrendes verwirrt, ließen sie in die immer wachsende Verwirrung ruhig dahinziehen.

Alles drängte sich nun gegen die Kapelle und strebte zu derselben hinein. Wir, durch die Woge seitwärts geschoben, verweilten im Freien, um an der Rückseite des Hügels der weiten Aussicht zu genießen, die sich in das Tal eröffnet, in welchem die Nahe ungesehen heranschleicht. Hier beherrscht ein gesundes Auge die mannigfaltigste fruchtbarste Gegend, bis zu dem Fuße des Donnersbergs, dessen mächtiger Rücken den Hintergrund majestätisch abschließt.

Nun wurden wir aber sogleich gewahr, daß wir uns dem Lebensgenusse näherten. Gezelte, Buden, Bänke, Schirme aller Art standen hier aufgereiht. Ein willkommener Geruch gebratenen Fettes drang uns entgegen. Beschäftigt fanden wir eine junge tätige Wirtin, umgehend einen glühenden weiten Aschenhaufen, frische Würste – sie war eine Metzgerstochter – zu braten. Durch eigenes Handreichen und vieler flinker Diener unablässige Bemühung wußte sie einer solchen Masse von zuströmenden Gästen genug zu tun.

Auch wir, mit fetter dampfender Speise nebst frischem trefflichem Brot reichlich versehen, bemühten uns, Platz an einem geschirmten, langen, schon besetzten Tische zu nehmen. Freundliche Leute rückten zusammen, und wir erfreuten uns angenehmer Nachbarschaft, ja liebenswürdiger Gesellschaft, die von dem Ufer der Nahe zu dem erneuten Fest gekommen war. Muntere Kinder tranken Wein wie die Alten. Braune Krüglein, mit weißem Namenszug des Heiligen rundeten im Familienkreise. Auch wir hatten dergleichen angeschafft und setzten sie wohlgefüllt vor uns nieder.

Da ergab sich nun der große Vorteil solcher Volksversammlung, wenn, durch irgendein höheres Interesse, aus einem großen weitschichtigen Kreise, so viele einzelne Strahlen nach einem Mittelpunkt gezogen werden.

Hier unterrichtet man sich auf einmal von mehreren Provinzen. Schnell entdeckte der Mineralog Personen, welche, bekannt mit der Gebirgsart von Oberstein, den Achaten daselbst und ihrer Bearbeitung, dem Naturfreunde belehrende Unterhaltung gaben. Der Quecksilberminern zu Moschel-Landsberg erwähnte man gleichfalls. Neue Kenntnisse taten sich auf, und man faßte Hoffnung, schönes kristallisiertes Amalgam von dorther zu erhalten.

Der Genuß des Weins war durch solche Gespräche nicht unterbrochen. Wir sendeten unsere leeren Gefäße zu dem Schenken, der uns ersuchen ließ Geduld zu haben, bis die vierte Ohm angesteckt sei. Die dritte war in der frühen Morgenstunde schon verzapft.

Niemand schämt sich der Weinlust, sie rühmen sich einigermaßen des Trinkens. Hübsche Frauen gestehen, daß ihre Kinder mit der Mutterbrust zugleich Wein genießen. Wir fragten, ob denn wahr sei, daß es geistlichen Herren, ja Kurfürsten geglückt, acht rheinische Maß, das heißt sechzehn unserer Bouteillen, in vierundzwanzig Stunden zu sich zu nehmen?

Ein scheinbar ernsthafter Gast bemerkte: man dürfe sich, zu Beantwortung dieser Frage, nur der Fastenpredigt ihres Weihbischofs erinnern, welcher, nachdem er das schreckliche Laster der Trunkenheit seiner Gemeinde mit den stärksten Farben dargestellt, also geschlossen habe:

»Ihr überzeugt euch also hieraus, andächtige, zu Reu' und Buße schon begnadigte Zuhörer, daß derjenige die größte Sünde begehe, welcher die herrlichen Gaben Gottes solcherweise mißbraucht. Der Mißbrauch aber schließt den Gebrauch nicht aus. Stehet doch geschrieben: der Wein erfreuet des Menschen Herz! Daraus erhellet, daß wir, uns und andere zu erfreuen, des Weines gar wohl genießen können und sollen.

Nun ist aber unter meinen männlichen Zuhörern vielleicht keiner, der nicht zwei Maß Wein zu sich nähme, ohne deshalb gerade einige Verwirrung seiner Sinne zu spüren; wer jedoch bei dem dritten oder vierten Maß schon so arg in Vergessenheit seiner selbst gerät, daß er Frau und Kinder verkennt, sie mit Schelten, Schlägen und Fußtritten verletzt und seine Geliebtesten als die ärgsten Feinde behandelt, der gehe sogleich in sich und unterlasse ein solches Übermaß, welches ihn mißfällig macht Gott und Menschen, und seinesgleichen verächtlich.

Wer aber bei dem Genuß von vier Maß, ja von fünfen und sechsen, noch dergestalt sich selbst gleich bleibt, daß er seinem Nebenchristen liebevoll unter die Arme greifen mag, dem Hauswesen vorstehen kann, ja die Befehle geistlicher und weltlicher Obern auszurichten sich imstande findet, auch der genieße sein bescheiden Teil, und nehme es mit Dank dahin. Er hüte sich aber, ohne besondere Prüfung weiter zu gehen, weil hier gewöhnlich dem schwachen Menschen ein Ziel gesetzt ward. Denn der Fall ist äußerst selten, daß der grundgütige Gott jemanden die besondere Gnade verleiht acht Maß trinken zu dürfen, wie er mich, seinen Knecht, gewürdigt hat. Da mir nun aber nicht nachgesagt werden kann, daß ich in ungerechtem Zorn auf irgend jemand losgefahren sei, daß ich Hausgenossen und Anverwandte mißkannt, oder wohl gar die mir obliegenden geistlichen Pflichten und Geschäfte verabsäumt hätte, vielmehr ihr alle mir das Zeugnis geben werdet, wie ich immer bereit bin, zu Lob und Ehre Gottes, auch zu Nutz und Vorteil meines Nächsten mich tätig finden zu lassen: so darf ich wohl mit gutem Gewissen und mit Dank dieser anvertrauten Gabe mich auch fernerhin erfreuen.

Und ihr, meine andächtigen Zuhörer, nehme ein jeder, damit er nach dem Willen des Gebers am Leibe erquickt, am Geiste erfreut werde, sein bescheiden Teil dahin. Und, auf daß ein solches geschehe, alles Übermaß dagegen verbannt sei, handelt sämtlich nach der Vorschrift des heiligen Apostels, welcher spricht: Prüfet alles und das Beste behaltet.«

Und so konnte es denn nicht fehlen, daß der Hauptgegenstand alles Gesprächs der Wein blieb, wie er es gewesen. Da erhebt sich denn sogleich ein Streit über den Vorzug der verschiedenen Gewächse, und hier ist erfreulich zu sehen, daß die Magnaten unter sich keinen Rangstreit haben. Hochheimer, Johannisberger, Rüdesheimer lassen einander gelten, nur unter den Göttern minderen Ranges herrscht Eifersucht und Neid. Hier ist denn besonders der sehr beliebte Aßmannshäuser Rote vielen Anfechtungen unterworfen. Einen Weinbergsbesitzer von Oberingelheim hört' ich behaupten: der ihrige gebe jenem wenig nach. Der Elfer solle köstlich gewesen sein, davon sich jedoch kein Beweis führen lasse, weil er schon ausgetrunken sei. Dies wurde von den Beisitzenden gar sehr gebilligt, weil man rote Weine gleich in den ersten Jahren genießen müsse.

Nun rühmte dagegen die Gesellschaft von der Nahe einen in ihrer Gegend wachsenden Wein, der Monzinger genannt. Er soll sich leicht und angenehm wegtrinken, aber doch, ehe man sich's versieht, zu Kopfe steigen. Man lud uns darauf ein. Er war zu schön empfohlen, als daß wir nicht gewünscht hätten, in so guter Gesellschaft, und wäre es mit einiger Gefahr, ihn zu kosten und uns an ihm zu prüfen.

Auch unsere braunen Krüglein kamen wiederum gefüllt zurück, und als man die heiteren weißen Namenszüge des Heiligen überall so wohltätig beschäftigt sah, mußte man sich fast schämen die Geschichte desselben nicht genau zu wissen, ob man gleich sich recht gut erinnerte, daß er, auf alles irdische Gut völlig verzichtend, bei Wartung von Pestkranken auch sein Leben nicht in Anschlag gebracht habe.

Nun erzählte die Gesellschaft, dem Wunsche gefällig, jene

anmutige Legende, und zwar um die Wette, Kinder und Eltern sich einander einhelfend.

Hier lernte man das eigentliche Wesen der Sage kennen, wenn sie von Mund zu Mund, von Ohr zu Ohr wandelt. Widersprüche kamen nicht vor, aber unendliche Unterschiede, welche daher entspringen mochten, daß jedes Gemüt einen andern Anteil an der Begebenheit und den einzelnen Vorfällen genommen, wodurch denn ein Umstand bald zurückgesetzt, bald hervorgehoben, nicht weniger die verschiedenen Wanderungen, sowie der Aufenthalt des Heiligen an verschiedenen Orten verwechselt wurde.

Ein Versuch, die Geschichte, wie ich sie gehört, gesprächsweise aufzuzeichnen, wollte mir nicht gelingen; so mag sie nur auf die Art, wie sie gewöhnlich überliefert wird, hier eingeschaltet stehen.

Sankt Rochus, ein Bekenner des Glaubens, war aus Montpellier gebürtig, und hieß sein Vater Johann, die Mutter aber Libera, und zwar hatte dieser Johann nicht nur Montpellier, sondern auch noch andere Orte unter seiner Gewalt, war aber ein frommer Mann, und hatte lange Zeit ohne Kindersegen gelebt, bis er seinen Rochum von der heiligen Maria erbeten, und brachte das Kind ein rotes Kreuz auf der Brust mit auf die Welt. Wenn seine Eltern fasteten, mußte er auch fasten, und gab ihm seine Mutter an einem solchen Tag nur einmal ihre Brust zu trinken. Im fünften Jahre seines Alters fing er an sehr wenig zu essen und zu trinken; im zwölften legte er allen Überfluß und Eitelkeit ab und wendete sein Taschengeld an die Armen, denen er sonderlich viel Gutes tat. Er bezeigte sich auch fleißig im Studieren, und erlangte bald großen Ruhm durch seine Geschicklichkeit, wie ihn dann auch noch sein Vater auf seinem Todbette durch eine bewegliche Rede, die er an ihn hielte, zu allem Guten ermahnte. Er war noch nicht zwanzig Jahre alt, als seine Eltern gestorben, da er denn alle sein ererbtes Vermögen unter die Armen austeilte, das

Regiment über das Land niederlegte, nach Italien reiste, und zu einem Hospital kam, darinnen viele an ansteckenden Krankheiten lagen, denen er aufwarten wollte; und ob man ihn gleich nicht alsobald hinein ließ, sondern ihm die Gefahr vorstellte, so hielte er doch ferner an, und als man ihn zu den Kranken ließ, machte er sie alle durch Berührung mit seiner rechten Hand und Bezeichnung mit dem heiligen Kreuz gesund. Sodann begab er sich ferner nach Rom, befreite auch allda nebst vielen andern einen Kardinal von der Pest und hielt sich in die drei Jahre bei demselben auf.

Als er aber selbsten endlich auch mit dem schrecklichen Übel befallen wurde, und man ihn in das Pesthaus zu den andern brachte, wo er, wegen grausamer Schmerzen, manchmal erschrecklich schreien mußte, ging er aus dem Hospital, und setzte sich außen vor die Türe hin, damit er den andern durch sein Geschrei nicht beschwerlich fiele; und als die Vorbeigehenden solches sahen, vermeinten sie, es wäre aus Unachtsamkeit der Pestwärter geschehen; als sie aber hernach das Gegenteil vernahmen, hielte ihn jedermann für töricht und unsinnig, und so trieben sie ihn zur Stadt hinaus. Da er denn, unter Gottes Geleit, durch Hülfe seines Stabes allgemach in den nächsten Wald fortkroch. Als ihn aber der große Schmerz nicht weiter fortkommen ließ, legte er sich unter einen Ahornbaum und ruhete daselbst ein wenig, da denn neben ihm ein Brunnen entsprang, daraus er sich erquickte.

Nun lag nicht weit davon ein Landgut, wohin sich viele Vornehme aus der Stadt geflüchtet, darunter einer, namens Gotthardus, welcher viele Knechte und Jagdhunde bei sich hatte. Da ereignet sich aber der sonderbare Umstand, daß ein sonst sehr wohlgezogener Jagdhund ein Brot vom Tische wegschnappt und davon läuft. Obgleich abgestraft ersieht er seinen Vorteil den zweiten Tag wieder und entflieht glücklich mit der Beute. Da argwohnt der Graf irgendein Geheimnis und folgt mit den Dienern.

Dort finden sie denn unter dem Baum den sterbenden frommen Pilger, der sie ersucht, sich zu entfernen, ihn zu verlassen, damit sie nicht von gleichem Übel angefallen würden. Gotthardus aber nahm sich vor, den Kranken nicht eher von sich zu lassen, als bis er genesen wäre, und versorgte ihn zum besten. Als nun Rochus wieder ein wenig zu Kräften kam, begab er sich vollends nach Florenz, heilte daselbst viele von der Pest, und wurde selbst durch eine Stimme vom Himmel völlig wieder hergestellt. Er beredte auch Gotthardum dahin, daß dieser sich entschloß, mit ihm seine Wohnung in dem Wald aufzuschlagen und Gott ohne Unterlaß zu dienen, welches auch Gotthardus versprach, wenn er nur bei ihm bleiben wollte; da sie sich denn eine geraume Zeit miteinander in einer alten Hütte aufhielten, und nachdem endlich Rochus Gotthardum zu solchem Eremitenleben genugsam eingeweiht, machte er sich abermals auf den Weg, und kam nach einer beschwerlichen Reise glücklich wieder nach Hause, und zwar in seiner Stadt, die ihm ehemals zugehört und die er seinem Vetter geschenkt hatte. Allda nun wurde er, weil es Kriegszeit war, für einen Kundschafter gehalten und vor den Landesherrn geführt, der ihn wegen seiner großen Veränderung und armseligen Kleidung nicht mehr kannte, sondern in ein hart Gefängnis setzen ließ. Er aber dankte seinem Gott, daß er ihn allerlei Unglück erfahren ließ, und brachte fünf ganzer Jahre im Kerker zu; wollte es auch nicht einmal annehmen, wenn man ihm etwas Gekochtes zu essen brachte, sondern kreuzigte noch dazu seinen Leib mit Wachen und Fasten. Als er merkte, daß sein Ende nahe sei, bat er die Bedienten des Kerkermeisters, daß sie ihm einen Priester holen möchten. Nun war es eine sehr finstere Gruft, wo er lag; als aber der Priester kam, wurde es helle, darüber dieser sich höchlich verwunderte, auch, sobald er Rochum ansahe, etwas Göttliches an ihm erblickte und vor Schrecken halbtot zur Erden fiel, auch sich sogleich zum Landesherrn begab und ihm anzeigte, was er erfahren; und wie Gott wäre sehr beleidigt worden, indem man den frömmsten Menschen so lange Zeit in einem so beschwerlichen Gefängnis aufgehalten. Als dieses in der Stadt bekannt worden, lief jedermann häufig nach dem Turm; Sankt Rochus aber wurde von einer Schwachheit überfallen und gab seinen Geist auf. Jedermann aber sah durch die Spalten der Türe einen hellen Glanz hervordringen; man fand auch bei Eröffnung den Heiligen tot und ausgestreckt auf der Erde liegen und bei seinem Haupt und den Füßen Lampen brennen; darauf man ihn auf des Landesherrn Befehl mit großem Gepränge in die Kirche begrub. Er wurde auch noch an dem roten Kreuz, so er auf der Brust mit auf die Welt gebracht hatte, erkannt, und war ein großes Heulen und Lamentieren darüber entstanden.

Solches geschahe im Jahre 1327 den 16. August; und ist ihm auch nach der Zeit zu Venedig, allwo nunmehr sein Leib verwahret wird, eine Kirche zu Ehren gebaut worden. Als nun im Jahre 1414 zu Konstanz ein Konzilium gehalten wurde, und die Pest allda entstand, auch nirgend Hülfe vorhanden war, ließ die Pest alsobald nach, sobald man diesen Heiligen anrief, und ihm zu Ehren Prozessionen anstellte.

Diese friedliche Geschichte ruhig zu vernehmen war kaum der Ort. Denn in der Tischreihe stritten mehrere schon längst über die Zahl der heute Wallfahrenden und Besuchenden. Nach einiger Meinung sollten zehntausend, nach anderen mehr, und dann noch mehr auf diesem Hügelrücken durcheinander wimmeln. Ein österreichischer Offizier, militärischem Blick vertrauend, bekannte sich zu dem höchsten Gebote.

Noch mehrere Gespräche kreuzten sich. Verschiedene Bauernregeln und sprüchwörtliche Wetterprophezeiungen, welches dies Jahr eingetroffen sein sollten, verzeichnete ich ins Taschenbuch, und als man Teilnahme bemerkte, besann man sich auf mehrere, die denn auch hier Platz finden mögen, weil sie auf Landesart und auf die wichtigsten Angelegenheiten der Bewohner hindeuten.

»Trockner April ist nicht der Bauern Will'. – Wenn die Grasmücke singt, ehe der Weinstock sproßt, so verkündet es ein gutes Jahr. – Viel Sonnenschein im August bringt guten Wein. – Je näher das Christfest dem neuen Monde zu fällt, ein desto härteres Jahr soll hernach folgen; so es aber gegen den vollen und abnehmenden Mond kommt, je gelinder es sein soll. – Die Fischer haben von der Hechtsleber dieses Merkmal, welches genau eintreffen soll: wenn dieselbe gegen dem Gallenbläschen zu breit, der vordere Teil aber spitzig und schmal ist, so bedeutet es einen langen und harten Winter. – Wenn die Milchstraße im Dezember schön weiß und hell scheint, so bedeutet es ein gutes Jahr. – Wenn die Zeit von Weihnachten bis drei König neblicht und dunkel ist, sollen das Jahr darauf Krankheiten folgen. – Wenn in der Christnacht die Weine in den Fässern sich bewegen, daß sie übergehen, so hofft man auf ein gutes Weinjahr. – Wenn die Rohrdommel zeitig gehört wird, so hofft man eine gute Ernte. – Wenn die Bohnen übermäßig wachsen und die Eichbäume viel Frucht bringen, so gibt es wenig Getreide. – Wenn die Eulen und andere Vögel ungewöhnlich die Wälder verlassen, und häufig den Dörfern und Städten zufliegen, so gibt es ein unfruchtbares Jahr. – Kühler Mai gibt guten Wein und vieles Heu. – Nicht zu kalt und nicht zu naß, füllt die Scheuer und das Faß. – Reife Erdbeeren um Pfingsten bedeuten einen guten Wein. – Wenn es in der Walpurgisnacht regnet, so hofft man ein gutes Jahr. – Ist das Brustbein von einer gebratenen Martinsgans braun, so bedeutet es Kälte; ist es weiß, Schnee.« –

Ein Bergbewohner, welcher diese vielen, auf reiche Fruchtbarkeit hinzielenden Sprüche, wo nicht mit Neid, doch mit Ernst vernommen, wurde gefragt, ob auch bei ihnen dergleichen gäng und gäbe wäre? Er versetzte darauf: mit so viel Abwechslung könne er nicht dienen, Rätselrede und Segen sei bei ihnen nur einfach und heiße:

Morgens rund,
Mittag gestampft,
Abends in Scheiben;
Dabei soll's bleiben,
Es ist gesund.

Man freute sich über diese glückliche Genügsamkeit, und versicherte, daß es Zeiten gäbe, wo man zufrieden sei, es ebenso gut zu haben.

Indessen steht manche Gesellschaft gleichgültig auf, den fast unübersehbaren Tisch verlassend, andere grüßen und werden gegrüßt, so verliert sich die Menge nach und nach. Nur die zunächst sitzenden, wenige wünschenswerte Gäste zaudern, man verläßt sich ungern, ja man kehrt einigemale gegeneinander zurück, das angenehme Weh eines solchen Abschieds zu genießen, und verspricht endlich, zu einiger Beruhigung, unmögliches Wiedersehen.

Außer den Zelten und Buden empfindet man leider in der hohen Sonne sogleich den Mangel an Schatten, welchen jedoch eine große neue Anpflanzung junger Nußbäume auf dem Hügelrücken künftigen Urenkeln verspricht. Möge jeder Wallfahrende die zarten Bäume schonen, eine löbliche Bürgerschaft von Bingen diese Anlage schirmen, durch eifriges Nachpflanzen und sorgfältiges Hegen ihr, zu Nutz und Freude so vieler Tausende, nach und nach in die Höhe helfen.

Eine neue Bewegung deutet auf neues Ereignis; man eilt zur Predigt, alles Volk drängt sich nach der Ostseite. Dort ist das Gebäude noch nicht vollendet, hier stehen noch Rüststangen, schon während des Baues dient man Gott. Ebenso war es, als in Wüsteneien von frommen Einsiedlern mit eigenen Händen

Kirchen und Klöster errichtet wurden. Jedes Behauen, jedes Niederlegen eines Steins war Gottesdienst. Kunstfreunde erinnern sich der bedeutenden Bilder von Le Sueur, des heiligen Bruno Wandel und Wirkung darstellend. Also wiederholt sich alles Bedeutende im großen Weltgange, der Achtsame bemerkt es überall.

Eine steinerne Kanzel, außen an der Kirchmauer auf Kragsteinen getragen, ist nur von innen zugänglich. Der Prediger tritt hervor, ein Geistlicher in den besten Jahren. Die Sonne steht hoch, daher ihm ein Knabe den Schirm überhält. Er spricht, mit klarer verständlicher Stimme, einen rein verständigen Vortrag. Wir glaubten seinen Sinn gefaßt zu haben und wiederholten die Rede manchmal mit Freunden. Doch ist es möglich, daß wir, bei solchen Überlieferungen, von dem Urtext abwichen und von dem unsrigen mit einwebten. Und so wird man im Nachstehenden einen milden, Tätigkeit fordernden Geist finden, wenn es auch nicht immer die kräftigen ausführlichen Worte sein sollten, die wir damals vernahmen.

»Andächtige geliebte Zuhörer! In großer Anzahl besteigt ihr an dem heutigen Tage diese Höhe, um ein Fest zu feiern, das seit vielen Jahren durch Schickung Gottes unterbrochen worden. Ihr kommt, das vor kurzem noch entehrt und verwüstet liegende Gotteshaus hergestellt, geschmückt und eingeweiht zu finden, dasselbe andächtig zu betreten, und die dem Heiligen, der hier besonders verehrt wird, gewidmeten Gelübde dankbar abzutragen. Da mir nun die Pflicht zukommt, an euch bei dieser Gelegenheit ein erbauliches Wort zu sprechen, so möchte wohl nichts besser an der Stelle sein, als wenn wir zusammen beherzigen: wie ein solcher Mann, der zwar von frommen, aber doch sündigen Eltern erzeugt worden, zur Gnade gelangt sei vor Gottes Thron zu stehen, und für diejenigen, die sich im Gebet gläubig an ihn wenden, vorbittend, Befreiung von schrecklichen, ganze Völkerschaften dahinraffenden Übeln, ja vom Tode selbst, erlangen könne?

Er ist dieser Gnade gewürdigt worden, so dürfen wir mit Zutrauen erwidern, gleich allen denen die wir als Heilige verehren, weil er die vorzüglichste Eigenschaft besaß, die alles übrige Gute in sich schließt, eine unbedingte Ergebenheit in den Willen Gottes.

Denn obgleich kein sterblicher Mensch sich anmaßen dürfte Gott gleich, oder demselben auch nur ähnlich zu werden, so bewirkt doch schon eine unbegrenzte Hingebung in seinen heiligen Willen die erste und sicherste Annäherung an das höchste Wesen.

Sehen wir doch ein Beispiel an Vätern und Müttern, die, mit vielen Kindern gesegnet, liebreiche Sorge für alle tragen. Zeichnet sich aber eins oder das andere darunter in Folgsamkeit und Gehorsam besonders aus, befolgt ohne Fragen und Zaudern die elterlichen Gebote, vollzieht es die Befehle sträcklich und beträgt sich dergestalt, als lebte es nur in und für die Erzeuger: so erwirbt es sich große Vorrechte. Auf dessen Bitte und Vorbitte hören die Eltern und lassen oft Zorn und Unmut, durch freundliche Liebkosungen besänftigt, vorübergehen. Also denke man sich, menschlicherweise, das Verhältnis unsers Heiligen zu Gott, in welches er sich durch unbedingte Ergebung empor geschwungen.«

Wir Zuhörenden schauten indes zu dem reinen Gewölbe des Himmels hinauf; das klarste Blau war von leicht hinschwebenden Wolken belebt, wir standen auf hoher Stelle. Die Aussicht rheinaufwärts licht, deutlich, frei, den Prediger zur Linken über uns, die Zuhörer vor ihm und uns hinabwärts.

Der Raum, auf welchem die zahlreiche Gemeinde steht, ist eine große unvollendete Terrasse, ungleich und hinterwärts abhängig. Künftig, mit baumeisterlichem Sinne, zweckmäßig herangemauert und eingerichtet, wäre das Ganze eine der schönsten Örtlichkeiten in der Welt. Kein Prediger, vor mehrern tausend Zuhörern sprechend, sah je eine so reiche Landschaft über ihren Häuptern. Nun stelle der Baumeister aber die Menge auf eine reine, gleiche, vielleicht hinterwärts wenig erhöhte Fläche, so sähen alle den Prediger, und hörten bequem; diesmal aber, bei unvollendeter Anlage, standen sie abwärts, hintereinander, sich ineinander schickend, so gut sie konnten. Eine von oben überschaute wundersame still-schwankende Woge. Der Platz, wo der Bischof der Predigt zuhörte, war nur durch den hervorragenden Baldachin bezeichnet, er selbst in der Menge verborgen und verschlungen. Auch diesem würdigen obersten Geistlichen würde der einsichtige Baumeister einen angemessenen ansehnlichen Platz anweisen und dadurch die Feier verherrlichen. Dieser Umblick, diese dem geübten Kunstauge abgenötigten Betrachtungen hinderten nicht, aufmerksam zu sein auf die Worte des würdigen Predigers, der zum zweiten Teile schritt und etwa folgendermaßen zu sprechen fortfuhr:

»Eine solche Ergebung in den Willen Gottes, so hoch verdienstlich sie auch gepriesen werden kann, wäre jedoch nur unfruchtbar geblieben, wenn der fromme Jüngling nicht seinen Nächsten so wie sich selbst, ja mehr wie sich selbst, geliebt hätte. Denn ob er gleich, vertrauensvoll auf die Fügungen Gottes, sein Vermögen den Armen verteilt, um als frommer Pilger das Heilige Land zu erreichen, so ließ er sich doch von diesem preiswürdigen Entschlusse unterwegs ablenken. Die große Not, worin er seine Mitchristen findet, legt ihm die unerläßliche Pflicht auf, den gefährlichsten Kranken beizustehen, ohne an sich selbst zu denken. Er folgt seinem Beruf durch mehrere Städte, bis er endlich, selbst vom wütenden Übel ergriffen, seinen Nächsten weiter zu dienen außer Stand gesetzt wird. Durch diese gefahrvolle Tätigkeit nun hat er sich dem göttlichen Wesen abermals genähert: denn wie Gott die Welt in so hohem Grade liebte, daß er zu ihrem Heil seinen einzigen Sohn gab, so opferte Sankt Rochus sich selbst seinen Mitmenschen.«

Die Aufmerksamkeit auf jedes Wort war groß, die Zuhörer unübersehbar. Alle einzeln herangekommenen Wallfahrer und alle vereinigten Gemeindeprozessionen standen hier versammelt, nachdem sie vorher ihre Standarten und Fahnen an die Kirche zur linken Hand des Predigers angelehnt hatten, zu nicht geringer Zierde des Ortes. Erfreulich aber war nebenan, in einem kleinen Höfchen, das gegen die Versammlung zu unvollendet sich öffenete, sämtliche herangetragene Bilder auf Gerüsten erhöht zu sehen, als die vornehmsten Zuhörer ihre Rechte behauptend.

Drei Muttergottesbilder von verschiedener Größe standen neu und frisch im Sonnenscheine, die langen rosenfarbenen Schleifenbänder flatterten munter und lustig im lebhaftesten Zugwinde. Das Christuskind in Goldstoff blieb immer freundlich. Der heilige Rochus, auch mehr als einmal, schaute seinem eigenen Feste geruhig zu. Die Gestalt im schwarzen Samtkleide wie billig obenan.

Der Prediger wandte sich nun zum dritten Teil und ließ sich ungefähr also vernehmen:

»Aber auch diese wichtige und schwere Handlung wäre von keinen seligen Folgen gewesen, wenn Sankt Rochus für so große Aufopferungen einen irdischen Lohn erwartet hätte. Solchen gottseligen Taten kann nur Gott lohnen, und zwar in Ewigkeit. Die Spanne der Zeit ist zu kurz für grenzenlose Vergeltung. Und so hat auch der Ewige unsern heiligen Mann für alle Zeiten begnadigt und ihm die höchste Seligkeit gewährt: nämlich andern, wie er schon hienieden im Leben getan, auch von oben herab für und für hülfreich zu sein.

Wir dürfen daher in jedem Sinne ihn als ein Muster ansehn, an welchem wir die Stufen unsers geistlichen Wachstums abmessen. Habt ihr nun in traurigen Tagen euch an ihn gewendet und glückliche Erhörung erlebt durch göttliche Huld, so beseitiget jetzt allen Übermut und anmaßliches Hochfahren; aber fragt euch demütig und wohlgemut: haben wir denn seine Eigenschaften vor Augen gehabt? Haben wir uns beeifert ihm nachzustreben?

Ergaben wir uns zur schrecklichsten Zeit, unter kaum erträglichen Lasten, in den Willen Gottes? Unterdrückten wir ein aufkeimendes Murren? Lebten wir einer getrosten Hoffnung, um zu verdienen, daß sie uns nun, so unerwartet als gnädig, gewährt sei? Haben wir in den gräßlichsten Tagen pestartig wütender Krankheiten nicht nur gebetet und um Rettung gefleht? Haben wir den Unsrigen, näher- oder entfernteren Verwandten und Bekannten, ja Fremden und Widersachern in dieser Not beigestanden, um Gottes und des Heiligen willen unser Leben dran gewagt?

Könnt ihr nun diese Fragen im stillen Herzen mit Ja beantworten, wie gewiß die meisten unter euch redlich vermögen, so bringt ihr ein löbliches Zeugnis mit nach Hause.

Dürft ihr sodann, wie ich nicht zweifle, noch hinzufügen: wir haben bei allem diesem an keinen irdischen Vorteil gedacht, sondern wir begnügten uns an der gottgefälligen Tat selbst, so könnt ihr euch um desto mehr erfreuen, keine Fehlbitte getan zu haben, und ähnlicher geworden zu sein dem Fürbittenden.

Wachset und nehmet zu an diesen geistlichen Eigenschaften, auch in guten Tagen, damit ihr, zu schlimmer Zeit, wie sie oft unversehens hereinbricht, zu Gott durch seinen Heiligen Gebet und Gelübde wenden dürfet.

Und so betrachtet auch künftig die wiederholten Wallfahrten hieher als erneute Erinnerungen, daß ihr dem Höchsten kein größeres Dankopfer darbringen könnt, als ein Herz gebessert und an geistlichen Gaben bereichert.«

Die Predigt endigte gewiß für alle heilsam; denn jeder hat die deutlichen Worte vernommen, und jeder die verständigen praktischen Lehren beherzigt.

Nun kehrt der Bischof zur Kirche zurück; was drinnen vorgegangen, blieb uns verborgen. Den Widerhall des Te Deum vernahmen wir von außen. Das Ein- und Ausströmen der Menge war höchst bewegt, das Fest neigte sich zu seiner Auflösung. Die Prozessionen reihten sich, um abzuziehen; die Budesheimer, als zuletzt angekommen, entfernte sich zuerst. Wir sehnten uns aus dem Wirrwarr und zogen deshalb mit der ruhigen und ernsten Binger Prozession hinab. Auch auf diesem Wege bemerkten wir Spuren der Kriegs-Wehetage. Die Stationen des Leidensganges unsers Herrn waren vermutlich zerstört. Bei Erneuerung dieser könnte frommer Geist und redlicher Kunstsinn mitwirken, daß jeder, er sei wer er wolle, diesen Weg mit teilnehmender Erbauung zurücklegte.

In dem herrlich gelegenen Bingen angelangt, fanden wir doch daselbst keine Ruhe; wir wünschten vielmehr nach so viel wunderbaren, göttlichen und menschlichen Ereignissen uns geschwind in das derbe Naturbad zu stürzen. Ein Kahn führte uns flußabwärts die Strömungen. Über den Rest des alten Felsendammes, den Zeit und Kunst besiegten, glitten wir hinab; der märchenhafte Turm, auf unverwüstlichem Quarzgestein gebaut, blieb uns zur Linken, die Ehrenburg rechts; bald aber kehrten wir für diesmal zurück, das Auge voll von jenen abschießenden graulichen Gebirgsschluchten, durch welche sich der Rhein seit ewigen Zeiten hindurch arbeitete.

So wie den ganzen Morgen, also auch auf diesem Rückwege begleitete uns die hohe Sonne, obgleich aufsteigende vorüberziehende Wolken zu einem ersehnten Regen Hoffnung gaben; und wirklich strömte er endlich alles erquickend nieder und hielt lange genug an, daß wir auf unserer Rückreise die ganze

Landesstrecke erfrischt fanden. Und so hatte der heilige Rochus, wahrscheinlich auf andere Nothelfer wirkend, seinen Segen auch außer seiner eigentlichen Obliegenheit reichlich erwiesen.

JOSEPH VON EICHENDORFF

AUS

Ahnung und Gegenwart

Schon spannen wärmere Sommernächte draußen ihre Zaubereien über Berge und Täler, da war es Friedrich einmal mitten in der Nacht, als riefe ihn ein Freund, auf den er sich nicht besinnen könnte, wie aus weiter Ferne. Er wachte auf, da stand eine lange Gestalt mitten in dem finstern Zimmer. Er erkannte Leontin an der Stimme. Frisch auf, Herzbruder! sagte dieser, die eine Halbkugel rührt sich hell beleuchtet, die andere träumt; mir war nicht wohl, ich will den Rhein einmal wiedersehen, kommt mit! Er hatte die Fenster aufgemacht, einzelne graue Streifen langten schon über den Himmel, unten auf der Gasse blies der Postillon lustig auf dem Horne.

Da galt kein Staunen und kein Zögern, Friedrich mußte mit ihm hinunter in den Wagen. Auch Erwin war mit unbegreiflicher Schnelligkeit reisefertig. Friedrich erstaunte, ihn auf einmal ganz munter und gesund zu sehen. Mit funkelnden Augen sprang er mit in den Wagen, und so rasselten sie durch das stille Tor ins Freie hinaus.

Sie fuhren schnell durch unübersehbar stille Felder, durch einen dunkel dichten Wald, später zwischen engen, hohen Bergen, an deren Fuß manch Städtlein zu liegen schien; ein Fluß, den sie nicht sahen, rauschte immerfort seitwärts unter der Straße, alles feenhaft verworren. Leontin erzählte ein Märchen, mit den wechselnden Wundern der Nacht, wie sie sich die Seele ausmalte, in Worten kühl spielend. Friedrich schaute still in die Nacht, Erwin ihm gegenüber hatte die

Augen weit offen, die unausgesetzt, solange es dunkel war, auf ihn geheftet schienen, der Postillion blies oft dazwischen. Der Tag fing indes an von der einen Seite zu hellen, sie erkannten nach und nach ihre Gesichter wieder, einzelne zu früh erwachte Lerchen schwirrten schon, wie halb im Schlafe, hoch in den Lüften ihr endloses Lied, es wurde herrlich kühl.

Bald darauf langten sie an dem Gebirgsstädtchen an, wohin sie wollten. Das Tor war noch geschlossen. Der Torwächter trat schlaftrunken heraus, wünschte ihnen einen guten Morgen und pries die Reisenden glückselig und beneidenswert in dieser Jahreszeit. In dem Städtchen war noch alles leer und still. Nur einzelne Nachtigallen vor den Fenstern und unzählige von den Bergen über dem Städtchen schlugen um die Wette. Mehrere alte Brunnen mit zierlichem Gitterwerk rauschten einförmig auf den Gassen. In dem Wirtschause, wo sie abstiegen, war auch noch niemand auf. Der Postillion blies daher, um sie zu wecken, mehrere Stücke, daß es über die stillen Straßen weg in die Berge hineinschallte. Erwin saß indes auf einem Springbrunnen auf dem Platze und wusch sich die Augen klar.

Friedrich und Leontin ließen Erwin bei dem Wagen zurück und gingen von der andern Seite ins Gebirge. Als sie aus dem Walde auf einen hervorragenden Felsen heraustraten, sahen sie auf einmal aus wunderreicher Ferne, von alten Burgen und ewigen Wäldern kommend, den Strom vergangener Zeiten und unvergänglicher Begeisterung, den königlichen Rhein. Leontin sah lange still in Gedanken in die grüne Kühle hinunter, dann fing er sich schnell an auszukleiden. Einige Fischer fuhren auf dem Rheine vorüber und sangen ihr Morgenlied, die Sonne ging eben prächtig auf, da sprang er mit ausgebreiteten Armen in die kühlen Flammen hinab. Friedrich folgte seinem Beispiele, und beide rüstige Schwimmer rangen sich lange jubelnd mit den vom Morgenglanze

Ruine Schönberg

trunkenen, eisigen Wogen. Unbeschreiblich leicht und heiter kehrten sie nach dem Morgenbade wieder in das Städtchen zurück, wo unterdes alles schon munter geworden. Es war die Weihe der Kraft für lange Kämpfe, die ihrer harrten.

Als die Sonne schon hoch war, bestiegen sie die alte, wohlerhaltene Burg, die wie eine Ehrenkrone über der altdeutschen Gegend stand. Des Wirtes Tochter ging ihnen mit einigen Flaschen Wein lustig die dunklen, mit Efeu überwachsenen Mauerpfade voran, ihr junges, blühendes Gesicht nahm sich gar zierlich zwischen dem alten Gemäuer und Bilderwerk aus. Sie legte vor der Sonne die Hand über die Augen und nannte ihnen die zerstreuten Städte und Flüsse in der unermeßlichen Aussicht, die sich unten auftat. Leontin schenkte Wein ein, sie tat ihnen Bescheid und gab jedem willig zum Abschiede einen Kuß.

Sie stieg nun wieder den Berg hinab, die beiden schauten fröhlich in das Land hinaus. Da sahen sie, wie jenseits des Rheins zwei Jägerburschen aus dem Walde kamen und einen Kahn bestiegen, der am Ufer lag. Sie kamen quer über den Rhein auf das Städtchen zugefahren. Der eine saß tiefsinnig im Kahne, der andere tat mehrere Schüsse, die vielfach in den Bergen widerhallten. Erwin hatte sich in ein ausgebrochenes Bogenfenster der Burg gesetzt, das unmittelbar über dem Abgrunde stand. Ohne allen Schwindel saß er dort oben, seine ganze Seele schien aus den sinnigen Augen in die wunderbare Aussicht hinauszusehen. Er sagte voller Freuden, er erblicke ganz im Hintergrunde einen Berg und einen hervorragenden Wald, den er gar wohl kenne. Leontin ließ sich die Gegend zeigen und schien sie ebenfalls zu erkennen. Er sah darauf den Knaben ernsthaft und verwundert an, der es nicht bemerkte.

Erwin blieb in dem Fensterbogen sitzen, sie aber durchzogen das Schloß und den Berg in die Runde. Junge, grüne Zweige und wildbunte Blumen beugten sich überall über die dunklen Trümmer der Burg, der Wald rauschte kühl, Quellen sprangen in hellen, frischlichen Bogen von den Steinen, unzählige Vögel sangen, von allen Seiten die unermeßliche Aussicht, die Sonne schien warm über der Fläche, in tausend Strömen sich spiegelnd; es war, als sei die Natur hier rüstiger und lebendiger vor Erinnerung im Angesichte des Rheins und der alten Zeit. Wo ein Begeisterter steht, ist der Gipfel der Welt, rief Leontin fröhlich aus.

Willkommen, Freund, Bruder! sagte da auf einmal eine Stimme mit Pathos, und ein fremder junger Mann, den sie vorher nicht bemerkt hatten, faßte Leontin fest bei der Hand. Ach, was Bruder! fuhr Leontin heraus, ärgerlich über die unerwartete Störung. Der Fremde ließ sich nicht abschrekken, sondern sagte: Jene Worte logen nicht, Sie sind ein Verehrer der Natur, ich bin auch stolz auf diesen Namen. Wahrhaftig, mein Herr, erwiderte Leontin geschwind, sich komisch erwehrend. Sie irren sich entsetzlich, ich bin weder biederherzig, wie Sie sich vorstellen, noch begeistert, noch ein Verehrer der Natur, noch –. Der Fremde fuhr ganz blinderpicht fort: Lassen Sie die Gewöhnlichen sich ewig suchen und verfehlen, die Seltenen wirft ein magnetischer Zug einander an die männliche Brust, und der ewige Bund ist ohne Wort geschlossen in des Eichenwaldes heiligen Schatten, wenn die Orgel des Weltbaues gewaltig dahinbraust. – Bei diesen Worten fiel ihm ein Buch aus der Tasche. Sie verlieren Ihre Noten, sagte Leontin, Schillers Don Carlos erkennend. Warum Noten? fragte der Fremde. Darum, sagte Leontin, weil Euch die ganze Natur nur der Text dazu ist, den Ihr nach den Dingern da aborgelt, und je schwieriger und würgender die Koloraturen sind, daß Ihr davon ganz rot und blau im Gesichte werdet und die Tränen samt den Augen heraustreten, je begeisterter und gerührter seid Ihr. Macht doch die Augen fest zu in der Musik und im Sausen des Waldes, daß Ihr die ganze Welt vergeßt und *Euch* vor allem!

Der Fremde wußte nicht recht, was er darauf antworten sollte. Leontin fand ihn zuletzt gar possierlich; sie gingen und sprachen noch viel zusammen und es fand sich am Ende, daß er ein abgedankter Liebhaber der Schmachtenden in der Residenz sei, den er früher manchmal bei ihr gesehen. Der Einklang der Seelen hatte sie zusammen, und ich weiß nicht was, wieder auseinandergeführt. Er rühmte viel, wie dieses seelenvolle Weib mit Geschmack, treu und tugendhaft liebe. Treu? – sie ist ja verheiratet, sagte Friedrich unschuldig. Ei, was! fiel ihm Leontin ins Wort, diese Alwinas, diese neuen Heloisen, diese Erbschleicherinnen der Tugend sind pfiffiger als Gottes Wort. Nicht wahr, der Teufel stinkt nicht und hat keine Hörner, und Ehebrechen und Ehebrechen ist zweierlei? – Der Fremde war verlegen wie ein Schulknabe.

Es neigte sich indes zum Abend, aber die Luft war schwül geworden und man hörte von fern donnern. Das letztere war dem Fremden eben recht; der Donner, den er nicht anders als rollend nannte, schien ihn mit einem neuen Anfalle von Genialität aufzublähen. Er versicherte, er müsse im Gewitter einsam und im Freien sein, das wäre von jeher so seine Art, und nahm Abschied von ihnen. Leontin klopfte ihm beim Weggehen tüchtig auf die Achsel: Beten und fasten Sie fleißig und dann schauen Sie wieder in Gottes Welt hinaus, wie da der *Herr* genialisch ist. Es ist doch nichts lächerlicher, sagte er, da jener fort war, als eine aus der Mode gekommene Genialität. Man weiß dann gar nicht, was die Kerls eigentlich haben wollen.

Es gewitterte indes immer stärker und näher. Leontin bestieg schnell eine hohe Tanne, die am Abhange stand, um das Wetter zu beschauen. Der Wind, der dem Gewitter vorausflog, rauschte durch die dunklen Äste des Baumes und neigte den Wipfel über den Abgrund hinaus. Ich sehe in das Städtchen, in alle Straßen hinab, rief Leontin von oben, wie die Leute eilig hin und her laufen, und die Fenster und Türen schließen, und mit den Laden klappern vor dem heranziehenden Wetter! Es achtet ihrer doch nicht und zieht über sie weg. Unsern Don Carlos sehe ich auf einer Felsenspitze, den Batterien des Gewitters gegenüber, er steht, die Arme über der Brust verschränkt, den Hut tief in die Augen gedrückt, den einen Fuß trotzig vorwärts, pfui, pfui, über den Hochmut! Den Rhein seh ich kommen, zu dem alle Flüsse des Landes flüchten, langsam und dunkelgrün, Schiffe rudern eilig ans Ufer, eines seh ich mit Gott geradeaus fahren; fahre, herrlicher Strom! Wie Gottes Flügel rauschen, und die Wälder sich neigen, und die Welt still wird, wenn der Herr mit ihr spricht! Wo ist dein Witz, deine Pracht, deine Genialität? Warum wird unten auf den Flächen alles eins und unkenntlich wie ein Meer, und nur die Burgen stehen einzeln und unterschieden zwischen den wehenden Glockenklängen und schweifenden Blitzen. Du könntest mich wahnwitzig machen unten, erschreckliches Bild meiner Zeit, wo das zertrümmerte Alte in einsamer Höhe steht, wo das Einzelne gilt und sich, schroff und scharf im Sonnenlichte abgezeichnet, hervorhebt, während das Ganze in farblosen Massen gestaltlos liegt, wie ein ungeheurer, grauer Vorhang, an dem unsere Gedanken, gleich Riesenschatten aus einer andern Welt sich abarbeiten. – Der Wind verwehte seine Worte in die grenzenlose Luft. Es regnete schon lange. Der Regen und der Sturm wurden endlich so heftig, daß er sich nicht mehr auf dem Baume erhalten konnte. Er stieg herab, und sie kehrten zu der Burg zurück.

MARY W. SHELLEY

Frankenstein am Rhein

Ich aber warf mich in den Reisewagen, der schon bereitstand, mich in fremde Fernen zu entführen, kaum wissend um das Ziel meiner Fahrt und blicklos für all das, was da rings um mich vor sich ging! Das einzige, woran ich dachte – und der Gedanke erfüllte mich mit schmerzlicher Bitternis –, war der Befehl, auch mein chemisches Instrumentarium reisefertig zu verpacken und in dem Wagen zu verstauen. Voll der düstersten Betrachtungen durchquerte ich so manche herrliche und majestätische Landschaft, doch war mein Blick nach innen gekehrt und nahm all der Schönheit ringsum nicht wahr. Einzig das Ziel meiner Fahrten schwebte mir vor Augen, und mit ihm die Arbeit, welche mich während der gesamten Dauer solcher Reise beschäftigen sollte.

Nach etwelchen, in stumpfer Teilnahmslosigkeit hingebrachten Tagen, in deren Verlaufe ich so manche Meile Weges zurücklegte, langte ich zu Straßburg an, woselbst ich zwei Tage darüber hinbrachte, auf Clervals Ankunft zu warten. Endlich traf er ein. Aber ach! Welch ein Unterschied bestand doch zwischen ihm und mir! Er war jedem neuen Anblick mit allen Sinnen aufgetan, ihn erfüllte die Schönheit der scheidenden Sonne mit Entzücken, und noch glücklicher machte ihn ihr Heraufsteigen zu erneutem Tageslaufe. Unermüdlich konnte er mich auf das wechselnde Farbenspiel der rings sich breitenden Landschaft, auf das beständig sich wandelnde Erscheinungsbild des Himmels hinweisen: »Dies ist's«, so rief er wohl, »wofür es sich verlohnt, zu leben! Nun erst freu' ich mich von Herzen meines Daseins! Du aber, mein teurer Frankenstein, weshalb nur trauerst du und bist voll Sorge?« Und wahrhaftig, meine Gedanken waren düster genug, ich hatte ja weder Augen für den Untergang des Abendsterns, noch auch für das im Rheinstrome sich spiegelnde Gold des Sonnenaufgangs! – Und auch Ihr, teuerster Sir und Freund, würdet ja bei weitem mehr Vergnügen über Clervals Tagebuchblätter empfinden, diesen Aufzeichnungen eines Menschen, der da all die vorübergleitenden Szenerien mit dem empfindungsvollen Blicke des Entzückens in sich aufnahm – mehr Vergnügen, sage ich, denn in Anhörung meiner Reflexionen, die ja nur die tristen Gedankengänge eines Elenden sind, dem ein Fluch jeden Weg zum Glücke verschließt!

Wir waren übereingekommen, von Straßburg den Rhein in einem Boote hinabzuschiffen bis Rotterdam, woselbst wir uns nach einer Londoner Gelegenheit umtun wollten. Auf unserer Wasserfahrt kamen wir an vielen weidenbestandenen Eilanden vorüber und erblickten auch mehrere anmutige Städtchen. Einen Tag lang verweilten wir uns in Mannheim, und am fünften Tage nach unserer Abfahrt aus Straßburg trafen wir in Mainz ein. Stromabwärts von Mainz nimmt der Rhein einen um vieles pittoreskeren Verlauf. Die Strömung wird zu einer reißenden, und das Flußbett windet sich zwischen Bergen hindurch, welche zwar nicht sonderlich hoch, jedoch genugsam steil und von der herrlichsten Gestalt sind. So manche verfallene Burg erblickten wir, wie sie, umgeben von schwärzlichen Wäldern, dort oben in einsamer luftiger Höh' über schwindelerregenden Abgründen thronte. In der Tat bietet ja dieser Teil des Rheintales die abwechslungsreichsten Landschaftsblicke. Zum Beispiel mögt Ihr jetzt noch ein rauhes, zerklüftetes Bergland gewahren, bekrönt von Burgruinen, welche über ungeheuren Tiefen sich erheben, darin der dunkle Rheinstrom dahinbraust, und schon nach der Umschiffung des nächsten Vorgebirges alsbald der üppigsten, in ergrünenden Terrassen sich hinaufstufenden Rebenhänge ansichtig werden, sowie eines mäandrierenden Flußlaufes und volkreicher Städte, welche nunmehr das Bild beherrschen!

Unsere Reise war in die Zeit der Weinlese gefallen, und so vernahmen wir, da wir den Strom hinabglitten, immer wieder den Gesang der Arbeiter in den Weinbergen. Selbst ich, bedrückten Gemüts wie ich war und aufgewühlt von den düstersten Gefühlen, selbst ich empfand etwas wie Freude. Ich lag rücklings in unserm Boote, und wie ich so in die wolkenlose Bläue des Himmels emporblickte, war's mir, als schlürft' ich eine Ruhe in mich ein, derer ich allzu lange hatte entbehren müssen. Und wenn selbst *ich* solcher Empfindungen fähig war, wer könnte dann diejenigen meines Henri beschreiben! Er fühlte sich ja wie ins Märchenland versetzt und kostete eine Glückseligkeit aus, wie sie wohl selten einem Menschen zuteil geworden! »Ich habe«, so rief er, »die malerischesten Szenerien meines Heimatlands gesehen, war so manche Stunde in den Anblick des Vierwaldstättersees versunken, in dessen Fluten die schneebedeckten Berge fast lotrecht abfallen und ihren schwarzen, undurchdringlichen Schatten auf den Wasserspiegel werfen, einen Schatten, der wohl traurig und düster genug erscheinen würde, wären da nicht die aufs üppigste ergrünenden Inseln, deren lebensvolles Erscheinungsbild das Auge zum stillen Verweilen einlädt. Auch hab' ich jene Wasser schon von einem Sturme aufgewühlt gesehen, der die Wogen in Wirbeln aufschäumen machte und dir einen Begriff von der Gewalt der aus dem Weltmeere steigenden Wasserhose zu geben vermochte. Ich hab' die Wogen voll Wut gegen den Fuß der Felsenberge anbranden sehen, an jenem Orte, wo der unselige Pfaffe sein Liebchen gefreit und darüber von der Lawine verschlungen

Straßburg

ward, und wo dem Vernehmen nach die Todesschreie solch verruchten Paares noch immer vernommen werden können, sobald der Nachtwind Atem holt. Ich hab' das Bergland von La Valais, hab' das Pays de Vaud gesehen: doch dies Land hier, Viktor, es hat mir mehr zu geben denn all jene Wunder! Die Berge unseres Schweizerlandes sind freilich majestätischer und von besondrer Art. Und doch liegt über den Ufern dieses göttlichen Stromes ein Zauber, dem ich nichts mir Bekanntes an die Seite zu stellen wüßte! Sieh jene Burg, wie sie gleich einem Adlerhorste dort droben über dem Abgrunde hängt, und auch die andre da drüben auf dem Eiland, wie sie nahezu verborgen ist vom Blätterwerke jener lieblichen Baumgruppen! Und gar die Schar der Landleute, wie sie aus ihrem Weinberge heimwärts ziehen! Und erst das Dörfchen dort oben, wie's so halbversteckt zwischen seinen Bergen hervorlugt! Oh! Ganz gewißlich ist der Genius Loci, welcher seinen schützenden Fittich über die Bewohner dieses gesegneten Landstrichs hält, den Menschen günstiger gesinnt denn jener, der in unsrer Heimat die Gletscher aufeinandertürmt oder sich auf unnahbare Bergeshöh' zurückzieht!«

Clerval! Freund meiner Seele! Selbst heute noch erfüllt's mich mit Entzücken, deine Worte zu wiederholen und mich in jenem Lobe zu ergehen, das du so sehr verdienst! Er war ein Wesen, »geformt von der Natur in ihrem gnadenreichsten Augenblick«! Seine ungezügelte, leidenschaftliche Phantasie war gesänftigt durch ein empfindsames Herz! Seine Seele floß über von brennender Menschenliebe, und seine Freundschaft war von jener hingebenden und einzigartigen Natur, die der nüchterne Verstand so gern ins Reich der Einbildung verweisen möchte. Und doch konnte diese immerwache Seele nimmermehr Genüge finden in menschlicher Bindung allein, und so liebte sie nicht minder brennend alle Erscheinungsformen der äußeren Natur, auf welche die andern Menschen bloß mit Bewunderung blicken:

Marksburg

Der Sturz des Wasserfalls
Ward ihm zur Leidenschaft. Der steile Fels,
Der Berg und auch der tiefe, düstre Wald,
Ihr Farb- und Formenspiel, sie waren ihm
Ein Quell der Lust – ein liebendes Gefühl,
Das keines weitern Zaubers mehr bedarf,
Nach Denken nicht, noch auch nach Wünschen fragt,
Und nur dem Auge traut.*

Wo mag er nun sein? Ist dies sanftmütige und liebenswerte Geschöpf für immer dahin? Ist solche Seele, die von Ideenreichtum, von phantasiebeflügelten und großartigen Imaginationen überquoll und sich eine Welt auferbaut hatte, deren Existenz mit dem Dasein ihres Schöpfers stand und fiel – ist solche schöne Seele nun für immer ausgelöscht? Ist's nur mehr mein Gedächtnis, darin sie fortlebt? Oh, nein, dies kann nicht wahr sein! Deine so göttlich gefügte, in Schönheit erstrahlende Gestalt, sie ist zwar gestorben und verdorben, doch dein Unsterbliches umschwebt und tröstet noch immer den untröstlichen Freund!

Vergebt mir, teuerster Sir, diese Aufwallung des Schmerzes, doch sind meine armen Worte nur ein geringer Tribut, der Henris unvergleichlichen Werten nimmer gerecht zu werden, aber dennoch ein Herz zu sänftigen vermag, welches sich in jenem Weh zusammenkrampft, das der Gedanke an den Verstorbenen ihm verursacht! Indes, ich will sogleich in meiner Erzählung fortfahren!

Nachdem wir Köln hinter uns gelassen, näherten wir uns dem holländischen Flachlande. Hier beschlossen wir, die noch verbliebene Wegstrecke per Postkutsche zurückzulegen, da der Wind von See kam, und die Strömung zu schwach

* Wordsworth, ›Tintern Abbey‹.

geworden war, als daß sie uns hätte mit genügender Eile voranbringen können.

Unsre weitere Fahrt entbehrte nun all des Interesses, welches bislang die Schönheit der Landschaft in uns erweckt hatte, doch erreichten wir nach wenigen Tagen Rotterdam, woselbst wir uns nach England einschifften. An einem klaren Morgen gegen Ende Dezember erblickte ich zum ersten Male die weißen Klippen von Dover! Die Themseufer zeigten uns ein völlig neues Landschaftsbild: zwar waren sie flach, doch von gesegneter Fruchtbarkeit, und mit dem Anblicke fast jeder Stadt verband sich die Erinnerung an historienträchtige Begebenheiten.

Aus: Frankenstein oder Der neue Prometheus

LORD BYRON

AUS

Childe Harolds Pilgerfahrt

Je höher aufwärts, desto stärker findet
Man dunst- und schneeumhüllt der Höhn Gebiet;
Wer Menschen überragt und überwindet,
Dem lohnt der Haß der Welt, auf die er sieht.
Ob *über* ihm des Ruhmes Sonne glüht,
Tief *unten* Erd und Ozean sich breiten,
Um ihn sind eisge Felsen, kalt umzieht
Sein nacktes Haupt der Stürme lautes Streiten:
Das ist der Mühen Lohn, die zu den Gipfeln leiten!

Hinweg damit! – Der wahren Weisheit Reich
Muß eigne Schöpfung oder deine sein,
Mutter Natur! Was stellt der Pracht sich gleich,
Mit der du schmückst den königlichen Rhein?
Umglänzt von aller Schönheit Wunderschein,
Ein göttlich Werk sieht Harold, – Täler, Flüsse,
Fels, Wald und Laub, Kornfelder, Früchte, Wein,
Herrnlose Burgen, hauchend Scheidegrüße,
Wo der *Verfall* bewohnt umlaubter Mauern Risse.

Gleich einem hehren Geist seht dort sie stehn,
Zerfallen noch die alte Hoheit wahren,
Verlassen, nur umkreist vom Windeswehn
Und mit der Wolken düsterm Zug sich paaren!
Es gab 'ne Zeit, als stolz und jung sie waren,

Da führt man Scharen hier, ließ Banner wogen;
Doch die da fochten, ruhn seit langen Jahren,
Und was da wogte, ist zu Staub zerflogen;
Nie mehr bedroht ein Streich der Zinnen bleiche Bogen.

In diesen Mauern, diesen Türmen wohnte
Gewalt bei Leidenschaft; auf stolzem Schloß
Gewappnet hier ein jeder Raubgraf thronte,
Böswillig schaltend, doch nicht minder groß
Als der berühmten alten Helden Troß.
Soll diese Stegreifritter man verachten,
Weil einfach war ihr Grab, beschränkt ihr Los,
Weil feile Schreiber sie berühmt nicht machten?
Ihr Hoffen war gleich warm, gleich brav ihr Herz in Schlachten.

In ihren Fehden, ihren Zwiegefechten
Ward unbemerkt manch Heldenwerk getan!
Auch Liebe kam, die Schilde zu umflechten
Mit Wappensprüchen, die sie stolz ersann;
Sie brach sich in die Eisenherzen Bahn.
Doch wild war solche Glut, es trieb ihr Minnen
Zum heißen Streit, zum Todeskampf sie an,
Und manch ein Turm, den Liebe hieß gewinnen,
Sah blutgefärbt den Rhein längs seinen Trümmern rinnen.

Doch du, o Fluß, mit überreichem Schimmer,
Glückspendend, wo nur deine Wogen gehn
Durch Ufer, deren Schönheit währte immer,
Ließ deiner Schöpfung Glanz der Mensch bestehn,
Statt dir die holde Hoffnung abzumähn
Mit scharfer Kriegessichel – so dein Bette,
Dein süßes Tal zu schauen, hieße sehn
Ein Himmelreich auf Erden; ach! der Stätte
Gebricht nur eines jetzt: – daß Lethes Kraft sie hätte.

Von tausend Schlachten hallte dein Gestade,
Doch sie und halb ihr Ruhm sind hin zumal;
Mit Leichenhaufen deckte Mord die Pfade,
Ihr Grab zerfiel, wo sind die Helden all?
Das Blut von gestern wusch dein Wogenschwall,
Und fleckenlos ward alles; tanzend spielt
Auf klarem Strom der goldne Sonnenstrahl;
Nur der Erinnrung düstrer Traum erhielt
Trotz deinem Wasser sich, das alles fortgespült.

So denkend zog Harold des Wegs entlang,
Wiewohl auch ihn nicht unempfindlich ließ,
Was muntre Vögel trieb zu frühem Sang
In Tälern, die Verbannten selbst sind süß.
Ob rauhe Furchen seine Stirn auch wies
Und strengen Ernst, der still sich wußt zu fügen
Und heißeres Gefühl ihn fliehen ließ,
Doch fehlte Lust nicht gänzlich seinen Zügen;
Auch hier nicht, schnell nur sah man ihre Spur entfliegen.

Selbst Liebe wollt ihn noch nicht gänzlich fliehen,
Wenn auch die Glut in ihm sich längst verzehrt.
Kein Mensch wird kalten Blicks vorüberziehen,
Wo er geliebt sich weiß; der Liebe kehrt
Das Herz sich liebend zu, auch wenn's verstört
Schon längst die Weltlust floh. Er hat's empfunden;
Zarte Erinnrung, süßen Glauben nährt
An ihn ein Herz, dem inniglich verbunden
Auch sein Gemüt sich fühlt in sehnsuchtsvollern Stunden.

Er lernte lieben – (wie, kann ich nicht sagen,
Denn seltsam scheint's bei solcher Eigenheit)
Den hülflos bangen Blick, das erste Zagen
Erblühnder rosger Unschuld! Was so weit

Verwandeln konnte ihn, der spottbereit
Die Menschen mied, das sage, wer's erriete!
Doch war es so; und wenn sonst Einsamkeit
Nicht Nahrung gibt der jungen Neigung Blüte,
Sie glühte noch in ihm, als keine sonst mehr glühte.

Es gab ein zartes Herz, wie schon erzählt,
Das durch ein stärkres Band verknüpft ihm war,
Als es die Kirche schließt; ihm nicht vermählt,
Liebte doch rein ihn dieses Herz und wahr,
Trotz Haß und Feindschaft, die die Welt gebar.
Nicht trennte, fester einte nur die Bande,
Was Fraun zumeist sonst fürchten, die Gefahr;
Doch sie blieb fest, und von dem fremden Strande
Sein Herz wohl aus der Fern den Gruß an ihres sandte:

Der Drachenfels[1], gekrönt vom Schloß,
Starrt übern weitgewundnen Rhein,
Der stolz mit breitem Wasserschoß
Durch Rebenhügel bricht herein;
Und Höhn, all reich an Blütenbäumen,
Felder, verheißend Korn und Wein,
Und Städte, die sich rings umsäumen
Mit ihrer Mauern weißem Schein:
Welch Prachtbild! – doch genöss' ich hier
Doppelte Lust, wärst du bei mir!

Blauäugige Dirnen, jung und süß,
Mit Frühlingsblumen in der Hand,
Gehn lachend durch dies Paradies;
Und manchen Turm am Bergesrand
Sieht grau durch grünes Laub man schimmern,
Und manche schroffe Felsenwand,

1 Am Ufer des Rheins am 11. Mai 1816 geschrieben.

Schwibbögen, stolz in ihren Trümmern,
Schaun weit hinaus ins Rebenland.
Nur eins dem Strand des Rheins gebricht:
Dein liebes Händchen drück' ich nicht.

Geschenkte Lilien send ich dir;
Und ist auch, eh du sie wirst sehn,
Wohl längst verdorret ihre Zier,
Du wirst sie darum nicht verschmähn.
Ich hegte sie, sie sind mir wert:
Ich weiß, mich wird dein Geist umwehn,
Wenn sich dein Blick zu ihnen kehrt
Und du sie welkend siehst vergehn
Und weißt: sie sind vom Strand des Rheins,
Und mein Herz sandte sie an deins.

Und stolz erbraust der Strom und fließt,
Der Schmuck von diesem Zaubergrund;
In tausend Windungen erschließt
Er Reize ewig neu und bunt.
Die stolz'ste Brust wohl möcht allstund
Hier wohnen nur in stummer Feier;
Kein Raum im ganzen Erdenrund
Wär mir und der Natur so teuer.
Doch säh dein liebes Aug in meins,
Wär süßer noch der Strand des Rheins.

Auf schönem Hügelland in Koblenz' Nähe
Steht eine Pyramide schlicht und klein,
Sie krönt die Spitze dieser grünen Höhe:
Von einem Helden ruht hier das Gebein,
Von unserm Feind, – doch laßt gerecht uns sein
Und Marceau ehren! Manche Träne floß
Dem frühen Grab aus rauher Krieger Reihn,
Beweint und doch beneidet ward sein Los,
Weil er sein Blut im Kampf um Frankreichs Recht vergoß.

Drachenfels

Kurz, brav und ruhmvoll war des Jünglings Bahn,
Den Freund und Feind beklagt in beiden Heeren;
Der Fremde hält mit Recht hier betend an,
Mag Gott dem tapfern Geiste Ruh bescheren!
Er ward der Freiheit Kämpe, einer deren,
Wie's wen'ge gibt, die nicht mit frechem Sinn
Mißbrauchen die Gewalt, die zu gewähren
Sie ihren Streitern pflegt: – er schied dahin
Mit reiner Seele, drum beweinten Männer ihn.

Hier Ehrenbreitstein mit gesprengter Mauer,
Vom Minendampfe schwarz und die Gestalt
Noch zeigend, die's besaß, als Bombenschauer
Und Kugeln machtlos an ihm abgeprallt!
Die Burg des Siegs, von wo man ohne Halt
Die Feinde fliehen sah auf weiten Wegen!
Was Krieg nicht konnte, tat der Friede bald:
Er schloß Gewölbe auf dem Sommerregen,
Die jahrelang getrotzt des ehrnen Hagels Schlägen.

Leb wohl, du schöner Rhein! Wie lang entzückt
Möcht jeder Gast sich freun an deinen Gaben!
Vereinte Seelen wandeln hier beglückt,
Einsame Denker weißt du gleich zu laben!
Könnt Ruh der Selbstverdammung Geier haben,
Der rastlos frißt ins Herz, hier wär's fürwahr,
Wo die Natur nicht düster, doch erhaben,
Wild, doch nicht rauh, und lieblich immerdar,
Der reifen Erde ist, was milder Herbst dem Jahr.

Nochmals leb wohl, leb wohl! – Doch ist dies Wort
Umsonst bei einem Bild wie deines eben:
Im Geiste strahlen deine Farben fort;
Und wenn die Augen, nur mit Widerstreben,

Ehrenbreitstein

Von dir, o teurer Rhein, den Blick erheben,
Geschieht's, dir scheidend Preis und Dank zu sagen.
Manch mächtgern Platz mit stolzerm Schein mag's geben,
Doch keiner wird gleich fesselnd in sich tragen
Pracht, Schönheit, sanften Reiz, – den Ruhm aus alten Tagen.

Dies prunklos Große, diese Blütenpracht,
Zu Früchten reifend, weißer Städte Schein,
Den wogenden Strom, des tiefen Abgrunds Nacht,
Den dichten Wald, Burgtrümmer zwischendrein,
Und Felsen, die sich wild gleich Türmen reihn,
Nachäffend Menschenkunst, und bei dem allen
Gesichter, selber glücklich wie ihr Rhein,
Den, Glück und Segen spendend, man sieht wallen
Durchs reiche Hügelland, ob Throne rings auch fallen.

Ich weiß nicht, was soll es bedeuten,
Daß ich so traurig bin;
Ein Märchen aus alten Zeiten,
Das kommt mir nicht aus dem Sinn.

Die Luft ist kühl und es dunkelt,
Und ruhig fließt der Rhein;
Der Gipfel des Berges funkelt
Im Abendsonnenschein.

Die schönste Jungfrau sitzet
Dort oben wunderbar;
Ihr goldnes Geschmeide blitzet,
Sie kämmt ihr goldenes Haar.

Sie kämmt es mit goldenem Kamme
Und singt ein Lied dabei;
Das hat eine wundersame,
Gewaltige Melodei.

Den Schiffer im kleinen Schiffe
Ergreift es mit wildem Weh;
Er schaut nicht die Felsenriffe,
Er schaut nur hinauf in die Höh.

Ich glaube, die Wellen verschlingen
Am Ende Schiffer und Kahn;
Und das hat mit ihrem Singen
Die Lore-Ley getan.

HEINRICH HEINE: *aus* BUCH DER LIEDER

BETTINA VON ARNIM

AUS

Goethes Briefwechsel mit einem Kinde

An Goethe

Am 20. Mai

Schon acht Tage bin ich in der lieblichsten Gegend des Rheins, und konnte vor Faulheit, die mir die liebe Sonne einbrennt, keinen Augenblick finden, Deinem freundlichen Brief eine Antwort zu geben. – Wie läßt sich da auch schreiben! Die Allmacht Gottes schaut mir zu jedem Fenster herein und neigt sich anmutig vor meinem begeisterten Blick.

Dabei bin ich noch mit einem wunderbaren Hellsehen begabt, was mir die Gedanken einnimmt. Seh ich einen Wald, so wird mein Geist auch alle Hasen und Hirsche gewahr, die drin herumspringen; und hör ich die Nachtigall, so weiß ich gleich, was der kalte Mond an ihr verschuldet hat.

Gestern Abend ging ich noch spät an den Rhein; ich wagte mich auf einen schmalen Damm, der mitten in den Fluß führt, an dessen Spitze von Wellen umbrauste Felsenklippen hervorragen; ich erreichte mit einigen gewagten Sprüngen den allervordersten, der grade so viel Raum bietet, um trocknen Fußes drauf zu stehen. Die Nebel umtanzten mich; Heere von Raben flogen über mir, sie drehten sich im Kreis, als wollten sie sich aus der Luft herablassen; ich wehrte mich dagegen mit einem Tuch, das ich über meinen Kopf schwenkte, aber ich wagte nicht, über mich zu sehen, aus Furcht, ins Wasser zu fallen. Wie ich umkehren wollte, da war guter Rat teuer; ich konnte kaum begreifen, wie ich hingekommen war; es fuhr ein kleiner Seelenverkäufer vorüber, – dem winkte ich, mich mitzunehmen. Der Schiffer wollte zu der weißen Gestalt, die er trocknen Fußes mitten auf dem Flusse stehen sah, und die die Raben für ihre Beute erklärten, kein Zutrauen fassen; endlich lernte er begreifen, wie ich dahin gekommen war, und nahm mich an Bord seines Dreibords. Da lag ich auf schmalem Brett, Himmel und Sterne über mir; wir fuhren noch eine halbe Stunde abwärts, bis wo seine Netze am Ufer hingen; wir konnten von weitem sehen, wie die Leute bei hellem Feuer Teer kochten und ihr Fahrzeug anstrichen.

Wie leidenschaftslos wird man, wenn man so frei und einsam sich befindet wie ich im Kahn; wie ergießt sich Ruh durch alle Glieder, sie ertränkt einem mit sich selbsten, sie trägt die Seele so still und sanft wie der Rhein mein kleines Fahrzeug, unter dem man auch nicht eine Welle plätschern hörte. Da sehnte ich mich nicht wie sonst meine Gedanken vor Dir auszusprechen, daß sie gleich den Wellen an der Brandung anschlagen und belebter weiter strömen; ich seufzte nicht nach jenen Regungen im Innern, von denen ich wohl weiß, daß sie Geheimnisse wecken und dem glühenden Jugendgeist Werkstätte und Tempel öffnen. Mein Schiffer mit der roten Mütze, in Hemdärmeln, hatte sein Pfeifchen angezündt; ich sagte: »Herr Schiffskapitän, Ihr seht ja aus, als hätt die Sonne Euch zum Harnisch ausglühen wollen«; – »Ja«, sagte er, »jetzt sitz ich im Kühlen; aber ich fahre nun schon vier Jahre alle Reisende bei Bingen über den Rhein, und da ist keiner so weit hergekommen wie ich. Ich war in Indien; da sah ich ganz anders aus, da wuchsen mir die Haare so lang. – Und war in Spanien; da ist die Hitze nicht so bequem, ich hab Strapazen ausgestanden; da fielen mir die Haare aus, und ich kriegte einen schwarzen Krauskopf. – Und hier am Rhein wird's wieder anders: da wird mein Kopf gar weiß; in der Fremde hatt ich Not und Arbeit, wie es ein Mensch kaum erträgt; und wenn ich Zeit hatte, konnte ich vierundzwanzig

Stunden hintereinander schlafen, – da mocht es regnen und blitzen unter freiem Himmel. Hier schlaf ich nachts keine Stunde; wer's einmal geschmeckt hat auf offner See, dem kann's nicht gefallen, hier alle Polen und rothaarigen Holländer über die Gosse zu fahren, – und sollt ich den ganzen Rhein hinunterschwimmen auf meinen dünnen Rippen, so muß ich fort aus einem Ort, wo's nichts zu lachen gibt und nichts zu seufzen.« – »Ei, wo möchtet Ihr denn hin?« – »Da, wo ich am meisten ausgestanden habe, das war in Spanien; – da möcht ich wieder sein, und wenn's noch einmal so hart herging!« – »Was hat Euch denn da so glücklich gemacht?« – Er lachte und schwieg, – wir landeten; ich bestellte ihn zu mir, daß er sich ein Trinkgeld bei mir hole, weil ich nichts bei mir hatte; er wollte aber nichts nehmen. Im Nachhausegehen überlegte ich, wie mein Glück ganz von Dir ausgeht; wenn Du nicht wärst im langweiligen Deutschland, so möcht ich wahrhaftig auch auf meinen dünnen Rippen den unendlichen Rhein hinabschwimmen. Unsere Großmutter hat uns oft so erhabene Dinge gesagt von Deutschlands großen Geistern, aber Du warst nicht dabei, sonst hätt ich mich vor Dir gehütet, und Du wärst meiner Begeisterung verlustig gewesen. Im Einschlafen fühlte ich mich noch immer gewiegt in süßer, gedankloser Zerstreuung, und es war mir, als hab ich Dir große Dinge mitzuteilen, von denen ich glaubte, ich dürfe nur wollen, so werde sie der Mund meiner Gedanken aussprechen; jetzt aber, nach ausgeschlafnem Traumleben, weiß ich nichts, als mich Deinem Andenken, Deiner freundlichen Neigung aufs innigste anzuschmiegen; denn wärst Du mir nicht, ich weiß nicht, was ich dann wär; aber gewiß: unstät und unruhig würde ich suchen, was ich jetzt nicht mehr suche. [...]

Dein Kind

Goethe an B.

Am 7. Juni

Nur wenig Augenblicke vor meiner Abreise nach Karlsbad kommt Dein lieber Brief aus dem Rheingau; auf jeder Seite so viel Herrliches und Wichtiges leuchtet mir entgegen, daß ich im voraus Beschlag lege auf jede prophetische Eingebung Deiner Liebe; Deine Briefe wandern mit mir, die ich wie eine buntgewirkte Schnur auftrößle, um den schönen Reichtum, den sie enthalten, zu ordnen. Fahre fort, mit diesem lieblichen Irrlichtertanz mein beschauliches Leben zu ergötzen und beziehende Abenteuer zu lenken; – es ist mir alles aus eigner Jugenderinnerung bekannt wie die heimatliche Ferne, deren man sich deutlich bewußt fühlt, ob man sie schon lange verlassen hat. Forsche doch nach dem Lebenslauf Deines hartgebrannten Schiffers, wenn Du ihm wieder begegnest; es wäre doch wohl interessant zu erfahren, wie der indische Seefahrer endlich auf den Rhein kömmt, um zur gefährdeten Stunde den bösen Raubvögeln mein liebes Kind abzujagen. Adieu! Der Eichwald und die kühlen Bergschluchten, die meiner harren, sind der Stimmung nicht ungünstig, die Du so unwiderstehlich herauszulocken verstehst; auch predige Deine Naturevangelien nur immer in der schönen Zuversicht, daß Du einen frommen Gläubigen an mir hast.

Die gute Mutter hat mir sehr bedauerlich geschrieben, daß sie diesen Sommer Dich entbehren soll; Deine reiche Liebe wird auch dahin versorgend wirken, und Du wirst einen in dem andern nicht vergessen.

Möchtest Du doch auch gelegentlich meinen Dank, meine Verehrung unserm vortrefflichen Fürsten Primas ausdrükken, daß er meinen Sohn so über alle Erwartung geehrt und der braven Großmutter ein so einziges Fest gegeben. Ich sollte wohl selbst dafür danken, aber ich bin überzeugt, Du wirst das, was ich zu sagen habe, viel artiger und anmutiger, wenn auch nicht herzlicher vortragen.

Deine Briefe werden mir in Karlsbad bei den drei Mohren der willkommenste Besuch sein, von denen ich mir das beste Heil verspreche. Erzähle mir ja recht viel von Deinen Reisen, Landpartien, alten und neuen Besitzungen, und erhalte Dich mir in fortdauerndem lebendigen Andenken.

G.

An Goethe

Am 16. Juni

Hier sind noch tausend herrliche Wege, die alle nach berühmten Gegenden des Rheins führen; jenseits liegt der Johannisberg, auf dessen steilen Rücken wir täglich Prozessionen hinaufklettern sehen, die den Weinbergen Segen erflehen, dort überströmt die scheidende Sonne das reiche Land mit ihrem Purpur, und der Abendwind trägt feierlich die Fahnen der Schutzheiligen in den Lüften und bläht die weitfaltigen weißen Chorhemden der Geistlichkeit auf, die sich in der Dämmerung wie ein rätselhaftes Wolkengebilde den Berg hinabschlängeln. Im Näherrücken entwickelt sich der Gesang; die Kinderstimmen klingen am vernehmlichsten; der Baß stößt nur ruckweise die Melodien in die rechten Fugen, damit sie das kleine Schulgewimmel nicht allzuhoch treibe, und dann pausiert er am Fuß des Berges, wo die Weinlagen aufhören. Nachdem der Herr Kaplan den letzten Rebstock mit dem Wadel aus dem Weihwasserkessel bespritzt hat, fliegt die ganze Prozession wie Spreu auseinander, der Küster nimmt Fahne, Weihkessel und Wadel, Stola und Chorhemd, alles unter den Arm, und trägt's eilends davon, als ob die Grenze der Weinberge auch die Grenze der Audienz Gottes wär, so fällt das weltliche Leben ein, Schelmenliedchen bemächtigen sich der Kehlen, und ein heiteres Allegro der Ausgelassenheit verdrängt den Bußgesang, alle Unarten gehen los, die Knaben balgen sich und lassen ihre Drachen am Ufer im Mondschein fliegen, die Mädchen spannen ihre

Johannisberg

Leinwand aus, die auf der Bleiche liegt, und die Bursche bombardieren sie mit wilden Kastanien; da jagt der Stadthirt die Kuhherde durchs Getümmel, den Ochs voran, damit er sich Platz mache; die hübschen Wirtstöchter stehen unter den Weinlauben vor der Tür und klappen mit dem Deckel der Weinkanne, da sprechen die Chorherren ein, und halten Gericht über Jahrgänge und Weinlagen, der Herr Frühmeßner sagt nach gehaltener Prozession zum Herrn Kaplan: »Nun haben wir's unserm Herrgott vorgetragen, was unserm Wein nottut: noch acht Tage trocken Wetter, dann morgens früh Regen und mittags tüchtigen Sonnenschein, und das so fort Juli und August! Wenn's dann kein gutes Weinjahr gibt, so ist's nicht unsre Schuld.«

Gestern wanderte ich der Prozession vorüber, hinauf nach dem Kloster, wo sie herkam. Oft hatte ich im Aufsteigen Halt gemacht, um den verhallenden Gesang noch zu hören. Da oben auf der Höhe war große Einsamkeit; nachdem auch das Geheul der Hunde, die das Psalmieren obligat begleitet hatten, verklungen war, spürte ich in die Ferne; da hörte ich dumpf das sinkende Treiben des scheidenden Tags; ich blieb in Gedanken sitzen, – da kam aus dem fernen Waldgeheg von Vollratz her etwas Weißes, es war ein Reiter auf einem Schimmel; das Tier leuchtete wie ein Geist, sein weicher Galopp tönte mir weissagend, die schlanke Figur des Reiters schmiegte sich so nachgebend den Bewegungen des Pferdes, das den Hals sanft und gelenk bog; bald in lässigem Schritt kam er heran, ich hatte mich an den Weg gestellt, er mochte mich im Dunkel für einen Knaben halten, im braunen Tuchmantel und schwarzer Mütze sah ich nicht grade einem Mädchen ähnlich. Er fragte, ob der Weg hier nicht zu steil sei zum Hinabreiten, und ob es noch weit sei bis Rüdesheim. Ich leitete ihn den Berg herab, der Schimmel hauchte mich an, ich klatschte seinen sanften Hals. Des Reiters schwarzes Haar, seine erhabene Stirn und Nase waren bei dem hellen Nachthimmel deutlich zu erkennen. Der Feldwächter ging vorüber und grüßte, ich zog die Mütze ab, mir klopfte das Herz neben meinem zweifelhaften Begleiter, wir gaben einander wechselweise Raum, uns näher zu betrachten; was er von mir zu denken beliebte, schien keinen großen Eindruck auf ihn zu machen, ich aber entdeckte in seinen Zügen, seiner Kleidung und Bewegungen *eine* reizende Eigenheit nach der andern. Nachlässig, bewußtlos, naturlaunig saß er auf seinem Schimmel, der das Regiment mit ihm teilte. – Dorthin flog er im Nebel schwimmend, der ihn nur allzubald mir verbarg; ich aber blieb bei den letzten Reben, wo heute die Prozession in ausgelaßnem Übermut auseinandersprengte, allein zurück: ich fühlte mich sehr gedemütigt, ich ahnete nicht nur, ich war überzeugt, dies rasche Leben, das eben gleichgültig an mir vorübergestreift war, begehre mit allen fünf Sinnen des Köstlichsten und Erhabensten im Dasein sich zu bemächtigen.

Die Einsamkeit gibt dem Geist Selbstgefühl; die duftenden Weinberge schmeichelten mich wieder zufrieden.

Und nun vertraue ich Dir schmucklos meinen Reiter, meine gekränkte Eitelkeit, meine Sehnsucht nach dem lebendigen Geheimnis in der Menschenbrust. Soll ich in Dir lebendig werden, genießen, atmen und ruhen, alles im Gefühl des Gedeihens, so muß ich, Deiner höheren Natur unbeschadet, alles bekennen dürfen was mir fehlt, was ich erlebe und ahne; nimm mich auf, weise mich zurecht und gönne mir die heimliche Lust des tiefsten Einverständnisses.

Die Seele ist zum Gottesdienst geboren, daß ein Geist in dem andern entbrenne, sich in ihm fühle und verstehen lerne, das ist mir Gottesdienst – je inniger: je reiner und lebendiger.

Wo ich mich hinlagere am grünenden Boden, von Sonne und Mond beschienen, da bist Du meine Heiligung.

Bettine

Am 25. Juni

Du wirst doch auch einmal den Rhein wieder besuchen, den Garten Deines Vaterlands, der dem Ausgewanderten die Heimat ersetzt, wo die Natur so freundlich groß sich zeigt; – wie hat sie mit sympathischem Geist die mächtigen Ruinen aufs neue belebt, wie steigt sie auf und ab an den düstern Mauern und begleitet die verödeten Räume mit schmeichelnder Begrasung und erzieht die wilden Rosen auf den alten Warten und die Vogelkirsche, die aus verwitterter Mauerluke herablacht! Ja, komm und durchwandre den mächtigen Bergwald vom Tempel herab zum Felsennest, das über dem schäumenden Bingerloch herabsieht, die Zinnen mit jungen Eichen gekrönt; wo die schlanken Dreiborde wie schlaue Eidechsen durch die reißende Flut am Mäuseturm vorbeischießen. Da stehst Du und siehst, wie der helle Himmel über grünenden Rebhügeln aus dem Wasserspiegel herauflacht, und Dich selbst auf Deinem kecken eigensinnigen basaltnen Ehrenfels inmitten abgemalt, in ernste, schaurig umfassende Felshöhen und hartnäckige Vorsprünge eingerahmt; da betrachte Dir die Mündungen der Tale, die mit ihren friedlichen Klöstern zwischen wallenden Saaten aus blauer Ferne hervorgrünen, und die Jagdreviere und hängenden Gärten, die von einer Burg zur andern sich schwingen, und das Geschmeide der Städte und Dörfer, das die Ufer schmückt.

O Weimar, o Karlsbad, entlaßt mir den Freund! Schließ Dein Schreibpult zu und komm hier her, lieber als nach Karlsbad; das ist ja ein Kleines, Daß Du dem Postillon sagst: links statt rechts; ich weiß, was Du bedarfst, ich mache Dir Dein Zimmer zurecht neben meinem, das Eckzimmer, mit dem einen Fenster den Rhein hinunter und dem andern hinüber; ein Tisch, ein Sessel, ein Bett und ein dunkler Vorhang, daß die Sonne Dir nicht zu früh hereinscheint. Muß es denn immer auf dem Weg zum Tempel des Ruhms fortgeleiert sein, wo man so oft marode wird? [...] *Bettine*

Am 5. Juli

Wenn ich Dir alle Ausflüge beschreiben sollte, liebster Herr, die wir von unserm Rheinaufenthalt aus machen, so blieb mir keine Minute übrig zum Schmachten und Seufzen. Das wär mir sehr lieb, denn wenn mein Herz voll ist, so möcht ich's gerne vor Dir überströmen lassen; aber so geht's nicht: hat man den ganzen Tag im heißen Sonnenbrand einen Berg um den andern erstiegen, alle Herrlichkeiten der Natur mit Hast in sich getrunken wie den kühlen Wein in der Hitze, so möchte man am Abend den Freund lieber ans Herz drücken und ihm sagen, wie lieb man ihn hat, als noch viele Beschreibung von Weg und Steg machen. Was vermag ich auch vor Dir, als nur Dich innigst anzusehen! Was soll ich Dir vorplaudern? – Was können Dir meine einfältigen Reden sein?

Wer sich nach der schönen Natur *sehnt*, der wird sie am besten beschreiben, der wird nichts vergessen, keinen Sonnenstrahl, der sich durch die Felsritze stiehlt, keinen Windvogel, der die Wellen streift, kein Kraut, kein Mückchen, keine Blume am einsamen Ort. Wer aber mitten drinnen ist und mit glühendem Gesicht oben ankommt, der schläft, wie ich, gern auf dem grünen Rasen ein und denkt weiter nicht viel, manchmal gibt's einen Stoß ans Herz, da seh ich mich um und suche, wem ich's vertrauen soll.

Was sollen mir all die Berge bis zur blauen Ferne, die blähenden Segel auf dem Rhein, die brausenden Wasserstrudel! – Es drückt einem doch nur, und – keine Antwort, niemals, wenn man auch noch so begehrend fragt. –

Am 7. Juli

So lauten die Stoßseufzer am Abend, am Morgen klingt's anders, da regt sich's schon vor Sonnenaufgang und treibt mich hinaus, wie einer längst ersehnten Botschaft entgegen.

Den Nachen kann ich schon allein regieren, es ist mein liebstes Morgengebet, ihn listig und verstohlen von der Kette zu lösen und mich hinüber ans Ufer zu studieren. Allemal muß ich's wieder von neuem lernen, es ist ein Wagstück, mit Mutwill begonnen, aber sehr andächtig beschlossen; denn ich danke Gott, wenn ich glücklich gelandet bin. Ohne Wahl belaufe ich dann einen der vielen Strahlenwege, die sich hier nach allen Seiten auftun. Jedesmal lauscht die Erwartung im Herzen, jedesmal wird sie gelöst, bald durch die allumfassende Weite auf der Höh, durch die Sonne, die so plötzlich alles aus dem Schlaf weckt; ich klimme herab an Felswänden, reinliches Moos, zierliches Flechtwerk bekleiden den Stein, kleine Höhlen zum Lager wie gegossen, in denen verschnauf ich, dort zwischen dunklen Felsen leuchtet ein helleres Grün: kräftig blühend, untadelig, mitten in der Wüste find ich die Blume auf reinlichem Herd, einfache Haushaltung Gottes; inmitten von Blütenwänden die Opferstätte feierlich umstellt von schwanken priesterlichen Nymphen, die Libationen aus ihren Kelchkrüglein ergießen und Weihrauch streuen und wie die indischen Mädchen goldnen Staub in die Lüfte werfen. – Dann seh ich's blitzen im Sand; ich muß hinab und wieder hinauf, ob's vielleicht ein Diamant ist, den der Zufall ans Licht gebracht hat. Wenn's einer wär, ich schenkte ihn Dir, und denk mir Deine Verwunderung über das Kleinod unserer rheinischen Felsen. Da lieg ich am unbeschatteten Ort mit brennenden Wangen und sammle Mut, wieder hinüberzuklettern zur duftenden Linde, Am Kreuzweg, beim Opferstock des heiligen Petrus, der mit großem Himmelsschlüssel ins vergitterte Kapellchen eingesperrt ist, ruh ich aus auf weichem Gras und such vergebens, o Himmel! an deinem gewölbten Blau das Loch, in das der Schlüssel passen könnte, da ich heraus möchte aus dem Gefängnis der Unwissenheit und Unbewußtheit; wo ist die Tür, die dem Licht und der Freiheit sich öffnet? – Da ruschelt's, da zwitschert's im Laub, dicht neben mir unter niederem Ast sitzt das Finkenweibchen im Nest und sieht mich kläglich an.

Das sind die kleinen allerliebsten Abenteuer und Mühseligkeiten des heutigen Tags. Heimwärts machte ich die Bekanntschaft der kleinen Gänsehirtin, sie strahlte mich von weitem an mit ihren zollangen schwarzen Augenwimpern, die andern Kinder lachten es aus und sagten, alle Menschen hielten sich drüber auf, daß es so lange Wimpern habe. Es stand beschämt da und fing endlich an zu weinen. Ich tröstete es und sagte: »Weil dich Gott zur Hüterin über die schönen weißen Gänse bestellt hat und du immer auf freier Wiese gehest, wo die Sonne so sehr blendet, so hat er dir diese langen Augenschatten wachsen lassen.« Die Gänse drängten sich an ihre weinende Hüterin und zischten mich und die lachenden Kinder an, könnt ich malen, – das gäb ein Bild!

Gut ist's, daß ich nicht viel von dem weiß, was in der Welt vorgeht, von Künsten und Wissenschaften nichts versteh, ich könnte leicht in Versuchung geraten, Dir darüber zu sprechen, und meine Phantasie würde alles besser wissen wollen, jetzt nährt sich mein Geist von Inspirationen. – Manches hör ich nennen, anwenden, vergleichen, was ich nicht begreife, was hindert mich, danach zu fragen? – Was macht mich so gleichgültig dagegen? Oder warum weiche ich wohl gar aus, etwas Neues zu erfahren? –

Am frühen Morgen

Ein Heer von Wolken macht mir heute meine frühe Wanderung zu Wasser, dort drüben die Ufer sind heute wie Schatten der Unterwelt schwankend und schwindend; die Turmspitzen der nebelbegrabenen Städte und Ortschaften dringen kaum durch, die schöne grüne Au ist verschwunden. – Es ist noch ganz früh – ich merk's! Kaum kann es vier Uhr sein, da schlagen die Hähne an, von Ort zu Ort in die Runde bis Mittelheim, von Nachbar zu Nachbar; keiner verkümmert dem andern die Ehre des langen Nachhalls, und so geht's in die Ferne wie weit! Die Morgenstille dazwischen wie die Wächter der Moscheen, die das Morgengebet ausrufen. Morgenstund hat Gold im Mund, schon seh ich's glänzen und flimmern auf dem Wasser, die Strahlen brechen durch und säen Sterne in den eilenden Strom, der seit zwei Tagen, wo es unaufhörlich gießt, angeschwollen ist.

Da hat der Himmel seine Schleier zerrissen! – Nun ist's gewiß, daß wir heute schön Wetter haben, ich bleibe zu Hause und will alle Segel zählen, die vorüberziehen, und allen Betrachtungen Raum geben, die mir die ferne, allmählich erhellende Aussicht zuführt. Du kennst den Fluß des Lebens wohl genau und weißt, wo die Sandbänke und Klippen sind, und die Strudel, die uns in die Tiefe ziehen, und wie weit der jauchzende Schiffer mit gespanntem Segel, mit frischem Wind wohl kommen wird, und was ihn am Ufer erwartet.

Wenn Dir's gefällt, einen Augenblick nachzudenken über den Eigensinn meiner Neigung und über die Erregbarkeit meines Geistes, so mag Dir's wohl anschaulich sein, was mir unmündig Schiffenden noch begegnen wird. O sag mir's, daß ich nichts erwarten soll von jenen Luftschlössern, die die Wolken eben im Saffran- und Purpurfeld der aufgehenden Sonne auftürmen, sag mir: dies Lieben und Aufflammen, und dies trotzige Schweigen zwischen mir und der Welt sei nichtig und nichts!

Ach der Regenbogen, der eben auf der Ingelheimer Au seinen diamantnen Fuß aufsetzt und sich übers Haus hinüberschwingt auf den Johannisberg, der ist wohl grad wie der selige Wahn, den ich habe von Dir und mir. Der Rhein, der sein Netz ausspannt, um das Bild seiner paradiesischen Ufer darin aufzufangen, der ist wie diese Lebensflamme, die von Spiegelungen des Unerreichbaren sich nährt. Mag sie denn der Wirklichkeit auch nicht mehr abgewinnen als den Wahn; – es wird mir eben auch den eigentümlichen Geist geben und den Charakter, der mein Selbst ausspricht wie dem Fluß das Bild, das sich in ihm spiegelt.

Am Abend

Heute morgen schiffte ich noch mit dem launigen Rheinbegeisterten *Niklas Vogt* nach der Ingelheimer Au, seine enthusiastischen Erzählungen waren ganz von dem O und Ach vergangner schöner Zeiten durchwebt. Er holte weit aus und fing von da an, ob Adam hier nicht im Paradiese gelebt habe, und dann erzählte er vom Ursprung des Rheins und seinen Windungen durch wilde Schluchten und einengende Felstale, und wie er da nach Norden sich wende und wieder zurückgewiesen werde, links nach Westen, wo er den Bodensee bilde und dann so kräftig sich über die entgegenstellenden Felsen stürze; ja, sagte der gute *Vogt* ganz listig und lustig, man kann den Fluß ganz und gar mit *Goethe* vergleichen. Jetzt geben Sie acht: die drei Bächlein, die von der Höhe des ungeheuren Urfelsen, der so mannigfaltige abwechselnde Bestandteile hat, niederfließen und den Rhein bilden, der als Jünglingskind erst sprudelt, das sind seine Musen, nämlich Wissenschaft, Kunst und Poesie, und wie da noch mehr herrliche Flüsse sind: der Tessin, der Adda und Inn, worunter der Rhein der schönste und berühmteste, so ist *Goethe* auch der berühmteste und schönste vor *Herder*, *Schiller* und *Wieland;* und da, wo der Rhein den Bodensee bildet, das ist die liebenswürdige Allgemeinheit *Goethes*, wo sein Geist von den drei Quellen noch gleichmäßig durchdrungen ist, da, wo er sich über die entgegenstauenden Felsen stürzt: das ist sein trotzig Überwinden der Vorurteile, sein heidnisch Wesen, das braust tüchtig auf und ist tumultarisch begeistert; da kommen seine Xenien und Epigramme, seine Naturansichten, die den alten Philistern ins Gesicht schlagen, und seine philosophischen und religiösen Richtungen, die sprudeln und toben zwischen dem engen Felsverhack des Widerspruchs und der Vorurteile so fort, und mildern sich dann allmählich; nun aber kommt noch der beste Vergleich: die Flüsse, die er aufnimmt: die Limmat, die Thur, die Reuß, die Ill, die Lauter, die Queich, lauter weibliche Flüsse, das sind die Liebschaften, so geht's immer fort bis zur letzten Station. Die Selz, die Nah, die Saar, die Mosel, die Nette, die Ahr; – nun kommen sie ihm vom Schwarzwald zugelaufen und von der rauhen Alp, – lauter Flußjungfern: die Elz, die Treisam, die Kinzig, die Murg, die Kraich, dann die Reus, die Jaxt; aus dem Odenwald und Melibokus herab haben sich ein paar allerliebste Flüßchen auf die Beine gemacht: die Wesnitz und die Schwarzbach; die sind so eilig: was giltst du, was hast du? – Dann führt ihm der Main ganz verschwiegen die Nid und die Krüftel zu; das verdaut er alles ganz ruhig und bleibt doch immer er selber; und so macht's unser großer deutscher Dichter auch, wie unser großer deutscher Fluß; wo er geht und steht, wo er gewesen ist und wo er hinkommt, da ist immer was Liebes, was den Strom seiner Begeistrung anschwellt.

Ich war überrascht von der großen Gesellschaft; Vogt meinte, das wären noch lange nicht alle; der Vergleiche waren noch kein Ende: Geschichte und Fabel, Feuer und Wasser, was über und unter der Erde gedeiht, wußte er passend anzuwenden; ein Rhinozerosgerippe und versteinerte Palmen, die man am Rhein gefunden, nahm er als Deine interessantesten Studien bezeichnend. So belehrte er mich und prophezeite, daß Du auch bis ans Ende, wie der Rhein, aushalten werdest, und nachdem Du wie er, alle gesättigt und genossen, sanft und gemachsam dem Meer der Ewigkeit zuwallen werdest; er schrieb mir das Verzeichnis aller Flüsse auf und verglich mich mit der Nidda; ach wie leid tut mir's, daß nach dieser noch die Lahn, die Sayn, die Sieg, die Roer, die Lippe und die Ruhr kommen sollen!

Adieu! Ich nenne diesen Brief die Epistel der Spaziergänge; wenn sie Dir nicht gefallen, so denk, daß die Nidda keine

Goldkörner in ihrem Bett führt wie der Rhein, nur ein bißchen Quecksilber.

Sei mir gegrüßt bei den drei Mohren.

Bettine

An Bettine

Am 15. Juli

Zwei Briefe von Dir, liebe Bettine, so reich an Erlebtem, sind mir kurz nacheinander zugekommen; der erste, indem ich im Begriff war, das Freie zu suchen. Wir nahmen ihn mit und bemächtigten uns seines Inhalts auf einem wohlgeeigneten bequemen Ruhepunkt, wo Natur und Stimmung, im Einklang mit Deinen sinnig heiteren Erzählungen und Bemerkungen, einen höchst erfreulichen Eindruck nicht verfehlten, der sich fortan durch den gordischen Knoten signalisieren soll. Mögen die Götter diesen magischen Verschlingungen geneigt sein und kein tückischer Dämon daran zerren! An mir soll's nicht fehlen, Deine Schutz- und Trutzgerechtsame zu bewahren gegen Nymphen und Waldteufel.

Deine Beschreibung der Rheinprozession und der flüchtigen Reitergestalt haben mir viel Vergnügen gemacht, sie bezeichnen wie Du empfindest und empfunden sein willst; lasse Dir dergleichen Visionen nicht entgehen und versäume ja nicht, solche vorüberstreifende Aufregungen bei den drei Haaren zu erfassen, dann bleibt es in Deiner Gewalt, das Verschwundene in idealischer Form wieder herbeizuzaubern. Auch für Deine Naturbegeisterungen, in die Du mein Bild so anmutig verstrickst, sei Dir Dank, solchen allerliebsten Schmeicheleien ist nicht zu wehren.

Heute morgen ist denn abermals Deine zweite Epistel zu mir gelangt, die mir das schöne Wetter ersetzte. Ich habe sie mit Muße durchlesen und dabei den Zug der Wolken studiert. Ich bekenne Dir gern, daß mir Deine reichen Blätter die größte Freude machen; Deinen launigen Freund, der mir schon rühmlichst bekannt ist, grüße in meinem Namen und danke ihm für den großmütigen Vergleich; obschon ich hierdurch mit ausgezeichneten Prärogativen belehnt bin, so werd ich diese doch nicht zum Nachteil Deiner guten Gesinnung mißbrauchen; liebe mich so fort, ich will gern die Lahn und die Sayn ihrer Wege schicken.

Der Mutter schreibe, und lasse Dir von ihr schreiben; liebet Euch untereinander, man gewinnt gar viel, wenn man sich durch Liebe einer des andern bemächtigt; und wenn Du wieder schreibst, so könntest Du mir nebenher einen Gefallen tun, wenn Du mir immer am Schluß ein offnes, unverhohlnes Bekenntnis des Datums machen möchtest; außer manchen Vorteilen, die sich erst durch die Zeit bewähren, ist es auch noch besonders erfreulich, gleich zu wissen, in wie kurzer Zeit dies alles von Herzen zu Herzen gelangt. Das Gefühl der Frische hat eine wohltuende, raumverkürzende Wirkung, von welcher wir beide ja auch Vorteil ziehen können.

G.

An Goethe

Am 18. Juli

Warst Du schon auf dem Rochusberg? – Er hat in der Ferne was sehr Anlockendes, wie soll ich es Dir beschreiben? – So, als wenn man ihn gern befühlen, streicheln möchte, so glatt und samtartig. Wenn die Kapelle auf der Höhe von der Abendsonne beleuchtet ist und man sieht in die reichen grünen, runden Täler, die sich wieder so fest aneinander schließen, so scheint er sehnsüchtig an das Ufer des Rheins gelagert mit seinem sanften Anschmiegen an die Gegend und mit den geglätteten Furchen die ganze Natur zur Lust erwekken zu wollen. Er ist mir der liebste Platz im Rheingau; er liegt eine Stunde von unserer Wohnung; ich habe ihn schon morgens und abends, im Nebel, Regen und Sonnenschein besucht. Die Kapelle ist erst seit ein paar Jahren zerstört, das halbe Dach ist herunter, nur die Rippen eines Schiffgewölbes stehen noch, in welches Weihen ein großes Nest gebaut haben, die mit ihren Jungen ewig aus und ein fliegen, ein wildes Geschrei halten, das sehr an die Wassergegend gemahnt. – Der Hauptaltar steht noch zur Hälfte, auf demselben ein hohes Kreuz, an welches unten der heruntergestürzte Christusleib festgebunden ist. Ich kletterte an dem Altar hinauf; um den Trümmern noch eine letzte Ehre anzutun, wollte ich einen großen Blumenstrauß, den ich unterwegs gesammelt hatte, zwischen eine Spalte des Kopfes stecken; zu meinem größten Schrecken fiel mir der Kopf vor die Füße, die Weihen und Spatzen und alles was da genistet hatte, flog durch das Gepolter auf, und die stille Einsamkeit des Orts war Minuten lang gestört. Durch die Öffnungen der Türen schauen die entferntesten Gebirge: auf der einen Seite der Altkönig, auf der andern der ganze Hunsrück bis Kreuznach, vom Donnersberg begrenzt; rückwärts kannst Du so viel Land übersehen als Du Lust hast. Wie ein breites Feiergewand zieht es der Rhein schleppend hinter sich her, den Du vor der Kapelle mit allen grünen Inseln wie mit Smaragden geschmückt liegen siehst; der Rüdesheimer Berg, der Scharlach- und Johannisberg, und wie all das edle Gefels heißt, wo der beste Wein wächst, liegen von verschiedenen Seiten und fangen die heißen Sonnenstrahlen wie blitzende Juwelen auf; man kann da alle Wirkung der Natur in die Kraft des Weines deutlich erkennen, wie sich die Nebel zu Ballen wälzen und sich an den Bergwänden herabsenken, wie das Erdreich sie gierig schluckt, und wie die heißen Winde drüber herstreifen. Es ist nichts schöner, als wenn das Abendrot über einen solchen benebelten Weinberg fällt; da ist's, als ob der Herr selbst die alte Schöpfung wieder angefrischt habe, ja als ob der Weinberg vom eignen Geist benebelt sei. – Und wenn dann endlich die helle Nacht heraufsteigt und allem Ruh gibt, – und mir auch, die vorher wohl die Arme ausstreckte und nichts erreichen konnte; die an Dich gedacht hat; – Deinen Namen wohl hundertmal auf den Lippen hatte, ohne ihn auszusprechen – müßten nicht Schmerzen in mir erregt werden, wenn ich es einmal wagte ? – Und keine Antwort? Alles still? – Ja Natur! wer so innig mit ihr vertraut wär, daß er an ihrer Seligkeit genug hätte! – Aber ich nicht! – Lieber, lieber Freund, erlaub's doch, daß ich Dir jetzt beide Hände küsse; zieh sie nicht zurück, wie Du sonst getan hast.

Wo war ich heut nacht? – Wenn sie's wüßten, daß ich die ganze Nacht nicht zu Hause geschlafen habe und doch so sanft geruht habe! – Dir will ich's sagen; Du bist weit entfernt, wenn Du auch schmälst, – bis hierher verhallt der Donner Deiner Worte.

Gestern abend ging ich noch allein auf den Rochusberg und schrieb Dir bis hierher, dann träumte ich ein wenig und wie ich mich wieder besann und glaubte, die Sonne wolle untergehen, da war's der aufgehende Mond; ich war überrascht, ich hätte mich gefürchtet, – die Sterne litten's nicht; diese Hunderttausende und ich beisammen in dieser Nacht! – Ja, wer bin ich, daß ich mich fürchten sollte, zähl ich denn mit? – Hinunter traute ich mich nicht, ich hätte keinen Nachen gefunden zum Überfahren; die Nacht ist auch gar nicht lang jetzt, da legt ich mich auf die andere Seite und sagte den Sternen gute Nacht; bald war ich eingeschlafen, – dann und wann weckten mich irrende Lüftchen, dann dacht ich an Dich; so oft ich erwachte, rief ich Dich zu mir, ich sagte immer im Herzen: *Goethe* sei bei mir, damit ich mich nicht fürchte; dann träumte ich, daß ich längs den schilfigen Ufern des Rheins schiffe, und da, wo es am tiefsten war, zwischen schwarzen Felsspalten, da entfiel mir Dein Ring; ich sah ihn sinken, tiefer und tiefer, bis auf den Grund! Ich wollte nach Hilfe rufen, – da erwachte ich im Morgenrot, neubeglückt, daß der Ring noch am Finger war. Ach Prophet! – deute mir diesen Traum; komm dem Schicksal zuvor, laß unserer Liebe nicht zu nahe geschehen, nach dieser schönen Nacht, wo ich zwischen Furcht und Freude im Rat der Sterne Deiner Zukunft gedachte. Ich hatte schon längst Sehnsucht nach diesem süßen Abenteuer; nun hat es mich so leise beschlichen, und alles steht noch auf dem alten Fleck. Keiner weiß, wo ich war, und wenn sie's auch wüßten, – könnten sie ahnen, warum? – Dort kamst Du her, durch den flüsternden Wald, von milder Dämmerung umflossen, und wie Du ganz nahe warst, das konnten die müden Sinne nicht ertragen, der Thymian duftete so stark; – da schlief ich ein, – es war so schön, alles Blüte und Wohlgeruch. Und das weite grenzenlose Heer der Sterne, und das flatternde Mondsilber, das von Ferne zu Ferne auf dem Fluß tanzte, die ungeheure Stille der Natur, in der man alles hört, was sich regt; ach, hier fühle ich meine Seele eingepflanzt in diese Nachtschauer; hier keimen zukünftige Gedanken; diese kalten Tauperlen, die Gras und Kräuter beschweren, von denen wächst der Geist; er eilt, er will *Dir* blühen, *Goethe;* er will seine bunten Farben vor Dir ausbreiten; Liebe zu Dir ist es, daß ich denken will, daß ich ringe nach noch Unausgesprochenem. Du siehst mich an im Geist, und Dein Blick zieht Gedanken aus mir; da muß ich oft sagen, was ich nicht verstehe, was ich nur sehe.

Der Geist hat auch Sinne; so wie wir manches nur hören, oder nur sehen, oder nur fühlen: so gibt's Gedanken, die der Geist auch nur mit einem dieser Sinne wahrnimmt; oft seh ich nur, was ich denke, oft fühle ich's; und wenn ich's höre, da erschüttert mich's. Ich weiß nicht, wie ich zu diesen Erfahrungen komme, die sich nicht aus eigner Überlegung erzeugen; – ich sehe mich um nach dem Herrn dieser Stimme; – und dann meine ich, daß sich alles aus dem Feuer der Liebe erzeuge. Es ist Wärme im Geist, wir fühlen es; die Wangen glühen vom Denken, und Frostschauer überlaufen uns, die die Begeistrung zu neuer Glut anfachen. Ja, lieber Freund, heute morgen, da ich erwachte, war mir's, als hätte ich Großes erlebt, als hätten die Gelübde meines Herzens Flügel und schwängen sich über Berg und Tal ins reine, heitre, lichterfüllte Blau. – Keinen Schwur, keine Bedingungen, alles nur angemeßne Bewegung, reines Streben nach dem Himmlischen. Das ist mein Gelübde: Freiheit von allen Banden, und daß ich nur dem Geist glauben will, der Schönes offenbart, der Seligkeit prophezeit.

Der Nachttau hat mich gewaschen; der scharfe Morgenwind trocknete mich wieder; ich fühlte ein leises Frösteln, aber ich erwärmte mich beim Herabsteigen von meinem lieben samtnen Rochus; die Schmetterlinge flogen schon um die Blumen; ich trieb sie alle vor mir her, und wo ich unterwegs einen sah, da jagte ich ihn zu meiner Herde; unten hatte ich wohl an dreißig beisammen, – ich hätte sie gar zu gerne mit über den Rhein getrieben, aber da haspelten sie alle auseinander.

Eben kommt eine Ladung Frankfurter Gäste; – *Christian Schlosser* bringt mir einen Brief von der Mutter und Dir, ich schließe um zu lesen.

Dein Kind

Lieber *Goethe!* Du bist zufrieden mit mir und freust Dich über alles, was ich schreibe, und willst meine goldne Halsnadel tragen; – ja tu es, und lasse sie ein Talisman sein für diese glückerfüllte Zeit. Heute haben wir den 21.

CLEMENS BRENTANO

Auf dem Rhein

Ein Fischer saß im Kahne,
Ihm war das Herz so schwer
Sein Lieb war ihm gestorben,
Das glaubt er nimmermehr.

Und bis die Sternlein blinken,
Und bis zum Mondenschein
Harrt er sein Lieb zu fahren
Wohl auf dem tiefen Rhein.

Da kömmt sie bleich geschlichen,
Und schwebet in den Kahn
Und schwanket in den Knieen,
Hat nur ein Hemdlein an.

Sie schwimmen auf den Wellen
Hinab in tiefer Ruh',
Da zittert sie, und wanket,
Feinsliebchen, frierest du?

Dein Hemdlein spielt im Winde,
Das Schifflein treibt so schnell,
Hüll' dich in meinen Mantel,
Die Nacht ist kühl und hell.

Stumm streckt sie nach den Bergen
Die weißen Arme aus,
Und lächelt, da der Vollmond
Aus Wolken blickt heraus.

Und nickt den alten Türmen,
Und will den Sternenschein
Mit ihren starren Händlein
Erfassen in dem Rhein.

O halte dich doch stille,
Herzallerliebstes Gut!
Dein Hemdlein spielt im Winde,
Und reißt dich in die Flut.

Da fliegen große Städte,
An ihrem Kahn vorbei,
Und in den Städten klingen
Wohl Glocken mancherlei.

Da kniet das Mägdlein nieder,
Und faltet seine Händ'
Aus seinen hellen Augen
Ein tiefes Feuer brennt.

Feinsliebchen bet' hübsch stille,
Schwank' nit so hin und her,
Der Kahn möcht' uns versinken,
Der Wirbel reißt so sehr.

In einem Nonnenkloster
Da singen Stimmen fein,
Und aus dem Kirchenfenster
Bricht her der Kerzenschein.

Da singt Feinslieb gar helle,
Die Metten in dem Kahn,
Und sieht dabei mit Tränen
Den Fischerknaben an.

Da singt der Knab' gar traurig
Die Metten in dem Kahn
Und sieht dazu Feinsliebchen
Mit stummen Blicken an.

Und rot und immer röter
Wird nun die tiefe Flut,
Und bleich und immer bleicher
Feinsliebchen werden tut.

Der Mond ist schon zerronnen
Kein Sternlein mehr zu sehn,
Und auch dem lieben Mägdlein
Die Augen schon vergehn.

Lieb Mägdlein, guten Morgen,
Lieb Mägdlein gute Nacht!
Warum willst du nun schlafen,
Da schon der Tag erwacht?

Die Türme blinken sonnig,
Es rauscht der grüne Wald,
Vor wildentbrannten Weisen,
Der Vogelsang erschallt.

Da will er sie erwecken,
Daß sie die Freude hör',
Er schaut zu ihr hinüber,
Und findet sie nicht mehr.

Ein Schwälblein strich vorüber,
Und netzte seine Brust,
Woher, wohin geflogen,
Das hat kein Mensch gewußt.

Der Knabe liegt im Kahne
Läßt alles Rudern sein,
Und treibet weiter, weiter
Bis in die See hinein.

Ich schwamm im Meeresschiffe
Aus fremder Welt einher,
Und dacht' an Lieb und Leben,
Und sehnte mich so sehr.

Ein Schwälblein flog vorüber,
Der Kahn schwamm still einher,
Der Fischer sang dies Liedchen,
Als ob ich's selber wär'.

CLEMENS BRENTANO

Wie der Müller Radlauf dem Rhein ein Lied sang und einen Traum hatte

Im Rheingau, wo jetzt Rüdesheim liegt, stand vor undenklichen Zeiten eine einsame Mühle am Rhein, umgeben von einer grünen und blumenvollen Wiese. Auf dieser Mühle wohnte Radlauf, ein junger frommer Müllerbursche. Er lebte mit der ganzen Welt in Frieden, gab den Armen gern ein Mäßchen Mehl umsonst und streute seine Brosamen den Fischen und Vögeln aus. Jeden Abend setzte er sich auf den Mühlendamm hinaus und hatte da seine Freude an den schönen grünen Wellen des Rheins, an den Ufern, die sich spiegelten, und den Fischen, die vor Lust aus der Flut emporsprangen. Ehe er aber schlafen ging, flocht er immer noch einen schönen Blumenkranz und sang dem alten Rhein ein Lied vor, ihm seine Ehrfurcht zu beweisen. Am Schlusse des Liedes warf er dann den Kranz in die Wellen, die ihn freudig hinuntertrugen, und wenn Radlauf den Kranz nicht mehr schwimmen sah, ging er ruhig nach seiner Mühle, um zu schlafen. Das Lied aber, welches er gewöhnlich sang, lautete also:

Nun gute Nacht! mein Leben,
Du alter, treuer Rhein.
Deine Wellen schweben
Klar im Sternenschein;
Die Welt ist rings entschlafen,

Es singt den Wolkenschafen
Der Mond ein Lied.

Der Schiffer schläft im Nachen
Und träumet von dem Meer;
Du aber, du mußt wachen
Und trägst das Schiff einher.
Du führst ein freies Leben,
Durchtanzest bei den Reben
Die ernste Nacht.

Wer dich gesehn, lernt lachen;
Du bist so freudenreich,
Du labst das Herz der Schwachen
Und machst den Armen reich.
Du spiegelst hohe Schlösser
Und füllest große Fässer
Mit edlem Wein.

Auch manchen lehrst du weinen,
Dem du sein Lieb entführt;
Gott wolle die vereinen,
Die solche Sehnsucht rührt:
Sie irren in den Hainen,
Und von den Echosteinen
Erschallt ihr Weh.

Und manchen lehret beten
Dein tiefer Felsengrund;
Wer dich im Zorn betreten,
Den ziehst du in den Schlund:
Wo deine Strudel brausen,
Wo deine Wirbel sausen,
Da beten sie.

Mich aber lehrst du singen:
Wenn dich mein Aug ersieht,
Ein freudeselig Klingen
Mir durch den Busen zieht;
Treib fromm mir meine Mühle,
Jetzt scheid ich in der Kühle
Und schlummre ein.

Ihr lieben Sterne, decket
Mir meinen Vater zu,
Bis mich die Sonne wecket,
Bis dahin mahle du:
Wirds gut, will ich dich preisen,
Dann sing in höhern Weisen
Ich dir ein Lied.

Nun werf ich dir zum Spiele
Den Kranz in deine Flut:
Trag ihn zu seinem Ziele,
Wo dieser Tag auch ruht.
Gut Nacht, ich muß mich wenden,
Muß nun mein Singen enden,
Gut Nacht, mein Rhein!

Dieses Lied und der Kranz freuten den alten Rhein immer gar sehr; er gewann den Müller Radlauf darum gar lieb und trieb ihm sein Rad gar ordentlich, nicht zu langsam und nicht zu geschwind.

Einstens träumte dem Müller: er gehe auf seine Wiese und wolle dem alten Rhein den gewöhnlichen Blumenkranz winden, er finde aber auf der Wiese gar keine anderen Blumen als nur Rittersporn und Kaiserkronen und Königskerzen und Schwertlilien und Ehrenpreis und dergleichen vornehme ritterliche Gewächse; er aber scheue sich mit seinen bürgerlichen Händen nicht, breche die edlen Blumen nach Herzenslust und freue sich, seinem alten Freund, dem adlichsten der Flüsse, einen recht prächtigen Kranz daraus zu winden. Als er nun diesen im Traume in die Wellen warf, tauchte unter demselben ein alter, sehr ernsthafter und doch liebreicher Mann aus der Flut; sein grünes Schilfhaar war mit einer goldenen Rebenkrone umgeben, in deren Zweigen der Blumenkranz Radlaufs ruhte. In den Armen hielt er ein wunderschönes Jungfräulein und setzte sie vor Radlauf, der am Ufer niedergekniet war, auf den Strand. Die Jungfrau, träumte er weiter, habe sich ihm freundlich genaht, ihm eine köstliche alte Krone aufgesetzt und ihn dann an der Hand aufgehoben, um ihn nach seiner Mühle zu begleiten. Aber da er mit ihr über die Wiese gegangen, sei auch gar kein anderes Kraut mehr darauf zu sehen gewesen als nur Mausohr, worüber sie beide sehr erschrocken seien; denn das Mausohr sei dermaßen gewachsen, daß es sie ganz umklammert habe: dann aber sei ein Kraut, Katzenschwanz, emporgeschossen, und rings an allen Hecken und Bäumen so viele Weiden- und Palmkätzchen, wie sie am Palmsonntag in der Kirche eingesegnet werden, und habe das Mausohr ganz wieder verschlungen. Während alledem sah er im Traume den alten Wassermann in dem Rheine zornig herumspringen und ganze Berge von Wellen in die Höhe werfen, und seine Mühle schimmerte ihm wie ein Schloß am Bergfuß entgegen. Darüber erwachte der Müller in großen Ängsten.

Aus: Das Märchen von dem Rhein und dem Müller Radlauf

CLEMENS BRENTANO

Lureley

Zu Bacharach am Rheine,
Wohnt eine Zauberin,
Die war so schön und feine
Und riß viel Herzen hin,

Und machte viel zuschanden
Der Männer rings umher,
Aus ihren Liebesbanden
War keine Rettung mehr.

Der Bischof ließ sie laden
Vor geistliche Gewalt,
Und mußte sie begnaden,
So schön war ihr' Gestalt.

Er sprach zu ihr gerühret,
»Du arme Lore Lay.
Wer hat dich dann verführet
Zu böser Zauberei.«

»Herr Bischof laßt mich sterben,
Ich bin des Lebens müd,
Weil jeder muß verderben
Der meine Augen sieht.

Die Augen sind zwei Flammen,
Mein Arm ein Zauberstab,
O schickt mich in die Flammen,
O brechet mir den Stab.«

»Den Stab kann ich nicht brechen,
Du schöne Lore Lay,
Ich müßte dann zerbrechen,
Mein eigen Herz entzwei.

Ich kann dich nicht verdammen,
Bis du mir erst bekennt
Warum in deinen Flammen
Mein eignes Herz schon brennt.«

»Herr Bischof mit mir Armen
Treibt nicht so bösen Spott,
Und bittet um Erbarmen
Für mich den lieben Gott,

Ich darf nicht länger leben,
Ich lieb' kein Leben mehr,
Den Tod sollt ihr mir geben,
Drum kam ich zu euch her.

Ein Mann hat mich betrogen,
Hat sich von mir gewandt,
Ist fort von mir gezogen
Fort in ein andres Land.

Die Blicke sanft und wilde,
Die Wangen rot und weiß,
Die Worte still und milde,
Die sind mein Zauberkreis.

Lurleifelsen

Ich selbst muß drin verderben,
Das Herz tut mir so weh,
Vor Jammer möcht' ich sterben,
Wenn ich zum Spiegel seh'.

Drum laßt mein Recht mich finden,
Mich sterben, wie ein Christ,
Denn alles muß verschwinden
Weil er mir treulos ist.«

Drei Ritter ließ er holen:
»Bringt sie ins Kloster hin,
Geh Lore! Gott befohlen,
Sei dein berückter Sinn.

Du sollst ein Nönnchen werden,
Ein Nönnchen schwarz und weiß.
Bereite dich auf Erden
Zum Tod mit Gottes Preis.«

Zum Kloster sie nun ritten
Die Ritter alle drei,
Und traurig in der Mitten
Die schöne Lore Lay.

»O Ritter laßt mich gehen,
Auf diesen Felsen groß,
Ich will noch einmal sehen,
Nach meines Buhlen Schloß,

Ich will noch einmal sehen
Wohl in den tiefen Rhein,
Und dann ins Kloster gehen,
Und Gottes Jungfrau sein.«

Der Felsen ist so jähe,
So steil ist seine Wand,
Sie klimmen in die Höhe,
Da tritt sie an den Rand,

Und sprach: »Willkomm, da wehet
Ein Segel auf dem Rhein,
Der in dem Schifflein stehet,
Der soll mein Liebster sein.

Mein Herz wird mir so munter,
Er muß der Liebste sein«,
Da lehnt sie sich hinunter
Und stürzet in den Rhein.

Es fuhr mit Kreuz und Fahne
Das Schifflein an das Land,
Der Bischof saß im Kahne,
Sie hat ihn wohl erkannt.

Daß er das Schwert gelassen,
Dem Zauber zu entgehn,
Daß er zum Kreuz tät fassen,
Das konnt' sie nicht verstehn.

Wer hat dies Lied gesungen
Ein Priester auf dem Rhein
Und immer hat's geklungen,
Vom hohen Felsenstein

Lureley
Lureley
Lureley.

Als wären es meiner drei!

JOSEPH VON EICHENDORFF

Waldgespräch

Es ist schon spät, es wird schon kalt,
Was reitst du einsam durch den Wald?
Der Wald ist lang, du bist allein,
Du schöne Braut! Ich führ dich heim!

»Groß ist der Männer Trug und List,
Vor Schmerz mein Herz gebrochen ist,
Wohl irrt das Waldhorn her und hin,
O flieh! Du weißt nicht, wer ich bin.«

So reich geschmückt ist Roß und Weib,
So wunderschön der junge Leib,
Jetzt kenn ich dich – Gott steh mir bei!
Du bist die Hexe Lorelei.

»Du kennst mich wohl – von hohem Stein
Schaut still mein Schloß tief in den Rhein.
Es ist schon spät, es wird schon kalt,
Kommst nimmermehr aus diesem Wald!«

OTTO HEINRICH GRAF VON LOEBEN

Der Lurleyfels

Da wo der Mondschein blitzet
Ums höchste Felsgestein,
Das Zauberfräulein sitzet,
Und schauet auf den Rhein.

Es schauet herüber, hinüber,
Es schauet hinab, hinauf,
Die Schifflein ziehn vorüber,
Lieb Knabe, sieh nicht auf!

Sie singt dir hold zum Ohre,
Sie blickt dich töricht an,
Sie ist die schöne Lore,
Sie hat dirs angetan.

Sie schaut wohl nach dem Rheine,
Als schaute sie nach dir,
Glaub's nicht daß sie dich meine,
Sieh nicht, horch nicht nach ihr!

So blickt sie wohl nach allen
Mit ihrer Äuglein Glanz,
Läßt her die Locken wallen
Unter dem Perlenkranz.

Doch wogt in ihrem Blicke
Nur blauer Wellen Spiel,
Drum scheu die Wassertücke,
Denn Flut bleibt falsch und kühl.

HEINRICH HEINE

Die Wallfahrt nach Kevlaar

I

Am Fenster stand die Mutter,
Im Bette lag der Sohn.
»Willst du nicht aufstehn, Wilhelm,
Zu schaun die Prozession?«

»Ich bin so krank, o Mutter,
Daß ich nicht hör und seh;
Ich denk an das tote Gretchen,
Da tut das Herz mir weh.« –

»Steh auf, wir wollen nach Kevlaar,
Nimm Buch und Rosenkranz;
Die Mutter Gottes heilt dir
Dein krankes Herze ganz.«

Es flattern die Kirchenfahnen,
Es singt im Kirchenton;
Das ist zu Köllen am Rheine,
Da geht die Prozession.

Die Mutter folgt der Menge,
Den Sohn, den führet sie,
Sie singen beide im Chore:
Gelobt seist du, Marie!

2

Die Mutter Gottes zu Kevlaar
Trägt heut ihr bestes Kleid;
Heut hat sie viel zu schaffen,
Es kommen viel kranke Leut.

Die kranken Leute bringen
Ihr dar, als Opferspend,
Aus Wachs gebildete Glieder,
Viel wächserne Füß und Händ.

Und wer eine Wachshand opfert,
Dem heilt an der Hand die Wund;
Und wer einen Wachsfuß opfert,
Dem wird der Fuß gesund.

Nach Kevlaar ging mancher auf Krücken,
Der jetzo tanzt auf dem Seil,
Gar mancher spielt jetzt die Bratsche,
Dem dort kein Finger war heil.

Die Mutter nahm ein Wachslicht,
Und bildete draus ein Herz.
»Bring das der Mutter Gottes,
Dann heilt sie deinen Schmerz.«

Der Sohn nahm seufzend das Wachsherz,
Ging seufzend zum Heiligenbild;
Die Träne quillt aus dem Auge,
Das Wort aus dem Herzen quillt:

»Du Hochgebenedeite,
Du reine Gottesmagd,

Du Königin des Himmels,
Dir sei mein Leid geklagt!

Ich wohnte mit meiner Mutter
Zu Köllen in der Stadt,
Der Stadt, die viele hundert
Kapellen und Kirchen hat.

Und neben uns wohnte Gretchen,
Doch die ist tot jetzund –
Marie, dir bring ich ein Wachsherz,
Heil du meine Herzenswund.

Heil du mein krankes Herze –
Ich will auch spät und früh
Inbrünstiglich beten und singen:
Gelobt seist du, Marie!«

3

Der kranke Sohn und die Mutter,
Die schliefen im Kämmerlein;
Da kam die Mutter Gottes
Ganz leise geschritten herein.

Sie beugte sich über den Kranken,
Und legte ihre Hand
Ganz leise auf sein Herze,
Und lächelte mild und schwand.

Die Mutter schaut alles im Traume,
Und hat noch mehr geschaut;
Sie erwachte aus dem Schlummer,
Die Hunde bellten so laut.

Da lag dahingestrecket
Ihr Sohn, und der war tot;
Es spielt auf den bleichen Wangen
Das lichte Morgenrot.

Die Mutter faltet die Hände,
Ihr war, sie wußte nicht wie;
Andächtig sang sie leise:
Gelobt seist du, Marie!

Ich befinde mich gegenwärtig in den schönsten, bravsten und unbekanntesten Städten der Welt.

VICTOR HUGO: *aus* DER RHEIN

CARL GUSTAV CARUS

Am Rhein

Elfeld [Eltville], den 21. August [1835]

Der Rhein ist erreicht! Und in mitternächtiger Stunde bringe ich den entfernten Lieben ein Glas seines echten Weins! – Gegen 5 Uhr fuhr ich aus Frankfurt, durch Höchst, Singlingen, Hattersheim und dann gegen Biebrich, dem Schlosse des Herzogs von Nassau, an den Rhein hinab. – Es war ein schöner Abend, gewitterhafter Himmel – angenehme Temperatur, fernes Wetterleuchten. Schon bald hinter Hattersheim wurde es dunkel, und ich sah rechts die Lichter von Wiesbaden, links in weiterer Ferne die Lichter von Mainz schimmern. Immer bleiben die Gebirgszüge des Taunus zur rechten, und man freut sich eines gewissen heiteren weinfrohen Ausdrucks in der Physiognomie der Orte und der Menschen, an denen man vorüberfährt. – Das Schloß von Biebrich stellte sich auch im Helldunkel des Spätabends mit seinen einzelnen erleuchteten Zimmern und Korridors ganz stattlich dar, und indes es mir nach mannigfaltigen Abbildungen bekannt genug vorkam, mußte es mich zugleich durch seine Lage längs des Rheins an Pillnitz längs der Elbe erinnern und die Gedanken entschieden nach der Heimat lenken. – Eigentlich wollte ich Rüdesheim erreichen, allein es wurde trotz raschen Fahrens zu spät! 10 Uhr war vorbei als ich hier ankam, und mit Mühe richte ich mich in dem nicht eben besonderen Wirtshause zur Zufriedenheit ein. – Indes ein Glas edlen Weines fehlt hier nie und erhebt, von irdischen

Unvollkommenheiten zu poetischer Ansicht der Dinge, welche nun in Träumen sich weiter fortspinnen wird! –

Rüdesheim, den 22. August, mittags

»Hoch auf dem alten Turme steht« der Pilger des Rheins und betrachtend breitet er seine Blicke über die mächtigen Fluten des grünlich-klar vorüberziehenden Stromes, gern gestehend, daß er von diesem ganz eigentümlichen Reiz echt rheinischer Gegenden durchaus keinen Begriff gehabt hat. – Dieses Meer- und doch Flußhafte, dieses Deutsche und doch so Italienische, ich kann es noch gar nicht recht im Geiste ordnen! – Ist es nicht hier vor dem alten Turme wie ein neapolitanischer Strand! dieser weite bläuliche Wasserspiegel, dieses gelblichweiß im hellen Sonnenlicht leuchtende Ufer, diese breiten mächtigen Ruinen zunächst am Rhein, manchen altrömischen Überresten von Thermen nicht ungleich, diese hochansteigenden duftigen Berge, zwischen denen der Rhein verschwindet, so daß er um so mehr ein seemäßiges Aussehen gewinnt, diese hohen und breiten geschnäbelten Schiffe mit Masten und Takelwerk, welche an die Kauffahrer des Meeres erinnern müssen, und über alles dieses ein milder blauer Himmel, an welchem sonnenhelles Gewölk langsam vorüberzieht. Mir geradeüber liegt Bingen am Einfluß der Nahe, weiter nach links von Bingen sehe ich die Rochuskapelle auf ihrer weinumgrünten Höhe – alles winkt mir gleich alten Bekannten, und ist mir doch so neu! – Eine ganz wunderbare so noch niemals erlebte Situation! –

Bacharach, den 22. August, abends

Bald nun stieg ich in eine Barke; zwei tüchtige Knaben ruderten, während der Vater das Steuer führte, und so schwamm ich die prächtigen Fluten in heißem Sonnenschein zwischen den bläulichen Höhen hinter Bingen und den Weinbergen des hohen Niederwaldes hinab. – Wie schön streckt sich nun, wenn man zurückblickt, Rüdesheim mit seinen Türmen und den massigen, fast felsenmäßigen Ruinen der wirklich auf den Mauern eines altrömischen Kastells erbauten Burg am Rheine und der Brömserburg längs des Ufers dahin, wie grandios tauchen die Ruinen von Ehrenfels unterhalb der Höhe des Niederwalds aus den Weinbergen hervor, welche hier alle Berglehnen bedecken. – Es war zu reizend – ich ließ an einem aus dem Strom vorragenden Felsen anfahren, um zu zeichnen! – Da saß ich nun auf dem schilfbewachsenen Felsen inmitten der Wogen dieses langersehnten Stromes, dicht vor mir der an sich pittoreske Kahn mit den Schifferknaben und dem alten Schiffer, und von allen Seiten die prächtigen Höhen! – Ich wüßte seit Italien nicht, wann ich dies Gefühl echten Genügens in freier Natur gehabt hätte. – Mit einemmal rauschte ein holzbeladenes Schiff, von Pferden gezogen, den Rhein herauf, das Schleppseil am Wasser hinstreifend, trieb mich, auf kurze Zeit nach dem Ufer zu fahren, und wieder war es nun schön, wie das in Masten und Tauwerk ganz seeschiffähnliche Fahrzeug mit seinem unter dem Bugspriet aufgehangenen Anker die Wellen durchschnitt, während gegenüber die Kirche von Bingen, die Brücke über die zum Rhein fließende Nahe und die Uferhöhen der letzteren abermals zu einem vollkommenen Bilde sich zusammenordneten! – Auch ich fuhr nun weiter; die Wellen über dem sonst übelberüchtigten Binger Loch (eigentlich eine Brandung über einem den Rhein hier durchziehenden Felsriff, von welchem die gefährlichste Stelle neuerlich weggesprengt ist) wallten in unruhigster Bewegung, eine Gewitterwolke zog die Gegend beschattend herauf, und gerade in diesem Licht nahm sich nun wieder die hier gelegene flache, wüste Insel mit der Ruine jener alten, viereckigen Warte, die unter dem Namen des Mäuseturms bekannt ist, malerisch genug aus, um mich wieder zu einer Skizze zu veranlassen. – Sollten ja doch diese zwei Tage an und auf dem Rhein so recht

Ehrenfels

ausschließlich der Natur und Kunst gewidmet sein, all die übrigen Tage und Wochen der Reise wollte ich unablässig arbeiten und sammeln und lernen – aber diese zwei Tage wollte ich mich so ganz bequem gehen lassen und einzig und allein in diese neue rheinische Welt mich eintauchen! – Nicht lange nun und ich landete unter den Felsen der auf dem linken Rheinufer liegenden kleinen *Feste Rheinstein*, welche Prinz Friedrich von Preußen zu moderner Wohnlichkeit aus altem, wüstem Gemäuer sich hat herstellen lassen. Der Geschmack altritterlicher Burgen ist hier beliebt worden, und nur über schmale Fallbrücken und unter spitzigen Fallgattern hindurch gelangte ich in den halb in Felsen eingehauenen Burghof. Da bellen gegen den Fremden hinter eisernen Gittern zwei gewaltige Doggen, da steigt man über manche Freitreppen und eine außen am Turm schwindelnd sich herumwindende Wendeltreppe; über zackige freistehende Klippen wachsen breite Gehänge der Waldrebe, ein Adler wohnt da im Eisenbauer am Turm, von welchem die lange preußische Flagge herabweht, und prächtig breiten sich Strom und Ufer mit dem gegenüberliegenden Aßmannshausen vor dem Blick des Beschauenden aus. Einige kleine aufgestellte Geschütze mangeln nicht, und in den unteren Räumen des eigentlichen, jetzt gerade von der Prinzessin bewohnten Schlosses finden sich auf einer die Holztäfelung nachahmenden Malerei der Wände eine Menge von alten Waffen und Harnischen, Pickelhauben, Streitäxten und Morgensternen aufgehangen. Sodann zeigt sich ein kleineres Zimmer hier anstoßend, welches zum Schenkzimmer eingerichtet, mit hübschen, alten Stühlen und Tischen versehen und in großen Glasschränken mit einer Menge prächtiger Pokale und Humpen antiker und moderner Arbeit geschmückt ist. Ich hatte auch diese Pracht betrachtet und wollte eben zu meinem lieben Rhein wieder hinabsteigen, als mir noch im Burghofe der mich so weit geleitende Preuße einen dort hängenden, modern-altertümlichen Knappenrock zeigte und mir selbstgefällig versicherte: »Wenn der Prinz da sind, gehen wir alle im Mittelalter!« – Ich aber fuhr nach dem durch seinen trefflichen roten Rheinwein berühmten Aßmannshausen hinüber und stieg alsbald nach dem Niederwald hinan, wohin der Wirt aus Rüdesheim egoistisch-fürsorglich einen Knaben mit elegantem Reitesel zur Erleichterung des Bergsteigens vorausgesendet hatte.

Daß man hier oben auf manchen schönen Aussichtspunkt gelangen müsse, läßt sich denken – hätte dies nur nicht zugleich zu mehreren, etwas täppischen sogenannten Kunstanlagen Veranlassung gegeben! Auch sind es nicht eben diese Landkartenübersichten der Gegenden (obwohl das Volk zu ihnen so eifrig sich hindrängt), welche mich anziehen, denn wie selten gestalten sie sich im ganzen zum wahrhaft schönen Bilde! – Hier jedoch, von dem höchsten Punkt einer künstlichen Ruine, die Rossell genannt, war mir interessant, mich in der Gegend noch einmal gründlich zu orientieren. Der Lauf des Rheins von Mainz bis gegen Koblenz hin, das Tal der hier einfließenden Nahe, die Lage der Bergstraße, des Hunsrück, des Donnersberges wurden mir hier zuerst recht deutlich. – Auch weiterhin hat man noch von einem insipid genug in diesen deutschen Wald hineingebauten antiken Tempel eine ähnliche Aussicht stromaufwärts und über die Weinberge nach Rüdesheim hinab. – In heißer Sonne stieg ich nun über das Geröll der ausgewaschenen Fußpfade gegen Rüdesheim hinunter, und ehe ich meinen wirtlichen Wartturm wieder aufsuchte, wollte ich auch noch die alte Römerburg, in welcher sich ein Graf Ingelheim wohnlich eingerichtet hat, im Inneren kennenlernen. Niemand war jetzt dort wohnhaft als die Schließerin mit ihrer Magd, von einem gewaltigen Hunde bewacht, den sie erst hinter eisernes Gitter verschließen mußte, damit er den Eintretenden nicht zerreiße. – Man steigt durch enge Mauergänge an manchem hübschen Aussichtspunkt, desgleichen einem widerwärtigen, brunnenhaften

Burgverlies vorüber, zu den Zimmern des Grafen, welche freilich leicht geschmackvoller einzurichten sein möchten. Mir gefiel am besten eine große, gegen den Rhein hin offene Halle, in ihrem rohen Mauerwerk einer Grotte nicht unähnlich. Man benutzt sie zum Speisesaal, und ich könnte mir wohl denken, wie schön es einsam oder in gewählter Gesellschaft hier bei Mondabenden sein müßte, um sich her das wunderliche alte Mauerwerk mit seinen Treppen und Gängen, vor sich den blitzenden Rhein und gegenüber die Berge um Bingen. – Eine etwas weiter landeinwärts gelegene Ruine, an welche sich vielerlei Sagen von dem alten, aus den Kreuzzügen heimkehrenden Ritter Brömser und seiner Tochter Jutta knüpfen, läßt sich jetzt Graf Schönborn, derselbe, dem die herrliche Gemäldesammlung und Schloß von Pommersfelden bei Bamberg gehört, mit vielem Aufwand zur Wohnung einrichten.

Nach erlangter Stärkung in meinem gastlichen Wartturm fuhr ich mit Pferd und Wagen über den Rhein nach Bingen und dann auf der schönen Straße des linken Rheinufers wieder unter Rheinstein vorbei bis hierher nach Bacharach. Ihr denkt Euch wohl, wie anmutig es auch auf diesem Wege sein mußte! – Hüben und drüben Rebengelände, wechselnde Felsen und Waldungen, hochragende Burgen, gegenüber das alte Kloster Lorch, schattende Nußbäume mit windendem Efeu und immer in aller Mitte der von Schiffen belebte Rheinstrom. – Aber doch so Gewaltiges wie diesen Morgen wollte anfänglich nichts erscheinen. Das erste, was mich länger festhielt, war vor Bacharach die Ruine einer links am Wege gelegenen Kapelle. Die jungen, hohen Nußbäume drangen so malerisch durch das alte Mauerwerk! Ich ließ halten, stieg hinauf und drang in das Innere. – Ich wüßte lange nicht, wenn ich etwas Friedlicheres, Stilleres, Eigentümlicheres gesehen hätte, als diese zerfallende kleine Kirche. – Wie der Efeu zu den gotischen Tragknaufen der eingestürzten

Kreuzgewölbe hinanwuchs, wie üppiger Pflanzenwuchs den Schutt des Bodens überstrickte, wie das junge Nußlaub zu den offenen, schmalen, gotischen Fensterbogen hinaussah, während die Berge des rechten Rheinufers von drüben hereinblickten, und wie so die Abendsonne noch die Reste alter Verzierungen an den noch stehenden Pfeilern erleuchtete! – Ich lehnte lange zeichnend in diesem Inneren, in welchem stilles Naturleben jetzt den wahren, geheimen, ewigen Kirchendienst gegen den höchsten Quell alles Lebens verwaltete! – Endlich mußte ich mich gegen das alte *Bacharach* selbst wenden. – Der Ort hat das Gepräge hohen Altertums – sein Name schon Ara Bachi deutet auf römischen Ursprung – dann aber die Menge verfallener Türme an den Stadtmauern – das höchst besondere, wunderliche Bauwesen der Häuser mit ihrem braunen Gebälk, ihren vorgebauten Stockwerken, überall von Wein umrankt, die alten Kirchen, wie das alles so in die enge, nach dem Rhein geöffnete Talschlucht hineingelagert ist, es gibt einen höchst eigentümlichen Anblick! – Längst nun war ich durch früher betrachtete Abbildungen gespannt, die merkwürdigen Ruinen der Wernerkirche zu sehen, und ich ließ es deshalb meinen ersten Gang sein, um noch bevor der Abend tiefer herabsänke mich an diesen alten Baulichkeiten zu weiden. – Aus enger Straße durch ein altes Kirchhofpförtlein manche Stufen hinauf, kam ich erst auf den kleinen Kirchhof der mit vielem Anbau alter Kapellen umgebenen und mit einem alten, durch byzantinische Bogenstellung verzierten Turm geschmückten Stadtkirche, und vor mir lagen auf naher, mittlerer Anhöhe, am Fuße eines viel höheren, wieder mit Burgruinen gekrönten Felsens die öden Mauern der Wernerikirche, durch deren leere, nur noch mit den zierlichsten, steinernen Rosetten versehenen Fenster die Luft zog, während die Wolken von oben frei auf den grasbewachsenen Boden der ehemaligen Kirche hereinsahen. Schnell stieg ich die Stufenreihe bis dahin noch hinan, durchging die Räume der nicht großen, aber den besten Stil des 14. Jahrhunderts verratenden und aus einem festen, roten Wasgauer Sandstein gebauten Kirche und suchte mir dann einen Standpunkt aus, von welchem ich zeichnend eine bleibende Erinnerung an diese außerordentliche Umgebung mitzunehmen vermöchte. – Wie ich nun da oben stand, die im reinsten Verhältnis geschwungenen hohen gotischen Bogen mit den reichen Fensterverzierungen sich in den Abendhimmel erhoben, die glatten Strebepfeiler und zierlichen Spitzsäulen in den eigentümlichen, gesättigten braunroten Ton ihres Gesteins, und noch so scharf, als wären sie erst eben aus der Hand des Steinmetzen gekommen, das späte Tageslicht wiederschienen, dahinter aber das gelbliche Mauerwerk des Stadtkirchenturms mit seinen rundbogigen Fenstern und hoher schiefergedeckter Turmspitze aufragte, als ich weiterhin über der tiefer unten liegenden Stadt mit ihren alten Warttürmen und durch die Fensterbogen der Ruine den von hohen Bergesabhängen eingeschlossenen Rhein erblickte, und als nun das sonore, den morgenden Sonntag ankündende Abendläuten näher und ferner erklang, da ergriff mich ein Gefühl tiefer nachhaltiger Rührung; ich dachte an Dante [Purg. VIII, 1–6]:

»Era già l'ora che volge il disìo
Ai naviganti, e intenerisce il cuore
Lo dì che han detto ai dolci amici addìo;
E che lo nuovo peregrin, d'amore
Punge, se ode squilla di lontano,
Che paia'l giorno pianger, che si muore.«

Gewiß, ich gestehe, ein so sonderbares, so neues und doch so heimatliches Gefühl nie gehabt zu haben! Es war mir als habe ich nun erst ein Vaterland, mein Vaterland gefunden! – Hier ist ja dasselbe, was uns in Italien so mächtig ergreift: eine

Wernerkapelle in Bacharach

großartige Natur, ein weltgeschichtlicher Boden und bedeutende Monumente, in deren Fortbildung, wie in deren Zerstörung mannigfaltige, vorübergegangene Perioden einer großen Zeit ihre tiefsinnigen Lettern gegraben haben! – Ja, mir ist es mehr als Italien, denn es ist mein Land, es ist Deutschland! Nimmer werden römische Bauwerke so zu unserem Geist sprechen, als der unserem Volk ganz eigene, in ihm geborene, mysteriöse reine Stil, wie er in diesen Bogen noch atmet und in der kleinsten Fensterrose sich spiegelt! – Und tönt nicht selbst in dem sonoren Klange dieser Abendglocken das reine Silber wieder, welches in jenen Jahrhunderten das gläubige Volk zu Glockenspeise herzubrachte, wenn eine neue Glocke gegossen werden sollte? Ja, ist nicht am Ende gerade die Pietät, wann und wo wir sie gewahr werden, das, was uns am Menschen das Herrlichste bleibt, und ist sie es nicht, deren Nachgefühl hier noch heute beiträgt, dem aus vergangenen Zeiten stammenden Glockenklang eine geheime Anziehung zu unserem Geiste zu verleihen! –

Koblenz, den 23. August, abends

Nur ungern hatte ich mich heute früh von dem ehrwürdigen Bacharach und meinen treuherzigen Wirtsleuten getrennt. – Wie ich so zurückblickte auf die im trüben Morgenlicht hinter mir liegende Stadt, mußte ich erstaunen über die Massen von Rebengeländen, welche auch hier nah und fern diesseits und jenseits des Rheins die Berge bedeckten – und welch' edler Wein wächst dahier! Kaiser Wenzel, als Nürnberg seine verpfändeten Privilegien von ihm lösen wollte, zog vor, vier Fuder Bacharacher Wein anstatt 10000 Gulden zu erhalten, und der berühmte Aeneas Sylvius als Papst Pius II. ließ jährlich ein Fuder dieses köstlichen Weines für seinen eigenen Tisch nach Rom kommen. – So verweben sich selbst die Produkte dieser Berge mit altdeutscher Geschichte! Es hatte in der Nacht stark geregnet, der Morgen war trübe und kühl, doch bald reißen die Wolken, gegen 9 Uhr bricht die Sonne mitunter hindurch, und von Mittag an ist wieder das schönste Wetter. – Ich war früh kaum eine halbe Stunde gefahren, als der wunderlichste Anblick sich mir eröffnete; denn angekommen an der Stelle, wo der Rhein unter Bacharach wieder um einen Felsvorsprung etwas westlich sich umbiegt, lag vor mir mitten im Rhein, gleich einem mit Mauern und Türmen versehenen Schiff, das alte Schloß die Pfalz, hinter welchem am jenseitigen Ufer das Städtchen Kaub sich ausbreitete, während über ihm wieder die Ruinen der Burg Gutenfels ihren weinumpflanzten Berg behaupteten. Alle die anderen Ruinen gleichen einander mehr oder weniger, aber dieses Schloß, die Pfalz genannt, mit seinen spitzen Schiefertürmen, seinen gewaltigen, unmittelbar aus dem Rhein schräg aufsteigenden Mauern und der vorderen, als Bewaffnung gegen Eis mit Eisen beschlagenen Kante derselben, möchte wohl einzig in seiner Art sein! – Sieht nicht, dacht' ich, ein solches Bauwerk selbst aus wie der Harnisch eines alten Ritters mit allen seinen Kanten, seinen Beschlägen und Stacheln! und soll nicht auch am Ende jedes Bauwerk mehr oder weniger die Hieroglyphe des inneren Lebens und äußeren Lebenszwecke des Bauenden sein, ja, wird sie diese nicht zuweilen mehr als uns lieb ist unwillkürlich? – Bis vor etwa 300 Jahren war es üblich, daß alle Kinder der Pfalzgrafen vom Rhein in dieser Wasserburg das Licht der Welt erblicken sollten – das mußten doch echte Rheingrafen werden! – Die Straße führte mich nun gegen Oberwesel heran, welches durch die alte und große, am Eingange des Ortes gelegene Kirche hübsch angekündigt wird. – Die Glocken läuteten, die Leute wanderten zum Sonntagsgottesdienst, und ich erfreute mich an dem wohlhabigen Aussehen des Volkes, an ihren meist guten, zufriedenen Zügen und der offenbar vorstechenden Neigung zu bunten Farben in der Wahl ihrer Kleidung; hellfarbige Röcke, hochrote Tücher oder Schürzen und dergleichen wurden besonders beliebt. – Vor Oberwesel liegt zur linken Hand auf der Höhe die Ruine der alten bedeutenden Burgfeste Schönburg. Die Mauern und Türme derselben sahen so imposant von ihrer Höhe herab, daß ich Lust bekam, auch einen solchen alten Bau dieser Gegenden in der Nähe zu betrachten. Ich ließ halten und stieg durch die Weinberge auf bequemer Straße hinan. – Je höher hinauf, desto anmutiger wird der Überblick vom Rheintal, von Oberwesel selbst und zurück nach der Pfalz am Rhein. –

Mainz, den 25. August, gegen Abend

Am frühen Morgen, ehe ich von Koblenz wegfuhr, erging ich mich noch in dem zu Hause gehörigen Garten. Die lange Schiffbrücke, die Stadt, die Berge des oberen Rheintals gaben in dem reinen Morgenlicht den anmutigsten Anblick. – Nicht lange und ich fuhr vollends den Rhein hinunter. Kommt man der Stadt Mainz gegenüber an die Festungswerke längs des Rheins, so muß man gestehen, daß dieses alte, von Martius Agrippa erwählte und vom Drusus Germanicus erbaute Moguntiacum sich jetzt gar stattlich über der großen, eben durch den Main bereicherten Wasserfläche ausnimmt, und ganz dergleichen hat die Übersicht des Stromes und der Stromufer von der langen Schiffbrücke über die Kette von quer im Flusse hereinliegenden Schiffmühlen hin etwas sehr Imposantes. – Kaum hatte ich mich im Rheinischen Hof flüchtig eingerichtet, so wanderte ich aus, um noch von der Stadt zu sehen, was irgend im Raume eines Nachmittags gesehen werden konnte.

Ich wanderte zum Gutenbergerhof, einem Gebäude, wo zum Gedächtnis der alten, in der Nähe der Franziskanerkirche gelegenen Druckerwerkstatt, dem Erfinder der edlen Kunst im Jahre 1824 eine höchst mittelmäßige Statue errichtet worden ist. – Hier war es nämlich, wo in Verbindung mit seinem älteren Bruder Gensfleisch, nebst Fust und Peter

Turm in Oberwesel

Schöffer, der jüngere Gensfleisch, welcher von einem der Familie gehörigen Hofe »Zum Gutenberg« den Namen Gutenberg angenommen hatte, zwischen 1438 bis 1440 und 1450 die Kunst, metallene Lettern zum Druck zu verwenden, ja Metallettern zu gießen erfand, und allmählich vervollkommnete, und wo somit das Mittel hervortrat, den Grund einer höheren, nie wieder vollkommen rückgängig zu machenden Kultur für alle künftigen Zeiten des Menschheitlebens auf unerschütterliche Weise zu befestigen. – Eine einzige kolossale metallene Druck-Letter mit Namen und Jahrzahl wäre solchem Phänomen ein bedeutenderes Monument gewesen, als diese kleine erbärmliche bronzene Statue!

Ein anderes weit ehrwürdigeres Denkmal als jenes moderne ist der Dom – einer der ältesten und merkwürdigsten, den Deutschland aufzuweisen hat, und mir schon in vielen Einzelheiten durch Mollers Werk: »Denkmale deutscher Baukunst« bekannt. – Auch er ist von dem roten Wasgauer Sandstein gleich der Werner-Kapelle zu Bacharach gebaut, aber da fünf Jahrhunderte ihn erweitert, verändert, vergrößert haben, so vereinigen sich in ihm die verschiedensten Baustile. Von außen gibt ihm dies mit seinen Giebeln und Kuppeln und seinen vier Türmen ein mehr wunderliches als rein schönes Ansehen, im Innern finden sich dagegen treffliche Details und höchst malerische Durchsichten. – Eine in dem ältesten verstäubten und verbrochenen Kreuzgang lehnende Staffelei bezeugte denn auch, daß das Malerische nicht unbenutzt blieb und erregte mir gar wohl die Lust, mich selbst an dergleichen zu versuchen, wenn ich in bequemer Muße an solchem Orte verweilen könnte. Welch merkwürdiger Unterschied doch zwischen der Türe an der Südseite des östlichen Chors, gegen Ende des 10. Jahrhunderts erbaut, und der reichverzierten, zu Ende des 14. Jahrhunderts gebauten Türe im Innern des Doms zum Kapitelhaus oder Kreuzgang! – Zwischeninne liegt die Tür zur Sakristei. – Man könnte an diesen drei Türen die ganze Geschichte des gotischen Baustils nachweisen! – Manchmal möchte ich wirklich die Entwicklung dieses wunderbaren, so ganz einem eigentümlichen Glanzpunkt europäischer und namentlich deutscher Geschichte angehörigen Bauwesens dem Aufschießen des Blütenstengels einer Aloe oder einer Bambus vergleichen, denn was ist denn am Ende das Wesentliche desselben, als daß ein mächtiger Genius, durch drei Jahrhunderte hindurch wirkend und hie und da bald schwächere, bald hellere Funken in die Seelen der Baumeister werfend, die Grundgestalten alten römischen Baustils, die Säule und den Rundbogen erfaßte, daß er diese Gestalten, die zusammengedrückt und irdisch schwer schon die Reinheit griechischen Geistes verloren hatten und zu neuer höherer Idee sich selbst nicht erheben konnten, mit gewaltiger Hand ausdehnte, verfeinerte, in die Höhe aufrichtete und mit den Gleichnissen alles Naturlebens und seiner ewigen Beziehung auf höchste göttliche Einheit durchdrang, und daß er das Band mit einem Male sprengte, welches die Baukunst an den Boden fesselte, so die schwere gedrückte Säule zum freien zarten Pfeilerstabe, den breiten Rundbogen zum schlanken wohlverzierten Spitzbogen ausdehnte und so endlich den Steinen mit einem Male das Siegel eines neuen Evangeliums aufdrückte! – Mich hatte hier diese merkwürdige Folge in ihrem malerischen verstäubten Zustande ganz eigen ergriffen und manche Gedanken zur Reife gebracht, welche weniger deutlich ausgesprochen in meinem Geiste längst gelegen hatten!

Auch an alten Grabmälern ist der Dom sehr reich; denn außer der Fastrada, viertes Weib Karls des Großen, außer vielen Herzögen und Bischöfen, besonders das den geistlichen Übermut jener Zeit aussprechende Grabmal Erzbischof Peter Aspelts († 1320) liegt der i. J. 1318 gestorbene Minnesänger Heinrich Frauenlob hier. – Endlich verdient aber auch ein prächtiges, mit gotischen Spitzbogen, mit der Maria und den

Aposteln reich verziertes ehernes Taufbecken vom Jahre 1328 die aufmerksamste Betrachtung.

Wie ich nun so durch mancherlei Straßen zu meinem Rheinischen Hofe zurückwandelte, hatte ich mannigfaltige Gelegenheit, das schon weit gediehene Hervorblühen einer neuen wohlgebauten, bequem wohnlichen Stadt aus dem finstern und winkelhaften der mittelalterlichen Bauart kennenzulernen. Auch war es lebhaft auf den Straßen, an kaufmännischem Verkehr scheint es ebenfalls zuzunehmen, und ich hatte nur zu beklagen, daß, um Licht und freie Räume zu schaffen, auch manches alte treffliche Gebäude, wohin namentlich die aus Abbildungen wohl bekannte große gotische Kaufhalle der Stadt zu rechnen gewesen wäre, der Zerstörung preisgegeben worden und verschwunden war. – Dies war der letzte Spaziergang auf deutschem Boden.

Aus: Paris und die Rheingegenden. Tagebuch einer Reise im Jahre 1835

VICTOR HUGO

Bacharach

Ich befinde mich gegenwärtig in den schönsten, bravsten und unbekanntesten alten Städten der Welt. Ich wohne in Rembrandtschen Interieurs mit Vogelkäfigen an den Fenstern, mit seltsamen Laternen an der Decke und Wendeltreppen, auf denen langsam ein Sonnenstrahl emporklimmt, in den Zimmerecken. Eine alte Frau und ein Spinnrad mit gedrechselten Füßen summen im Halbdunkel miteinander um die Wette.

Ich habe drei Tage in Bacharach verbracht, einer Art Pariser Altstadt-Gängeviertel, das hier am Rheinufer sowohl vom guten Geschmack à la Voltaire, von der Französischen Revolution, von den Schlachten Ludwigs XIV. als auch vom Kanonendonner der Jahre 1797 und 1805 und von den eleganten und weisen Architekten, die Häuser wie Kommoden und Sekretäre bauen, ganz vergessen worden ist. Bacharach ist wohl die älteste Anhäufung menschlicher Behausungen, die ich je gesehen habe. Im Vergleich mit Bacharach sind Oberwesel, St. Goar und Andernach vornehm wie die Rue de Rivoli. Bacharach ist das alte *Bacchi Ara.* Es sieht aus, als hätte ein Riese, der sich einen Trödlerladen am Rhein einrichten wollte, ein Stück Gebirge als Regal benutzt und darauf von oben bis unten mit seinem Riesengeschmack einen Haufen ungeheurer Kuriositäten aufgebaut. Die erste befindet sich schon im Rhein. Dort liegt unter dem Wasser ein Stein, in dem manche einen vulkanischen Felsen, die anderen einen keltischen Menhir, wieder andere einen römischen Altar sehen, den man *Ara Bacchi* nennt. Dann am Flußufer zwei oder drei wurmstichige alte Schiffsrümpfe, die, halbiert und aufrecht in die Erde gesteckt, Fischern als Hütte dienen; hinter den Hütten eine einst mit Zinnen bewehrte Ringmauer, die von vier quadratischen Türmen gestützt wird, wie man sie sich zerlöcherter, zerschossener und baufälliger nicht denken kann. Jenseits dieser Mauer, in die von den dahinterliegenden Häusern Fenster und Gänge gebrochen sind, ein unbeschreibliches Durcheinander von seltsamen Gebäuden, das bis zum Fuße des Bergs reicht – wunderhübsche alte Häuser, abenteuerliche Türmchen, höckerige Fassaden, bizarre Giebel, die auf jeder Staffel ihrer doppelten Treppe ein Türmchen wie eine Spargelstange tragen, schwere Balken, die zarte Muster in den Häuserwänden bilden, verschnörkelte Dachböden, durchbrochene Balkone, philosophisch verräucherte Schornsteine, die eine Tiara oder eine Krone darstellen, und närrische Wetterfahnen, die keine Wetterfahnen, sondern in Metall geschnittene Initialen aus alten Manuskripten sind und im Winde knarren. (Einmal hatte ich ein R über meinem Kopfe, das sich die ganze Nacht hindurch selbst nannte: – *rrrr.*) Inmitten dieses herrlichen Durcheinanders liegt ein Platz – ein unregelmäßiger Platz wie aus zufällig vom Himmel gefallenen Häuserblocks, der mehr Buchten, Inselchen, Riffe und Vorgebirge hat als ein norwegischer Fjord. Auf der einen Seite dieses Platzes zwei vielflächige Körper aus gotischen Bauten, die sich vornübergeneigt, schief und grimassenschneidend dreist allen Regeln der Geometrie und des Gleichgewichts zum Trotz aufrecht halten. Auf der anderen Seite eine schöne und ungewöhnliche romanische Kirche mit einem rautenverzierten Portal und einem hoch ragenden befestigten Turm, die an der Apsis von einer Arkadengalerie aus schwarzen Marmorsäulchen umgeben und wie ein Juwelenkästchen überall mit Renaissance-Grabplatten ausgelegt ist. Oberhalb dieser romanischen Kirche und in halber Höhe

Bacharach

des Berges die Ruine einer anderen Kirche aus dem fünfzehnten Jahrhundert, aus rotem Sandstein, ohne Türen, Dach und Fenster, ein prächtiges Gerippe, das sich stolz vom Himmel abhebt. Und schließlich als Krönung des Ganzen oben auf dem Berg die efeuumrankten Trümmer und ineinander verzahnten Mauern eines Schlosses, das im zwölften Jahrhundert Residenz der Pfalzgrafen war, Burg Stahleck. Dies alles ist Bacharach.

Dieses alte Märchenstädtchen, das voller Sagen und Legenden steckt, wird von einem Völkchen malerischer Gestalten bewohnt, die alle, gleichgültig ob alt oder jung, ob Kinder oder Greise, ob Kropfhalsige oder hübsche junge Mädchen, im Blick, im Profil und in der Körperhaltung irgendwie an Gestalten des dreizehnten Jahrhunderts erinnern.

Was die hübschen Mädchen dort keineswegs hindert, hübsch zu sein; im Gegenteil.

Vom Schloß oben hat man eine sehr weite Aussicht, und in den Gebirgsfalten entdeckt man fünf weitere Burgruinen; auf dem linken Ufer Fürstenberg, Sonneck und Heimburg; auf dem anderen Flußufer nimmt man im Westen die ferne riesige Burg Gutenfels wahr, die voll von Erinnerungen an Gustav Adolf steckt; und gegen Osten zu, oberhalb des sagenumwobenen Wispertals, auf dem Rücken eines Berges mit einem eigenen kleinen Hügel als Sockel jener Klumpen düsterer Türme, der wie die alte Bastille von Paris aussieht – das ist jene unwirtliche Burg, deren Pforten Sibo von Lorch in Gewitternächten vor den Zwergen hartnäckig verschlossen hielt.

Bacharach liegt in einer wilden Landschaft. Wetterwolken, die fast immer in den Ruinen oben hängen, schroffe Felsen, ein ungezähmter Fluß bilden den würdigen Rahmen dieser alten strengen Stadt, die römisch, romanisch und gotisch war, und die nicht modern werden will. Bemerkenswert ist, daß ein Klippengürtel, der sie von allen Seiten umschließt, die

Dampfschiffe am Anlegen hindert und die Zivilisation festhält.

Kein falscher Ton, keine weiße Fassade mit grünen Fensterläden stört die strenge Harmonie des Ganzen. Alles trägt dazu bei, bis hin zum Namen der Stadt, Bacharach, welcher ein alter, für den Hexensabbat adaptierter Bacchanalien-Ruf zu sein scheint.

Als gewissenhafter Geschichtsschreiber muß ich jedoch berichten, daß ich unter einem furchteinflößenden schwarzen Spitzbogen aus dem zwölften Jahrhundert den Laden einer Putzmacherin mit seinen rosa Bändern und weißen Hauben gesehen habe.

Der Rhein tost herrlich um Bacharach. Er scheint seine alte Stadt zu lieben und stolz zu bewahren. Man ist versucht, ihm zuzurufen: *Gut gebrüllt, Löwe!* Einen Schuß weit von der Stadt entfernt stürzt er in einen Felskessel, in dem er strudelnd den Gischt und das Rauschen des Meers nachahmt. Diese gefährliche Stelle heißt *Wildes Gefährt*. Sie ist sowohl viel furchterregender als auch zugleich viel ungefährlicher als die Bank bei St. Goar. – Der Augenschein genügt nicht, einen Strudel zu beurteilen...

Wenn die Sonne eine Wolke beiseiteschiebt und aus einem Dachfenster des Himmels lacht, gibt es nichts Hübscheres als Bacharach. Alle die altersschwachen und griesgrämigen Fassaden glätten sich und heitern sich auf. Die Schatten der Türmchen und Wetterfahnen formen seltsame Zacken. Blumen – und die gibt es hier überall – zeigen sich dann gleichzeitig mit den Frauen in den Fenstern, und auf den Hausschwellen erscheinen in fröhlichen und friedlichen Gruppen Kinder und Greise und wärmen sich miteinander in der Mittagssonne – die Alten mit jenem matten Lächeln, das soviel bedeutet wie: Schon nicht mehr! Die Kinder mit dem sanften Blick, der zu sagen scheint: Noch nicht!

Aus: Der Rhein

SAMUEL TAYLOR COLERIDGE

Köln

In Köln, der Stadt der Pfaffen und Schreine,
Und stolpertückischer Pflastersteine,
Der Lumpen, Vetteln und Hexengespenster,
Da zählt' ich zweiundsiebzig Gestänker,
Alle bestimmbar, verschiedene Sorten!
Ihr Nymphen über Kloaken, Aborten,
Der Rheinfluß, das ist ja bekannt,
Wäscht Köln, die Stadt, mit eigner Hand;
Doch sagt mir, Nymphen, die Himmelskraft,
Die dereinst dem Rheinfluß Wäsche schafft?

„Das wirkliche Kölnische Wasser"

GOTTFRIED KINKEL

Bonner Bildungsleben

Noch lockender winkte an schönen Sommernachmittagen mein heimatliches rechtes Rheinufer uns zu sich hinüber, dessen sonnige Felder man von Johannas Wohnhause überschaut. Dorthin gehen städtische Modespaziergänger selten; denn alles ist dort ländlicher als in den Dörfern um Bonn, keine eleganten Wirtshäuser winken, man trifft nicht überall auf Mietwagen, und die Punkte, wo das Gebirg schöne Aussichten bietet, fordern schon einen etwas weitern Marsch. Dorthin verfolgte uns boshafte Neugier nicht, und wo etwa in Feld und Busch Weltpracht in seidenen Kleidern uns entgegenschimmerte, ließ sich leicht auf Seitenwegen ihr ausweichen. Mit Johanna allein wanderte ich hier besonders gerne nach dem Finkenberg, einem umbuschten Basalthügel, der gleich einem detachierten Fort vor dem höhern Gebirg sich hinlagert. Der frühere Besitzer dieser Büsche hat sie durch die herrlichsten Aussichten verschönert, welche durch Waldlichtungen sich überraschend auftun, und die allerlieblichsten Punkte sind mit steinernen Ruhebänken und kleinen ruinenartigen Einfassungen ausgestattet. Niemand findet diese glücklichen Plätzchen auf, der die labyrinthischen Waldpfade nicht kennt, die zu ihnen führen; wie oft sahen wir Fußgänger hart an uns vorbeigehen und hörten ihr Gespräch, ohne daß sie uns an unserm Waldsaume bemerkt hätten! Hier empfand man den wunderbaren Segen, den das Wohnen in schöner Gegend selbst dem leidenden Gemüte gewährt. Während das Auge über Weinberg und Kornflur hin im herrlichsten Ausblick nach dem glänzenden Strom, nach Oberkassel und dem Siebengebirge sich ersättigte, genoß die Seele die edeln Empfindungen großer Dichter oder die hehren Weltgeschicke der Vergangenheit. Besonders der kräftige Immermann, der eine ähnliche Verdunkelung seiner Lebensbahn und seines Dichterruhms erlebt und gleiche Bitterkeit wie wir in sich überwunden hatte, wurde uns damals durch den Münchhausen und die Memorabilien ein tröstlicher und erhebender Freund: Denn an ihm, der von den Modernen einzig und allein die Zusammenstellung mit Goethe und Schiller erträgt, ersah ich, welche Kraft in der Brust des echten Mannes die Verkennung der Welt und der Trotz gegen sie aufweckt. Und hatten wir so im innigen Gefühl unserer Geistesgemeinschaft mit allem Schönen und Edeln der Gegenwart ausgeruht, dann wanderten wir durch einen herrlichen stillen Grund, dessen blühende Weißdornhecken in jedem Frühling an Merlins und Ninianes zaubergebundene Minne erinnerten, zu einem Dorfe am Abhang des Gebirges, wo in ländlicher Schenke der perlende Maitrank oder im Herbst die frische herbe Blume der Kelter uns erquickte. Wanderten wir endlich im Abendgold auf anderm Pfade durch die Ebene zurück, dann hatte Johanna, die alle Kinder liebte, sich wieder eine neue Freude ausgedacht. Sie kaufte bunte Bilderbogen, die wir, zu kleinen Bildchen zerschnitten, an die Dorfkinder verteilten. Meist wurde zuletzt ein ganz großes, irgendein Potentat oder berühmter General zu Pferde, als Preis ausgesetzt, nach welchem die ganze Rotte, die sich mittlerweile versammelt hatte, einen Wettlauf halten mußte. So kam es, daß zuletzt auf allen diesen Ortschaften die Kinder uns kannten und gleich verschämt auf uns zutraten, wenn sie uns zwischen Korn und Baumgarten ankommen sahen. Kinderhand, sagten unsre Alten, ist bald gefüllt, und für wenige Groschen machten wir so jedesmal viele Glückliche.

Besonders teuer wurde uns am rechten Rheinufer die höchst eigentümliche Landschaft, welche eine Stunde unterhalb der Stadt durch die in den Rhein mündende Sieg gebildet wird. Der wilde Fluß hat hier unzählige Male sein Bett verändert, und von jedem frühern Lauf sind Spuren zurückgeblieben. Sein weites Delta ist teils von sumpfigen Niederungen durchschnitten, teils hat man die alten Flußbette absichtlich noch fahrbar erhalten, um sie zur Verbindung der nahen Dörfer mit dem Rheine zu benutzen. So bildet eine dieser Buchten jetzt den geräumigen Mondorfer Hafen, in welchem zu Winterszeit die Rheinschiffe der Nachbarorte geborgen werden; eine andre aber zieht sich wohl eine Viertelmeile weit ins Land hinein bis zu dem Dorfe Bergheim, bald ganz eng, bald zur Breite eines Teiches erweitert. Ihre Ufer säumt dichtes Weidengebüsch, mit dem überhaupt dies ganze Delta überwachsen ist: Es gibt den Leuten der Umgegend das Material zum Korbflechten her, welches sie neben dem Ackergeschäft fleißig betreiben. Diese Bucht ist zauberisch schön. In der stillen Flut steigen vom Grunde die zartesten Wasserpflanzen herauf, zwischen denen mit silbernen Blitzen die Fische spielen; am langen Stengel hebt die goldgelbe Wasserlilie Blatt und Blüte zum Licht empor, Möve und Reiher ziehen mit breiter Schwinge über den mild leuchtenden Spiegel, und die Schwalbe netzt in ihm die Spitzen ihrer Fittige. Mit raschem Ruderschlag schießt der Kahn des Fischers dahin, der im Abendlicht zum Rheine hinabfährt, um nach den Reusen zu sehen; langsamer schwebt ihm das schwer mit Gras beladene Dreibord entgegen, auf welchem eine kräftige Graserin die Frucht ihres Tagewerks mit nervigem Arme heimfährt. Wie oft habe auch ich hier im leichten Fahrzeug, das zierliche Ruder allein regierend, die Geliebte hinabgeführt zu unserem prächtigen Rhein! Zwischen den Weiden dämmerte es schon, die Nebel stiegen aus der feuchten Wiese, der Mond glänzte durchs Gebüsch empor

Die Sommernacht am Rhein

und machte die Schatten noch eins so scharf und dunkel. Drunten aber, wo der Kahn aus der Buchtmündung auslief, lag das Offene noch im goldenen Abendschein: Eine stolze, grüne Insel, von der ausströmenden Sieg wie ein Bollwerk aufgetürmt, stieg vor uns auf, und erst, wenn deren Spitze umrudert war, faßte das vollströmende Fahrwasser des Rheins den Kahn und wiegte ihn, rascher als wir wünschten, zum Mondorfer Hafen hinab.

Dies lustige Schifferleben hatte seine Höhe zu Pfingsten 1841, als ich die acht Ferientage auf jenem Siegdelta zubrachte, um einmal ganz den verhaßten Umgebungen in Bonn zu entrinnen. Die Familie Alexander Kaufmanns, unseres Sangesgenossen, besitzt ein artiges kleines Gut dicht am Strande des Mondorfer Hafens: Dort wohnte ich, las im Schatten der Linden vor dem Hause George Sand und übersetzte die Katharina Howard von Alexander Dumas: Den ganzen Abend aber wiegte ich mich im Kahn auf den Buchten. An einem dieser Tage brachte ein Fischerbube mir die Nachricht, daß jenseits des Rheines die Geliebte auf mich warte: Ich ergriff das Ruder, sprang in den Nachen und fuhr auf den Strom hinaus. Johannas helles Kleid hob sich drüben vom dunkeln Ufer ab, und ihre gewaltige Altstimme, die erst der Tag des Kriegsgerichts über mich getilgt hat, bebte in einem unserer gemeinsam geschaffenen Lieder über die Wellen. Rasch durchschnitt ich die Flut, nahm sie und Fresenius, der sie begleitete, in den Nachen und ruderte sie zur stillen Bucht hinüber. Dieser herrliche Junitag blieb unvergessen. Alle unsere Lebensfreuden genossen wir noch einmal im glänzenden Spiegel der Dichtung durch, und so faßte dies Mal Johanna den Eindruck jener Fahrt und der eigentümlichen Landschaft in eine liebliche Elegie zusammen. Mir selbst ging in den Buchten die Szene des Otto Schütz auf, die mit der Schilderung des waldumsäumten Weihers beginnt, wie denn wirklich die Gegend von Cleve in halbversumpften Rheinarmen ganz ähnliche Strombilder bietet, und noch viel später entnahm ich einem gespenstig einsamen Wiesenfleck an der Bergheimer Bucht das landschaftliche Motiv meines Schifferidylls »Ein Schicksal«, dem auch als Inhalt eine wirkliche Geschichte vom Tode eines jungen Schiffers und seiner Braut zu Grunde liegt, die das Volk dieser Gegend sich erzählt.

Aus: Selbstbiographie

KARL IMMERMANN

Die Ahr

Die kleinen Flußtäler zu besuchen, gewährt ein großes Vergnügen. Sie haben so etwas Heimlich-Beschloßnes, und alles, was man darin sieht, zieht sich, durch das Wasser verbunden, zu einem Ganzen zusammen.

Ahrweiler liegt am Eingange des eigentlich engeren Ahrgrundes; näher dem Rhein weichen die Berge nach Remagen und Sinzig auseinander. Mit alten Mauern, Zinnen und Türmen geschmückt, von Wein umrankt, ist es die artigste kleine altdeutsche Stadt, die ich je gesehen. Hier ließe sich das Gedicht von Tristan schreiben. Gegenüber steht auf einem Hügel eine Abtei, zu der Stationen emporführen. Links vor dem Tore brannte unter gotischer Nische ein ewiges Lämpchen. In der Stadt sahen wir ein Haus, von dem wir uns kaum losreißen konnten. Es war ein ganz gewöhnliches Gebäude, aber sonderbar halbiert. Ein Teil desselben schien niedergerissen worden zu sein, das Erhaltne stand, wie mit dem Messer abgeschnitten, unsymmetrisch in Türen und Fenstern geworden, da. Ringsumher lag ein blühender Garten gebreitet, den Hintergrund machte die alte Stadtmauer. Ein mächtiger Turm und die blauen Berge schlossen das Bild, welches ihr euch nicht einfach und reizend genug denken könnt.

Wir gingen durch das Felsenportal hinter Ahrweiler in das enge Tal ein und konnten über Walporzheim und Mayschoß bis zur Lochmühle fahren. Von da muß man

Mayschoß

gehn und gelangt, zum Teil klimmend, auf steilen Klippenpfaden zu der Ruine, welche das Ziel der Wanderung sein sollte.

Diese Natur war uns nicht unbekannt, schon vielfach hatten wir sie im Bilde angeschaut. Das Ahrtal ist die Studienkammer der Düsseldorfer Landschafter. Graue, kraus ineinander verschränkte Schieferwände, hin und wieder mit Kuppen von andrem Gestein bedeckt, sperren die Gegend zu. Am Fuße der Felsen liegen kleine arme verfallne Ortschaften zerstreut, das Flüßchen windet sich an ihnen mäandrisch durch. Einsame Brücken von einer eignen rohen Konstruktion liegen darüber. Damit uns aber die vollständige Wiederholung der Gemälde, die wir so oft mit Vergnügen gesehen hatten, würde: Über dem Ganzen zitterte das fahle Licht eines trüben ungewissen Tages. Wein baun sie, wo Fels und Kies nur einen Quadratschuh hergeben will. Wie sauer müssen sich's die armen Menschen um andre werden lassen! Der auf den Höhen wächst, ist der beste. Wir haben Walporzheimer getrunken, welcher dem stärksten Burgunder an Feuer und Schwere nichts nachgab.

Aus dieser Tiefe, worin alles schweigsam und traurig ist, emporkletternd, gelangten wir auf diese hohe Felskoppe, welche die Ruine Altenahr trägt. Die äußersten Zacken des Schiefergebirges laufen hier in eine Zunge aus, die sich in den widersprechendsten Launen nach allen Seiten hin windet und streckt. Gegenüber liegt das graue Steingewirre der andern Flußseite, und unten quält sich die Ahr, die man an sechs, sieben Orten glitzern sieht, durch die labyrinthische Gasse.

Auf dieser luftumpfiffnen Höhe wächst Wermut in unendlicher Fülle. Wendet man sich gegen Abend, so sieht man in ein weites blaues Hügelland. Dies ist die wilde Eifel, von vulkanischem Feuer emporgeworfen, rauh, dürftig, kalt. Für die offne Gegend nach Bonn zu haben sie einen besondern

Altenahr

Ausdruck. Sie nennen sie *die Grafschaft*. Wir konnten nicht ergründen, was für ein Gebiet damit eigentlich gemeint sei. Ahrweiler und Altenahr waren früher kurkölnisch.

Aus: Ahr und Lahn

Um Mitternacht war schon die Burg erstiegen,
Der Holzstoß flammte auf am Fuß der Mauern,
Und wie die Burschen lustig niederkauern,
Erscholl das Lied von Deutschlands heilgen Siegen.

Wir tranken Deutschlands Wohl aus Rheinweinkrügen,
Wir sahn den Burggeist auf dem Turme lauern,
Viel dunkle Ritterschatten uns umschauern,
Viel Nebelfraun bei uns vorüberfliegen.

Und aus den Trümmern steigt ein tiefes Ächzen,
Es klirrt und rasselt, und die Eulen krächzen;
Dazwischen heult des Nordsturms Wutgebrause. –

Sieh nun, mein Freund, so eine Nacht durchwacht ich
Auf hohem Drachenfels, doch leider bracht ich
Den Schnupfen und den Husten mit nach Hause.

HEINRICH HEINE: DIE NACHT AUF DEM DRACHENFELS.
AN FRITZ V. B.

MAX VON SCHENKENDORF

Das Lied vom Rhein

An Friedrich Lange

Es klingt ein heller Klang,
Ein schönes deutsches Wort
In jedem Hochgesang
Der deutschen Männer fort:
Ein alter König hochgeboren,
Dem jedes deutsche Herz geschworen –
Wie oft sein Name wiederkehrt,
Man hat ihn nie genug gehört.

Das ist der heilge *Rhein*,
Ein Herrscher, reich begabt,
Des Name schon, wie Wein,
Die treue Seele labt.
Es regen sich in allen Herzen
Viel vaterländsche Lust und Schmerzen,
Wenn man das deutsche Lied beginnt
Vom Rhein, dem hohen Felsenkind.

Sie hatten ihm geraubt
Der alten Würden Glanz,
Von seinem Königshaupt
Den grünen Rebenkranz;
In Fesseln lag der Held geschlagen:
Sein Zürnen und sein stolzes Klagen,

Wir haben's manche Nacht belauscht,
Von Geisterschauern hehr umrauscht.

Was sang der alte Held? –
Ein furchtbar dräuend Lied:
»O weh dir, schnöde Welt!
Wo keine Freiheit blüht,
Von Treuen los und bar von Ehren!
Und willst du nimmer wiederkehren,
Mein, ach! gestorbenes Geschlecht
Und mein gebrochnes deutsches Recht!«

»O meine hohe Zeit!
Mein goldner Lebenstag!
Als noch in Herrlichkeit
Mein Deutschland vor mir lag.
Und auf und ab am Ufer wallten
Die stolzen adlichen Gestalten,
Die Helden, weit und breit geehrt
Durch ihre Tugend und ihr Schwert!«

»Es war ein frommes Blut
In ferner Riesenzeit
Voll kühnem Leuenmut
Und mild als eine Maid.
Man singt es noch in späten Tagen,
Wie den erschlug der arge Hagen.
Was ihn zu solcher Tat gelenkt,
In meinem Bette liegt's versenkt.«

»Du Sünder! wüte fort!
Bald ist dein Becher voll;
Der Nibelungen Hort
Ersteht wohl, wenn er soll.

Es wird in dir die Seele grausen,
Wann meine Schrecken dich umbrausen;
Ich habe wohl und treu bewahrt
Den Schatz der alten Kraft und Art!« –

Erfüllt ist jenes Wort:
Der König ist nun frei,
Der Nibelungen Hort
Ersteht und glänzet neu!
Es sind die alten deutschen Ehren,
Die wieder ihren Schein bewähren:
Der Väter Zucht und Mut und Ruhm,
Das heilge deutsche Kaisertum!

Wir huldgen unserm Herrn,
Wir trinken seinen Wein.
Die Freiheit sei der Stern!
Die Losung sei der Rhein!
Wir wollen ihm aufs Neue schwören;
Wir müssen ihm, er uns gehören.
Von Felsen kommt er frei und hehr,
Er fließe frei in Gottes Meer!

NIKOLAUS LENAU

Briefe auf dem Rhein

An Gustav Schwab

Auf dem Rhein vor Mainz, 27. Juni 1832

Lieber Freund!

Für dein herzliches Lebewohl, das Du mir nach Weinsberg nachgerufen, meinen späten, aber herzlichen Dank.

Ich habe mich wegen meines großen Gepäckes entschlossen, die Rheinfahrt mit der ganzen Auswanderungsgesellschaft zu machen. Ein kurioser Trupp, sag ich Dir, manches Gesindel darunter; aber die Vorsteher, namentlich Kommissär Mohl und Häberle, sehr ehrenwerte Männer, die ich täglich höher achte und unter deren Leitung sich auch die Kuriosen wohl noch moralisch akklimatisieren werden.

Dieses Brieflein schreib ich Dir in meiner kleinen Kajüte, die mich wohl dem Anblick meiner Reisegefährten absperrt, aber nicht ihrem Tumulte, wie ich denn eben jetzt manchen ihrer schlechten Witze und zotigen Späße zwischendurch zu hören kriege, womit sie sich die Langeweile zu vertreiben suchen. Diese nagt wie beißiges Ungeziefer an den armen, müßigen Schelmen, sie bestreuen die hartnäckige Laus mit dem Salz ihres Witzes, hilft aber nichts; die Bestie beißt fort und fort; es ist für mich eine köstliche Unterhaltung zu sehen, was die Kerle alles aufbieten, sie zu töten.

Wenn mirs zu kraus wird, nehm ich meine Geige vor und spiele das Völklein zur Ruhe. Da schweigen sie auf einmal und hören mir zu, und, um das angefangene saubere Bild fortzuführen, die Laus wird schläfrig ob meinem Spiele und die Leute mit, und Laus und Mann verstummt dann manchmal auf mehrere Stunden, ich höre nur noch ein dumpfes Scharchen jenseits meiner Bretterwand.

Die Rheingegenden sind bis hierher nichts Rares; wir wollen sehen, was weiter unten dran ist. [...]

An Emilie von Reinbeck

Auf dem Rhein, 2. Juli 1832

Liebe Freundin!

Mein Schiff schwankt so stark, daß ich keinen festen Buchstaben machen kann; mag aber auch die Schrift schwank sein und unstet, das, wofür sie Ihnen ein Zeichen sein soll, ist es nicht.

[...] Die Rheingegenden sind wirklich allerliebst. Stille, bescheidene Schönheit ist ihr Charakter, wie der einer schönen deutschen Seele, wie der Ihrige. Nie hab ich so schöne Dörfer gesehen, so viel Ruinen und Kapellen, wechselnd mit frischen Wäldern, Weingärten usw. Nur schade, daß die Menschen gar so schrecklich fleißig sind und jedes Flecklein Erde bändigen. Ihr Fleiß dringt bis zu den Wellen des Rheins herunter, er badet sich, sozusagen, seine (etwas unsauberen) Füße darin. Ich würde mich des breitesten auslassen, wenn ich nicht Ihren lieben Vater fürchtete, liebe Freundin, der den Kerl in Schutz nimmt; ja, der Kerl ist so frech und ohne Pietät gegen den alten Rhein, daß man fürchten oder vielmehr wünschen muß, er möchte drin ersaufen. Doch ich sehe die ernsten, strafenden Augbrauen meines verehrten Freundes Hartmann auf mich gerichtet und hör ihn sagen: die Menschen müssen leben, was kümmert sie so ein reisender Poet, obs dem recht ist oder nicht, und er hat recht, ich bin schon still. Nur eine Bemerkung erlaube ich mir noch. Der bewußte, schmutzfüßige Lümmel hat alles Wild von den Ufern des Rheines verscheucht, namentlich sieht man gar kein Wasser-

Auswanderer auf dem Rhein

geflügel darauf. Das ist doch arg! ein Fluß ohne Vögel kommt mir so gedankenlos vor. Doch still! lieber, lieber Geheimrat, nur nicht böse auf mich; ich möchte lieber mein ganzes Leben keinen Wasservogel mehr sehen, als Sie, teurer Mann, einen Augenblick erzürnen.

KARL IMMERMANN

Auf dem Dampfschiff und die Ebene der Nibelungen

Auf dem Dampfschiffe die altbekannten Gegenden wieder begrüßt. Die Natur macht noch wenig Eindruck auf mich, ich habe das schwärmerische Versenken in das tote Zeug satt. Die Rheinlandschaft steht weit über Gebühr im Preise. Dieses kulissenartige Geschiebe von Schiefer, ohne Wald, nur mit den starren Weinpfählen gespickt, hat etwas gar Monotones. Ein paar Punkte sind indessen vortrefflich, dazu gehört das Siebengebirge, Koblenz, die Gegend bei Bingen, das Mainzer Panorama.

Die Menschenwelt ist *meine* Welt. Wie ich in vielen Dingen altfränkisch bin, so habe ich auch das etwas abgekommene Gefühl der Cinquecentisten. Die Gruppe bleibt mir Hauptsache, Strom, Fels und Wald sehe ich als Nebenwerk an. Dafür sich schmachtend zu begeistern, verrät immer etwas Hysterie oder Schwäche.

So ein Dampfschiff ist eine Musterkarte der Stände und Temperamente, obgleich das unsrige der schlechten Zeiten wegen, schwach besetzt war. Ich spazierte hin und her, und schickte meine ruhigen und gleichgültigen Blicke auf Entdekkung der Rassenunterschiede aus. [...]

Von Koblenz nach Mainz. Die Gesellschaft war nicht so munter, als tags vorher. Bei Tische saß ich zwischen zwei Männern, die in Indien gewesen waren. Der eine schien ein Schiffschirurgus zu sein. Man kam auf das Tagesgespräch: die

Cholera. Der Chirurgus wollte sie mit Porter kurieren. Der andre verordnete alten Kognak dagegen. Sie machten schreckliche Beschreibungen von den Verwüstungen, die das Übel am Ganges anrichte, herdenweise mähe es die Menschen nieder, wirke blitzschnell und schlagflußartig, dennoch werde dort nicht viel darauf geachtet.

Auf dem Verdecke saß eine Dame, die mit ihren Begleitern von morgens sieben Uhr, bis nachmittags vier Uhr, wo sie bei Bingen ausstieg, unaufhörlich sprach, und dazu fortwährend strickte. Nach der Beobachtung einer witzigen Freundin soll beständiges Sprechen und Stricken das Merkmal einer deutschen Professorsfrau sein. Ich brachte sie daher in dieser Rubrik unter und teilte meine Wahrnehmung einem jungen Menschen mit, zu dem ich mich hielt, weil er belesen zu sein schien, und allerhand drollige Einfälle hatte. Er ging gleich in den angeschlagnen Ton ein, und trug eine ganze Klassifikationstheorie vor.

»Auch ich habe bemerkt«, sagte er, »daß man unterwegs der Frau schon von außen den Stand des Mannes ansehen kann. Die Ehehälfte eines Bankiers pflegt sehr breit zu sitzen, wenn sie sich auch im Gesichte nervenschwach anstellt, Beamtenweiber haben eine eigne kümmerliche Administrations- oder Sportelfalte unter dem linken Auge, Doktorinnen mustern die Gestalt. Bei einer Offiziersfrau muß man unterscheiden. Ist es eine Lieutenantin, so genießt sie unterwegs gar nichts, oder etwas trocknen Zwieback aus dem Strickbeutel. Eine Majorin ißt und trinkt zwar, sieht sich aber währenddessen nach einem Lieutenant von ihres Mannes Bataillon um, dem sie die Bezahlung auftragen kann.«

So ging es, jeanpaulisch-hoffmannisierend noch eine Zeitlang weiter. Ich machte das Experiment mit ihm in mehreren Ausdrucksweisen, und fand, daß ihm das äußere Gewand eines jeden Schriftstellers gleich gerecht war.

Indessen las, während Berg, Fels und Ruine an dem Schiffe

vorbeiflogen, ein Schulmann meiner strickenden Professorin aus einer Reisebeschreibung vor, und der Gegenwart kam kein Blick zu.

Ich spottete im stillen hierüber, zahlte aber bald darauf Revanche, als die beständig wechselnden Prospekte mich im eigentlichen Sinne des Worts zu langweilen begannen. Überhaupt ermüdet die Reise auf dem Dampfschiffe bei aller scheinbaren Bequemlichkeit sehr. Zu dem verwirrenden Lärmen der Maschinen gesellt sich das Hin- und Herlaufen, und die unangenehm-schütternde Bewegung.

Abends erschien Mainz mit seinen Türmen von rotem Stein, in der wunderschönen Hügel- und Bergumkränzung. [...]

Dem Meßlärmen entronnen, der selbst bei Nacht in den Korridoren des Gasthofs nicht austobte, war ich schon in der öden, stillen Gegend bis Darmstadt sehr froh. Am Elementarischen kann ich ein unterschiedloses Gekräusel ertragen, löscht aber die beseelte Menschenwelt in gleichgültigen Wogen aus, so faßt mich bald ein Schwindel. Das ist meine Empfindung in allen großen lärmenden Versammlungen.

Darmstadt selbst ist nun freilich gar zu still. Diese kleinen Residenzen haben ein zwiespältiges Dasein. In der Regel fehlt es ihnen nicht an einem Kreise vorzüglicher Menschen, der sich aber doch bald aushöhlt, weil es an der soliden Unterlage größerer Verhältnisse gebricht.

Worms in seinen Weingärten bot uns den Dom, dessen vier runde Türme gedrungen aufsteigen. Das Werk ist byzantinisch, oder, da dieses Wort in Verruf zu kommen scheint, vorgotisch, und macht sowohl innen, als außen durch seine derben Konstruktionen einen kompakten Eindruck. An der einen Seite ist gotisch hineingebaut, was die Urform entstellt. Im halbverfallnen Umgange fand ich Trümmer von großen Wandhautreliefs, Darstellungen aus der Leidensgeschichte, die mir vortrefflich zu sein schienen, und in die Skizzenbücher unsrer wandernden Kunstjünger zu gelangen verdienten.

Hinter dem Chor soll Siegfried begraben sein, natürlich nur fabelhafterweise, indessen ist es angenehm, wenn sich das Poetischmögliche so nach Ort und Stelle verwirklicht. Der Glöckner blieb aber in allgemeinen Reden hangen, und es kam keine ordentliche Deutung heraus. Überhaupt haben die Führer in diesen Gegenden wenig Phantasie und sind schlecht unterrichtet.

Das Gebäude ist ganz leer. Als der Glöckner nach Gemälden und sonstigen Bildwerken befragt ward, sagte er: »Das haben die Franzosen zerstört.« So lautet vom Orléansschen Kriege her die Klage hier, in der Pfalz, den Rhein hinabwärts bis zur Ahr, überall, wo man eine Ruine, oder eine ausgeleerte Stätte sieht.

Ich stieg zu dem Absatze des einen Turms empor, und sah nun die herrliche Ebne der Nibelungen vor mir ausgebreitet. Sanfte Hügelzüge teilen die Fläche in mäßige Quartiere ab, der Rhein schlendert in Bogenkrümmungen daran her, in der Ferne begrenzen die Aussicht Taunus und Odenwald, rechts Donnersberg, Vogesen und Hardtgebirge. Kehrt man nun in die Nähe zurück, so versteckt sich mehr, als daß er sich aufdrängte, ein blasser grauer Werder im Rheine. Das ist der Rosengarten.

Die beiden größten Epen der Welt spielen in räumigen gebirgumgrenzten Flächen. Man fühlt es, nur ein solches Terrain mit seiner ruhigen Mannigfaltigkeit ist der Boden jener Gattung. Da gedeiht das Heldengedicht, wie in enger Felsgegend die Sage sich anekdotenhaft verdichtet oder zersplittert.

Ein Ruisdaelscher weißblauer Himmel lag segnend über der Bergstraße, die von allen Geistern der Fruchtbarkeit strotzte. Man glaubt es nicht, daß die Erde so viel tragen könne. Reben, so weit man sieht, dazwischen Obstbaum an Obstbaum, und alle Feldfrüchte, Tabak, Hanf, Mais. Dazu der schöne einfache Gegensatz, links die sanften, lieben Hügel, beherrscht vom Melibokus, rechts die goldne Fläche im sanftvermittelnden Abendlichte! Man sieht doch auch wieder deutsche Bauern in viereckten Röcken, mit breitkrempigen Hüten. Nichts Unleidlicheres, als ein halbschlächtig gekleidetes Landvolk!

Es war spät, als der Wagen über die steinerne Brücke fuhr. Hell sahen die Fenster Heidelbergs herüber, und spiegelten sich im Neckar, der von unten ungewiß murmelte, die dunkeln Umrisse des Gebirgs besäumten das späte Bild.

Ich kannte hier niemanden und wollte auch niemanden kennenlernen. Es ist eine eigne Empfindung, nach wechselnden Tageseindrücken abends in eine fremde Stadt zu fahren, wo keine Seele uns erwartet. Wir suchen nichts, und möchten doch alles hoffen. So wird es einst bei der letzten Reise sein. Du bewegst dich den streifenden Lichtern entgegen, sie gelten dir nicht und du giltst ihnen nichts, ein unendliches Verzagen ergreift dich, eine weite Leere spannt sich durch deine Brust aus, endlich bist du da, Fremdes begrüßt dich, und alles ist anders, ganz anders.

Aus: Reisejournal

FRIEDRICH ENGELS

Siegfrieds Heimat

Do wuohs in Niderlanden eins richen Küneges kint,
Sin vater hiez Siegmunt, sin muoter Siglint,
In einer bürge riche, diu witen was bekant,
Niden bi dem Rine, diu was ze Santen genant.

Der Nibelunge Not, [I] 20

Nicht allein oberhalb Köln sollte der Rhein besucht werden, und namentlich die deutsche Jugend sollte sich nicht dem reisenden John Bull gleichstellen, der sich von Rotterdam bis Köln in der Kajüte des Dampfschiffes langweilt, und erst dann aufs Verdeck steigt, weil hier sein Panorama des Rheins von Köln bis Mainz oder sein Guide for travellers on the Rhine beginnt. Die deutsche Jugend sollte sich einen wenig besuchten Ort zum Wallfahrtsorte wählen, ich meine die Heimat Hürnensiegfrieds, *Xanten.*

Römerstadt, wie Köln, blieb es im Mittelalter klein und äußerlich unbedeutend, während Köln groß wurde und einem kurfürstlichen Erzbistume den Namen gab. Aber Xantens Kathedrale blickt in herrlicher Vollendung weithin in die Prosa der holländischen Sandfläche, und Kölns kolossaler Dom blieb Torso; aber Xanten hat Siegfried und Köln nur den heiligen Hanno, und was ist das Hannolied gegen die Nibelungen!

Ich kam vom Rheine her. Durch enge, verfallene Tore trat ich in die Stadt; schmutzige, enge Gassen führten mich auf den freundlichen Markt, und von dort schritt ich auf ein überbautes Tor in der Mauer zu, die den ehemaligen Klosterhof mit der Kirche umgrenzte. Über dem Tore, rechts und links, unter den beiden Türmchen, standen zwei Basreliefs, unverkennbar zwei Siegfriede, leicht von dem Schutzpatron der Stadt, dem über jeder Haustüre abgebildeten heiligen Viktor, zu unterscheiden. Der Held steht da, im enganschließenden Schuppenpanzer, den Speer in der Hand, auf dem Bilde rechts dem Lindwurm den Speer in den Rachen rennend, links den »starken Zwerg« Alberich niedertretend. Es war mir auffallend, diese Bildwerke in Wilhelm Grimms deutscher Heldensage, wo doch sonst alles gesammelt ist, was sich auf den Gegenstand bezieht, nicht erwähnt zu finden. Auch sonst erinnere ich mich nicht, von ihnen gelesen zu haben, und doch gehören sie mit zu den wichtigsten Zeugnissen für die örtliche Anknüpfung der Sage im Mittelalter.

Ich durchschritt den hallenden, gotisch gewölbten Torweg und stand vor der Kirche. Die griechische Baukunst ist helles, heiteres Bewußtsein, die maurische Trauer, die gotische heilige Ekstase; die griechische Architektur ist lichter, sonniger Tag, die maurische sterndurchflimmerte Dämmerung, die gotische Morgenröte. Hier vor dieser Kirche empfand ich, wie niemals, die Gewalt des gotischen Baustils. Nicht zwischen modernen Gebäuden, wie der Kölner Dom, oder gar verbaut mit Häusern, die sich Schwalbennestern gleich daran gehängt haben, wie die Kirchen in den norddeutschen Städten, erregt eine gotische Kathedrale den bewältigendsten Eindruck; sondern nur zwischen waldigen Bergen, wie die Kirche von Altenberg im Bergischen, oder wenigstens getrennt von allem Fremdartigen, Modernen, zwischen Klostermauern und alten Gebäuden, wie der Dom von Xanten. Da erst empfindet man es tief, was ein Jahrhundert vollbringen kann, wenn es sich mit aller seiner Macht auf ein Einziges, Großes wirft. Und stände erst der Kölner Dom so frei und dem Blick von allen Seiten, in allen seinen riesigen Dimensionen so offen, wie die Kirche von Xanten, wahrlich, das neunzehnte Jahrhundert müßte sterben vor Scham, daß es mit all seiner Superklugheit dieses Gebäude nicht vollenden kann. Denn wir kennen die religiöse Tat nicht mehr, und darum wundern wir uns auch über eine Mistreß Fry, die im Mittelalter zu den gewöhnlichsten Erscheinungen gehört hätte.

Ich trat in die Kirche; es wurde gerade das Hochamt gehalten. Die Orgeltöne brausten vom Chor herunter, eine jubelnde Schar herzenerobernder Krieger, und jagten durch das hallende Schiff, bis sie sich in den entfernteren Gängen der Kirche verliefen. Und laß auch du dein Herz von ihnen bezwingen, Sohn des neunzehnten Jahrhunderts – diese Klänge haben Stärkere und Wildere gebändigt denn du! Sie haben die alten deutschen Götter aus ihren Hainen vertrieben, sie haben die Helden einer großen Zeit über das stürmische Meer, durch die Wüste und ihre nie besiegten Kinder nach Jerusalem geführt, sie sind die Schatten tatendürstender, heißblütiger Jahrhunderte! Dann aber, wenn die Posaunen das Wunder der Transsubstantiation verkünden, wenn der Priester die blitzende Monstranz erhebt und alles Bewußtsein der Gemeine trunken ist vom Wein der Andacht, dann stürze hinaus, rette dich, rette dein Denken aus diesem Meere des Gefühls, das durch die Kirche wogt, und bete draußen zu dem Gott, des Haus nicht von Menschenhänden gemacht ist, der die Welt durchhaucht und im Geist und in der Wahrheit angebetet sein will.

Erschüttert ging ich weg und ließ mich zu einem Gasthof, dem einzigen des Städtchens, zeigen. Als ich in die Wirtsstube trat, merkte ich, daß ich in Hollands Nachbarschaft sei. Eine seltsam gemischte Ausstellung von Gemälden und Kupferstichen an den Wänden, ins Glas geschnittenen Landschaften an den Fenstern, Goldfischen, Pfauenfedern und tropischen Blattgerippen vor dem Spiegel zeigte recht deutlich den Stolz des Wirtes, Dinge zu besitzen, die andere nicht haben. Diese Raritätensucht, die in entschiedener Geschmacklosigkeit sich mit den Produkten der Kunst und Natur, gleichviel ob schön oder häßlich, umgibt und die sich am wohlsten in einem Zimmer befindet, das von solchen Unsinnigkeiten strotzt, das ist die Erbsünde des Holländers. Welch ein Schauder ergriff mich aber erst, als der gute Mann mich in seine sogenannte Gemäldesammlung führte! Ein kleines Zimmer, die Wände ringsum dicht bedeckt von Gemälden geringen Wertes, obwohl er behauptete, Schadow habe ein Porträt, welches freilich viel hübscher war als die übrigen, für einen Hans Holbein erklärt. Einige Altarbilder von Jan van Calcar (einem benachbarten Städtchen) hatten lebhaftes Kolorit und würden dem Kenner interessant gewesen sein. Aber wie war dieses Zimmer noch sonst dekoriert! Palmenblätter, Korallenzweige und dergleichen ragten aus jeder Ecke hervor, ausgestopfte Eidechsen waren überall angebracht, auf dem Ofen standen ein paar von bunten Seemuscheln zusammengesetzte Figuren, wie man sie namentlich in Holland häufig findet; in einer Ecke stand die Büste des Kölners Wallraf und unter ihr hing der mumienhaft ausgedörrte Leichnam einer Katze, die mit einem Vorderfuß einem gemalten Christus am Kreuz gerade ins Gesicht trat. Sollte einer meiner Leser einmal nach Xanten in dies einzige Hotel verschlagen werden, so frage er den gefälligen Wirt nach seiner schönen antiken Gemme; er besitzt eine wunderschöne, in einen Opal geschnittene Diana, die mehr wert ist als seine ganze Gemäldesammlung.

In Xanten muß man nicht versäumen, die Sammlung von Altertümern des Herrn Notar Houben zu sehen. Hier ist fast alles vereinigt, was auf dem Boden der Castra vetera ausgegraben und aufgefunden wurde. Die Sammlung ist interessant, doch enthält sie nichts von besonderem Kunstwert, wie das von einer Militärstation, wie Castra vetera war, auch zu erwarten ist. Die wenigen schönen Gemmen, die hier gefunden wurden, sind ganz zerstreut in der Stadt; das einzige größere Denkmal der Skulptur ist eine etwa drei Fuß lange Sphinx im Besitze des erwähnten Gastwirts; sie ist von gewöhnlichem Sandstein, schlecht erhalten, übrigens auch nie schön gewesen.

Ich ging vor die Stadt und bestieg einen Sandberg, die einzige natürliche Erhöhung in weitem Kreise. Das ist der Berg, wo nach der Sage Siegfrieds Burg gestanden hat. Am Eingange eines Fichtenwaldes setzte ich mich nieder und sah auf die Stadt herab. Von allen Seiten durch Dämme umgeben, lag sie in einem Kessel, über dessen Rand sich nur die Kirche majestätisch erhob. Rechts der Rhein, der mit breiten, blinkenden Armen eine grüne Insel umschließt, links die Clevischen Berge in blauer Ferne.

Was ist es, das uns in der Sage von Siegfried so mächtig ergreift? Nicht der Verlauf der Geschichte an sich, nicht der schmählichste Verrat, dem der jugendliche Held unterliegt; es ist die tiefe Bedeutsamkeit, die in seine Person gelegt ist. Siegfried ist der Repräsentant der deutschen Jugend. Wir alle, die wir ein von den Beschränkungen des Lebens noch ungebändigtes Herz im Busen tragen, wissen, was das sagen will. Wir fühlen alle denselben Tatendurst, denselben Trotz gegen das Herkommen in uns, der Siegfrieden aus der Burg seines Vaters trieb; das ewige Überlegen, die philiströse Furcht vor der frischen Tat ist uns von ganzer Seele zuwider, wir wollen hinaus in die freie Welt, wir wollen die Schranken der Bedächtigkeit umrennen und ringen um die Krone des Lebens, die Tat. Für Riesen und Drachen haben die Philister auch gesorgt, namentlich auf dem Gebiete von Kirche und Staat. Aber das Zeitalter ist nicht mehr; man steckt uns in Gefängnisse, Schulen genannt, wo wir, statt selber um uns zu schlagen, das Zeitwort: schlagen so recht zum Spott durch alle Modi und Tempora griechisch durchkonjugieren müssen, und wenn man uns aus der Disziplin losläßt, so fallen wir der Göttin des Jahrhunderts, der Polizei, in die Arme. Polizei beim Denken, Polizei beim Sprechen, Polizei beim Gehen, Reiten und Fahren, Pässe, Aufenthaltskarten und Douanenscheine – es schlage der Teufel Riesen und Drachen tot! Nur den Schein der Tat haben sie uns gelassen, das Rapier statt des Schwertes; und was soll alle Fechterkunst mit dem Rapier, wenn wir sie nicht mit dem Schwerte anwenden dürfen? Und wenn einmal die Schranken durchbrochen werden, wenn die Philisterei und der Indifferentismus einmal überritten wird, wenn der Tatendrang sich Luft macht – seht ihr dort jenseits des Rheines den Turm von Wesel? Die Zitadelle jener Stadt, die eine Burg der deutschen Freiheit genannt wird, sie ist ein Grab der deutschen Jugend geworden, und sie muß der Wiege des größten deutschen Jünglings grade gegenüberliegen! Wer hat dort gesessen? Studenten, welche nicht umsonst wollten fechten gelernt haben, vulgo Duellanten und Demagogen. Jetzt, nach der Amnestie Friedrich Wilhelms IV., darf man es sagen, daß diese Amnestie ein Akt nicht nur der Gnade, sondern auch der Gerechtigkeit war. Alle Prämissen und namentlich die Notwendigkeit zugegeben, daß der Staat gegen diese Verbindungen einschreiten mußte; so werden doch alle, die das Wohl des Staates nicht im blinden Gehorsam, in der strikten Subordination sehen, darin mit mir übereinstimmen, daß durch die Behandlung der Beteiligten eine Restitution derselben in Ehren und Würden bedingt war. Die demagogischen Verbindungen unter der Restauration und nach den Julitagen waren ebenso erklärlich, wie sie jetzt unmöglich sind. Wer hatte denn damals jede freie Regung unterdrückt, wer hatte das Pochen des jugendlichen Herzens unter »provisorische« Kuratel gestellt? Und wie sind jene Unglücklichen behandelt worden? Kann man es leugnen, daß dieser Rechtsfall grade dazu gemacht ist, um alle Nachteile und Fehler der schriftlichen und geheimen Rechtspflege ins hellste Licht zu stellen, um den Widerspruch zu beweisen, daß besoldete *Staatsdiener*, anstatt unabhängiger Geschwornen, über Anklagen auf Vergehen gegen den Staat zu richten haben; kann man es leugnen, daß die ganze Verurteilung in

Bausch und Bogen, »im Rummel«, wie die Kaufleute sagen, geschehen ist?

Doch ich will hinuntergehen an den Rhein und lauschen, was die abendrotumstrahlten Wellen der Muttererde Siegfrieds erzählen von seinem Grabe zu Worms und vom versenkten Horte. Vielleicht daß eine gütige Fee Morgana mir das Schloß Siegfrieds neu erstehen läßt oder mir vorspiegelt, was seinen Söhnen im neunzehnten Jahrhundert für Heldentaten vorbehalten sind.

MAX SCHNECKENBURGER

Die Wacht am Rhein

Es braust ein Ruf wie Donnerhall,
Wie Schwertgeklirr und Wogenprall:
Zum Rhein, zum Rhein, zum deutschen Rhein!
Wer will des Stromes Hüter sein?
Lieb Vaterland, magst ruhig sein;
Fest steht und treu die Wacht am Rhein!

Durch Hunderttausend zuckt es schnell,
Und aller Augen blitzen hell:
Der deutsche Jüngling, fromm und stark,
Beschirmt die heilge Landesmark.
Lieb Vaterland, magst ruhig sein;
Fest steht und treu die Wacht am Rhein!

Er blickt hinauf in Himmelsaun,
Wo Heldengeister niederschaun,
Und schwört mit stolzer Kampfeslust:
»Du, Rhein, bleibst deutsch wie meine Brust.«
Lieb Vaterland, magst ruhig sein;
Fest steht und treu die Wacht am Rhein!

So lang ein Tropfen Blut noch glüht,
Noch eine Faust den Degen zieht
Und noch ein Arm die Büchse spannt,
Betritt kein Feind hier deinen Strand.

Lieb Vaterland, magst ruhig sein;
Fest steht und treu die Wacht am Rhein!

Der Schwur erschallt, die Woge rinnt,
Die Fahnen flattern hoch im Wind:
Am Rhein, am Rhein, am deutschen Rhein,
Wir alle wollen Hüter sein!
Lieb Vaterland, magst ruhig sein;
Fest steht und treu die Wacht am Rhein!

Weinetikett

GEORG HERWEGH

Rheinweinlied

Wo solch ein Feuer noch gedeiht,
Und solch ein Wein noch Flammen speit,
Da lassen wir in Ewigkeit
Uns nimmermehr vertreiben.
Stoßt an! Stoßt an! Der Rhein,
Und wär's nur um den Wein,
Der Rhein soll deutsch verbleiben.

Herab die Büchsen von der Wand,
Die alten Schläger in die Hand,
Sobald der Feind dem welschen Land
Den Rhein will einverleiben!
Haut, Brüder, mutig drein!
Der alte Vater Rhein,
Der Rhein soll deutsch verbleiben.

Das Recht' und Link', das Link' und Recht',
Wie klingt es falsch, wie klingt es schlecht!
Kein Tropfen soll, ein feiger Knecht,
Des Franzmanns Mühle treiben.
Stoßt an! Stoßt an! Der Rhein,
Und wär's nur um den Wein,
Der Rhein soll deutsch verbleiben.

Der ist sein Rebenblut nicht wert,
Das deutsche Weib, den deutschen Herd,
Der nicht auch freudig schwingt sein Schwert,
Die Feinde aufzureiben.
Frisch in die Schlacht hinein!
Hinein für unsern Rhein!
Der Rhein soll deutsch verbleiben.

O edler Saft, o lauter Gold,
Du bist kein ekler Sklavensold!
Und wenn ihr Franken kommen wollt,
So laßt vorher euch schreiben:
Hurra! Hurra! Der Rhein,
Und wär's nur um den Wein,
Der Rhein soll deutsch verbleiben.

NIKOLAUS BECKER

Der deutsche Rhein

Sie sollen ihn nicht haben,
Den freien deutschen Rhein,
Ob sie wie gierge Raben
Sich heiser danach schrein,

Solang er ruhig wallend
Sein grünes Kleid noch trägt,
Solang ein Ruder schallend
In seine Woge schlägt!

Sie sollen ihn nicht haben,
Den freien deutschen Rhein,
Solang sich Herzen laben
An seinem Feuerwein;

Solang in seinem Strome
Noch fest die Felsen stehn,
Solang sich hohe Dome
In seinem Spiegel sehn!

Sie sollen ihn nicht haben,
Den freien deutschen Rhein,
Solang dort kühne Knaben
Um schlanke Dirnen frein;

Flugblatt, 1840

Solang die Flosse hebet
Ein Fisch auf seinem Grund,
Solang ein Lied noch lebet
In seiner Sänger Mund!

Sie sollen ihn nicht haben,
Den freien deutschen Rhein,
Bis seine Flut begraben
Des letzten Manns Gebein!

Karikatur, 1841

ALFRED DE MUSSET

Der deutsche Rhein

Antwort auf das Lied von Becker

Wir haben ihn gehabt, den deutschen Rhein.
  In unserm Glas sahn wir ihn funkeln.
  Mit eures Schlagers Prahlerein
  Wollt ihr die stolze Spur verdunkeln,
Die unsrer Rosse Huf grub euch ins Blut hinein?

Wir haben ihn gehabt, den deutschen Rhein.
  In seiner Brust klafft eine Wunde.
  Das Kleid mit seinem grünen Schein
  Zerriß Condé in stolzer Stunde.
Wo Väter eingekehrt, kehrt leicht der Sohn auch ein.

Wir haben ihn gehabt, den deutschen Rhein.
  Wo waren die Germanensitten,
  Als über eure Länderein
  Des mächtgen Kaisers Schatten glitten?
Wo denn liegt eingesargt des letzten Manns Gebein?

Wir haben ihn gehabt, den deutschen Rhein.
  Habt ihr das Weltgeschehn vergessen,
  So dachten eure Jüngferlein
  Um so viel mehr an uns indessen.
Sie füllten uns den Krug mit eurem kleinen Wein.

Karikatur, 1841

Gehört er euch denn, euer deutscher Rhein,
  Wascht die Livree darin bescheiden;
  Doch mäßigt euer stolzes Schrein.
  Wieviele Raben, auszuweiden
Den todeswunden Aar, mögt ihr gewesen sein?

Laßt friedlich fließen euern deutschen Rhein;
  Er spiegele geruhsam wider
  Der Dome gotisches Gestein;
  Doch hütet euch, durch trunkne Lieder
Von ihrem blutgen Schlaf die Toten zu befrein.

Karikatur, 1841

ROBERT PRUTZ

Der Rhein

Der deutsche Rhein –! Wie klingt das Wort so mächtig!
Schon sehn wir ihn, den goldig grünen Strom,
Mit heitern Städten, Burgen stolz und prächtig,
Die Lurlei dort und dort den Kölner Dom!
Der freie Rhein –! Gedächtnis unsrer Siege,
Du mit dem Blut der Edelsten getauft,
Ruhm unsrer Väter, die in heilgem Kriege
Mit Liedern nicht, mit Schwertern dich erkauft! –

Ich sah ihn auch – es war ein böses Zeichen,
Novemberwolken hingen drüber hin,
Nicht strömen, nein, mich dünkt, ich sah sie schleichen,
Die goldne Flut wie eine Bettlerin:
Als klagte sie, daß noch mit Zoll und Banden
Sie ungestraft der Fremdling knechten darf,
Daß noch ein Wort, verfälscht und mißverstanden,
Sie von des Meeres keuschem Busen warf.

Ich sah das Land – die Traube sah ich reifen,
Die rechte Milch, um Männer großzuziehn,
Ließ weit hinaus mein flammend Auge schweifen,
Dem nie ein Traumbild lieblicher erschien:
Ein lautes Echo donnernd fortzutragen,
Schien Strom und Tal und Felsen mir bereit;
Doch – grad heraus: man darf das Wort nicht wagen,
Das freie Wort, ihr wißt es, ist gefeit!

Wer hat nun Recht, zu sagen und zu singen
Vom freien Rhein, dem freien deutschen Sohn?
O diese Lieder, die so mutig klingen,
Beim ewgen Gott, sie dünken mich wie Hohn!
Ja wolltet ihr erwägen und bedenken,
Welch stolzes Wort von eurer Lippe kam,
Ihr müßtet ja das Auge niedersenken
Mit bittern Tränen, voller Zorn und Scham!

Es gilt nicht dir, der du zuerst gesungen
Das stolze Wort vom freien deutschen Rhein,
Das durch die Welt sich adlergleich geschwungen:
Dich schließ im Geist in meinen Arm ich ein!
Aus voller Brust ist dir das Lied gequollen,
Und nicht im Käfig hast du es bewahrt:
Frei fliegt es hin, wohin die Winde wollen –
Du tatest Recht! und das ist Sängerart.

Euch gilt mein Ruf, ihr Fürsten und Vasallen,
In deren Händen unser Schicksal liegt!
Euch Deutschen gilt es, nah und fern, euch allen,
So weit ein Hauch von deutschem Munde fliegt:
Mit euch zuerst müßt ihr den Kampf beginnen!
Soll unverführt von heiserem Geschrei
Und ungetrübt des Rheines Welle rinnen,
So seid zuerst ihr selber deutsch und frei!

Denn käme nun die Stunde der Gefahren,
Die wir am Himmel dämmernd schon gesehn,
Ich meine wohl, ihr würdet bald gewahren,
Daß es nicht leicht ist, Schlachten zu bestehn;
Nicht jene Burgen werden niedersteigen,
Die Mädchen küssen, aber kämpfen nicht,

Die stummen Fische, glaubt mir, werden schweigen,
Und Ruder brechen, wo ein Reich zerbricht.

's gibt einen andern, kräftigern Genossen,
Als jener Trümmer bröckelndes Gestein:
Wer ihm den Arm, den Busen ihm erschlossen,
Der siegt durch ihn – und auch durch ihn allein!
Ein Feuer ist's, das unauslöschlich zündet,
Ein Zauberwort, das Mauern niederreißt –
Drum frisch gewagt und euch mit ihm verbündet:
Es ist der deutsche, ist der freie Geist!

Gebt frei das Wort, ihr Herrn auf euren Thronen,
So wird das andre sich von selbst befrein.
Wagt's und vertraut! In allen euren Kronen,
Wo gibt's ein hellres, edleres Gestein?
Die Presse frei! Uns selber macht zum Richter,
Das Volk ist reif! Ich wag's und sag es laut:
Auf eure Weisen baut, auf eure Dichter,
Sie, denen Gott noch Größres auch vertraut!

Sei deutsch, mein Volk! Verlern den krummen Rücken,
An den du selbst unwürdig dich gewöhnt!
Mit freier Stirn, gradaufwärts mußt du blicken,
Vom eignen Mut gesittigt und verschönt.
Es kann den Fürsten selber nicht gefallen,
Dies schmeichlerisch demütige Geschlecht –
Ein offnes Auge! so geziemt es allen,
Zu Boden sieht das Tier nur und der Knecht. –

So wird's erreicht! Und wenn in künftgen Tagen
Das stolze Frankreich unsern Rhein begehrt,
Wir werden es mit Lächeln dann ertragen,
Dann ohne Lieder, doch die Hand am Schwert.

Denn dann gelang's, ihn ewig fest zu flechten,
Die goldne Freiheit soll die Fessel sein;
Dann lohnt es sich, bis in den Tod zu fechten,
Dann, deutsch und frei, dann bleibt er unser Rhein!

ROBERT PRUTZ

Dem Könige von Preußen

Zum Kölner Dombaufest, den 4. September 1842

Mit Festgeläut, Standarten, Ehrenbogen,
Den König grüßt der königliche Rhein:
Wie glänzt der Strom! wie drängen sich die Wogen!
Wie schaun die Ufer stolz und froh darein!
Die Freude jauchzt aus tausend muntern Kehlen,
Und donnernd trägt der Widerhall sie fort;
Doch darf zum Guten nicht das Beste fehlen:
Das ist, o Herr, ein freies Wort!

Du kommst, o Herr, zum Kölner Dombaufeste,
Mit eigner Hand den zweiten Grund zu weihn;
Sie rührten dich, der Vorzeit edle Reste,
Laut sprach zu dir das bröckelnde Gestein.
Ein Wink von dir –! und die Gerüste steigen,
Sich widerspiegelnd in dem goldnen Strom,
Und was sich auch für Wetterwolken zeigen,
Fortbaun willst du den Kölner Dom.

Fortbaun, fürwahr! da hast du es getroffen,
Das ist der Klang, der unserm Ohr gefällt.
Das ist es, das, was deine Völker hoffen,
Das ist die Losung der verjüngten Welt!
Nicht Dome bloß, nicht Burgen und Paläste,
Bau fort, o Herr, an einem andern Haus,

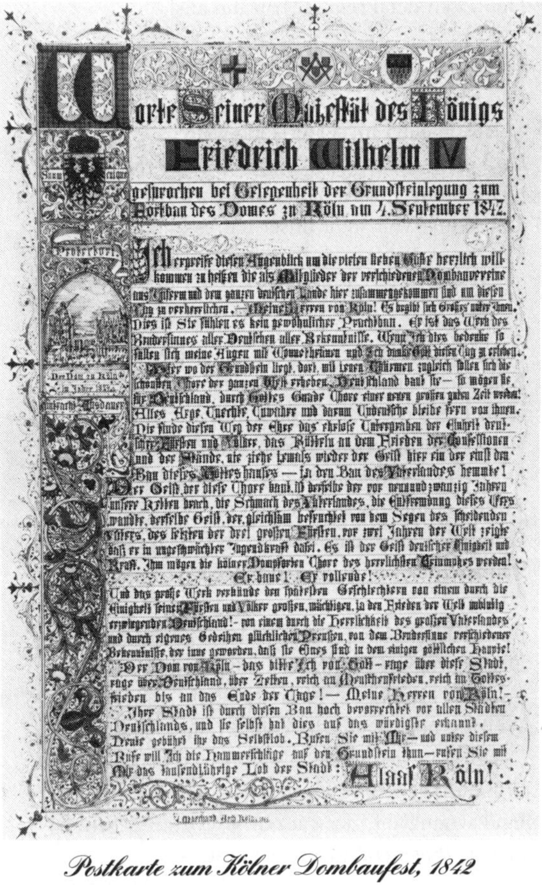

Worte Seiner Majestät des Königs
Friedrich Wilhelm IV
gesprochen bei Gelegenheit der Grundsteinlegung zum Fortbau des Domes zu Köln am 4. September 1842.

Ich ergreife diesen Augenblick um die vielen lieben Gäste herzlich willkommen zu heißen die als Mitglieder der verschiedenen Dombauvereine aus Unserm und dem ganzen deutschen Lande hier zusammengekommen sind um diesen Tag zu verherrlichen. — Meine Herren von Köln! Es begibt sich Großes unter Ihnen. Dies ist Sie fühlen es kein gewöhnlicher Prachtbau. Es ist das Werk des Brudersinnes aller Deutschen aller Bekenntnisse. Wenn Ich dies bedenke so füllen sich meine Augen mit Wonnethränen und Ich danke Gott diesen Tag zu erleben.

Hier wo der Grundstein liegt, dort, mit jenen Thürmen zugleich sollen sich die schönsten Thore der ganzen Welt erheben. Deutschland baut sie — so mögen sie, für Deutschland, durch Gottes Gnade Thore einer neuen großen guten Zeit werden! Alles Arge, Unechte, Unwahre und darum Undeutsche bleibe fern von ihnen. Nie finde diesen Weg der Ehre das ehrlose Untergraben der Einheit deutscher Fürsten und Völker, das Rütteln an dem Frieden der Confessionen und der Stände, nie ziehe jemals wieder der Geist hier ein der einst den Bau dieses Gotteshauses — ja den Bau des Vaterlandes hemmte! Der Geist der diese Thore baut, ist derselbe der vor neunundzwanzig Jahren unsere Ketten brach, die Schmach des Vaterlandes, die Entfremdung dieses Ufers wandte, derselbe Geist, der, gleichsam befruchtet von dem Segen des scheidenden Vaters, des letzten der drei großen Fürsten, vor zwei Jahren der Welt zeigte daß er in ungeschwächter Jugendkraft dasei. Es ist der Geist deutscher Einigkeit und Kraft. Ihm mögen die kölner Dompforten Thore des herrlichsten Triumphes werden!

Er baue! Er vollende!

Und das große Werk verkünde den spätesten Geschlechtern von einem durch die Einigkeit seiner Fürsten und Völker großen, mächtigen, ja den Frieden der Welt unblutig erzwingenden Deutschland! — von einem durch die Herrlichkeit des großen Vaterlandes und durch eigenes Gedeihen glücklichen Preußen, von dem Brudersinne verschiedener Bekenntnisse, der inne geworden, daß sie Eines sind in dem einigen göttlichen Haupte!

Der Dom von Köln — das bitte Ich von Gott — rage über diese Stadt, rage über Deutschland, über Zeiten, reich an Menschenfrieden, reich an Gottesfrieden bis an das Ende der Tage! — Meine Herren von Köln! — Ihre Stadt ist durch diesen Bau hoch bevorrechtet vor allen Städten Deutschlands, und sie selbst hat dies auf das würdigste erkannt. Heute gebührt ihr das Selbstlob. Rufen Sie mit Mir — und unter diesem Rufe will Ich die Hammerschläge auf den Grundstein thun — rufen Sie mit Mir das tausendjährige Lob der Stadt: Alaaf Köln!

Postkarte zum Kölner Dombaufest, 1842

Bau fort, bau fort an einer andern Feste:
Den Dom der Freiheit, bau ihn aus!

Fortbaun allein, fortbauen heißt erhalten!
Dieselbe Huld, die du dem Dom beschert,
O laß sie auch im Vaterlande walten,
Und dies, fürwahr! ist einen Grundstein wert.
Dem Dome gleich, halb fertig, halb Ruine,
Erwartungsvoll steht unser teures Land:
Es schaut dich an, es fleht mit stummer Miene –
Auch ihm, auch ihm ein Wink der Hand!

Warum nicht ihm? Warum nur Steine tragen,
Nur Heilge meißeln, Wölbungen erbaun?
Kein Herz wird dir in diesen Mauern schlagen,
Kein Auge wird aus diesen Säulen schaun.
Dort aber kannst du Herzen dir entzünden,
Zum Tempel dort kannst du ein Volk dir weihn –
O lockt's dich nicht, *den* Tempel auch zu gründen,
Bauherr der Freiheit auch zu sein?

Dem Krane gleich dort auf des Turmes Mauer,
Der regungslos manch ein Jahrhundert stand,
So steht die Presse, Herr! Sie steht voll Trauer,
Weil sie noch nicht die volle Freiheit fand.
O laß auch sie, auch sie sich neu bewegen,
Wie du den Kran sich neu bewegen heißt,
Und wonnevoll, der ganzen Welt zum Segen,
Grüßt: *Protectori!* dich der Geist. –

Herr, zürne nicht! Wir wissen, was wir wollen,
Und daß wir's frei bekennen, das ist Pflicht.
Sieh, die Geschichte drängt! die Räder rollen!
Und wollt es Gott, Gott selber hielt sie nicht!

Gib frei den Weg! Denn Freiheit ist das beste,
Du baust mit ihr zugleich den eignen Thron:
So spricht das Wort zum zweiten Dombaufeste,
Sprich aus das Wort: *Konstitution!*

Das ist der Bau, zu welchem du berufen,
Auf diesen Säulen gründe sich dein Ruhm!
Hier knie du mit uns auf denselben Stufen:
Denn auch die Freiheit ist ein Heiligtum.
Paläste fallen, Dome können brechen,
Die Freiheit nur währt ewig, ewig fort,
Und ewig dann zu deinem Ruhm wir sprechen,
Das heut dich grüßt, das freie Wort!

ANNETTE VON DROSTE-HÜLSHOFF

Die Stadt und der Dom

Eine Karikatur des Heiligsten

»Der Dom! der Dom! der deutsche Dom!
Wer hilft den Kölner Dom uns baun!«
So fern und nah der Zeitenstrom
Erdonnert durch die deutschen Gaun.
Es ist ein Zug, es ist ein Schall
Ein ungemeßner Wogenschwall.
Wer zählt der Hände Legion
In denen Opferheller glänzt?
Die Liederklänge wer, die schon
Das Echo dieses Rufs ergänzt?

Und wieder schallt's vom Elbestrand:
»Die Stadt! die Stadt! der deutsche Port!«
Und wieder zieht von Land zu Land
Ein gabespendend Klingeln fort;
Die Schiffe ragen Mast an Mast,
Goldregen schüttet der Palast,
Wem nie ein eignes Dach beschert,
Der wölbt es über fremde Not,
Wem nie geraucht der eigne Herd,
Der teilt sein schweißbenetztes Brot.

Wenn eines ganzen Volkes Kraft
Für seines Gottes Heiligtum
Die Lanze hebt so Schaft an Schaft,

Wer glühte nicht dem schönsten Ruhm?
Und wem, wem rollte nicht wie Brand
Das Blut an seiner Adern Wand,
Wenn eines ganzen Volkes Schweiß
Gleich edlem Regen niederträuft,
Bis in der Aschensteppe heiß
Viel Tausenden die Garbe reift?

Man meint, ein Volk von Heilgen sei
Herabgestiegen über Nacht,
In ihrem Eichensarg aufs neu
Die alte deutsche Treu erwacht.
O werte Einheit, bist du eins –
Wer stände dann des Heilgenscheins,
Des Kranzes würdiger als du,
Gesegnete, auf deutschem Grund!
Du trügst den goldnen Schlüssel zu
Des Himmels Hort in deinem Bund.

Wohlan ihr Kämpen denn, wohlan
Du werte Kreuzesmassonei,
So gebt mir eure Zeichen dann
Und euer edles Feldgeschrei!
Da, horch! da stieß vom nächsten Schiff
Die Bootmannspfeife grellen Pfiff,
Da stiegen Flaggen ungezählt,
Kantate summte und Gedicht,
Der Demut Braun nur hat gefehlt,
Jehovas Namen hört' ich nicht.

Wo deine Legion, o Herr,
Die knieend am Altare baut?
Wo, wo dein Samariter, der
In Wunden seine Träne taut?

Ach, was ich fragte und gelauscht,
Der deutsche Strom hat mir gerauscht,
Die deutsche Stadt, der deutsche Dom,
Ein Monument, ein Handelsstift,
Und drüber sah wie ein Phantom
Verlöschen ich Jehovas Schrift.

Und wer den Himmel angebellt,
Vor keiner Hölle je gebebt,
Der hat sich an den Kran gestellt
Der seines Babels Zinne hebt.
Wer nie ein menschlich Band geehrt,
Mit keinem Leid sich je beschwert,
Der flutet aus des Busens Schrein
Unsäglicher Gefühle Strom,
Am Elbestrand, am grünen Rhein,
Da holt sein Herz sich das Diplom.

Weh euch, die ihr den zorn'gen Gott
Gehöhnt an seiner Schwelle Rand,
Meineid'gen gleich in frevlem Spott
Hobt am Altare eure Hand!
Er ist der Herr, und was er will
Das schaffen Leu und Krokodill! –
So baut denn, baut den Tempel fort,
Mit ird'schem Sinn den heil'gen Hag,
Daß euer beßrer Enkel dort
Für eure Seele beten mag!

Kennt ihr den Dom der unsichtbar
Mit tausend Säulen aufwärts strebt?
Er steigt wo eine gläub'ge Schar
In Demut ihre Arme hebt.
Kennt ihr die unsichtbare Stadt

Germania zerreißt ihre Ketten, 1848

Die tausend offne Häfen hat
Wo euer wertes Silber klingt?
Es ist der Samariter Bund,
Wenn Rechte sich in Rechte schlingt,
Und nichts davon der Linken kund.

O, er der alles weiß, er kennt
Auch eurer Seele ödes Haus;
Baut Magazin und Monument,
Doch seinen Namen laßt daraus!
Er ist kein Sand der glitzernd stäubt,
Kein Dampfrad das die Schiffe treibt,
Ist keine falsche Flagge die
Sich stahl der See verlorner Sohn,
Parol' nicht die zur Felonie
Ins Lager schmuggelt den Spion!

Baut, baut – um euer Denkmal ziehn
Doch Seufzer fromm und ungeschmückt,
Baut, – neben eurem Magazin
Wird doch der Darbende erquickt.
Ob eures Babels Zinnenhag
Zum Weltenvolk euch stempeln mag?
Schaut auf Palmyrens Steppenbrand,
Wo scheu die Antilope schwebt,
Die Stadt schaut an wo, ein Gigant,
Das Kolosseum sich erhebt.

Den Wurm der im geheimen schafft,
Den kalten nackten Grabeswurm,
Ihn tötet nicht des Armes Kraft,
Noch euer toller Liedersturm.
Ein frommes, keusches Volk ist stark,
Doch Sünde zehrt des Landes Mark;

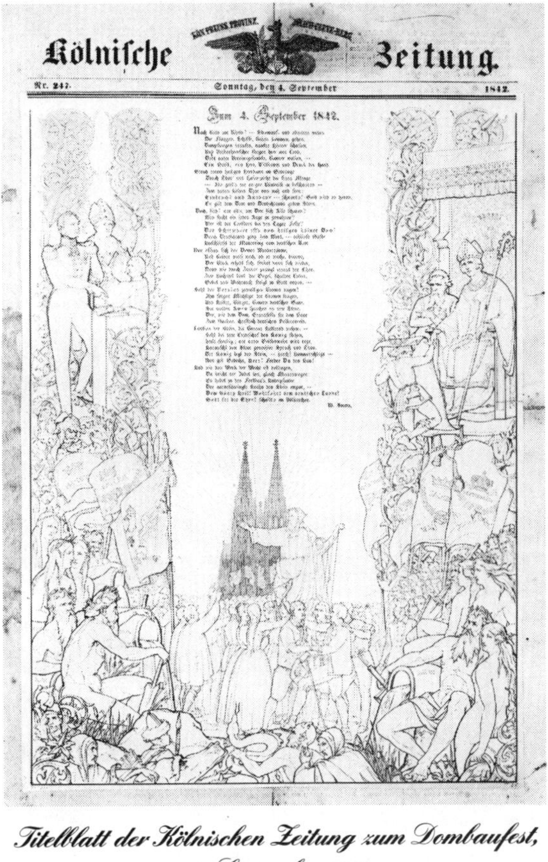

Kölnische Zeitung

Nr. 247. | Sonntag, den 4. September | 1842.

Zum 4. September 1842.

Titelblatt der Kölnischen Zeitung zum Dombaufest, 4. September 1842

Sie hat in deiner Glorie Bahn,
O Roma, langsam dich entleibt,
Noch steht die Säule des Trajan,
Und seine Kronen sind zerstäubt!

HEINRICH HEINE

AUS

Deutschland. Ein Wintermärchen

Zu Cöllen kam ich spät Abends an,
Da hörte ich rauschen den Rheinfluß,
Da fächelte mich schon deutsche Luft,
Da fühlt ich ihren Einfluß –

Auf meinen Appetit. Ich aß
Dort Eierkuchen mit Schinken,
Und da er sehr gesalzen war,
Mußt ich auch Rheinwein trinken.

Der Rheinwein glänzt noch immer wie Gold
Im grünen Römerglase,
Und trinkst du etwelche Schoppen zu viel,
So steigt er dir in die Nase.

In die Nase steigt ein Prickeln so süß,
Man kann sich vor Wonne nicht lassen!
Es trieb mich hinaus in die dämmernde Nacht,
In die widerhallenden Gassen.

Die steinernen Häuser schauten mich an,
Als wollten sie mir berichten
Legenden aus altverschollener Zeit,
Der heilgen Stadt Cöllen Geschichten.

Ja, hier hat einst die Klerisei
Ihr frommes Wesen getrieben,
Hier haben die Dunkelmänner geherrscht,
Die Ulrich von Hutten beschrieben.

Der Cancan des Mittelalters ward hier
Getanzt von Nonnen und Mönchen;
Hier schrieb Hochstraaten, der Menzel von Cöln,
Die giftgen Denunziaziönchen.

Die Flamme des Scheiterhaufens hat hier
Bücher und Menschen verschlungen;
Die Glocken wurden geläutet dabei
Und Kyrie Eleison gesungen.

Dummheit und Bosheit buhlten hier
Gleich Hunden auf freier Gasse;
Die Enkelbrut erkennt man noch heut
An ihrem Glaubenshasse. –

Doch siehe! dort im Mondenschein
Den kolossalen Gesellen!
Er ragt verteufelt schwarz empor,
Das ist der Dom von Cöllen.

Er sollte des Geistes Bastille sein,
Und die listigen Römlinge dachten:
In diesem Riesenkerker wird
Die deutsche Vernunft verschmachten!

Da kam der Luther, und er hat
Sein großes »Halt!« gesprochen –
Seit jenem Tage blieb der Bau
Des Domes unterbrochen.

Dom zu Köln

Er ward nicht vollendet – und das ist gut.
Denn eben die Nichtvollendung
Macht ihn zum Denkmal von Deutschlands Kraft
Und protestantischer Sendung.

ihr armen Schelme vom Domverein,
Ihr wollt mit schwachen Händen
Fortsetzen das unterbrochene Werk
Und die alte Zwingburg vollenden!

O törichter Wahn! Vergebens wird
Geschüttelt der Klingelbeutel,
Gebettelt bei Ketzern und Juden sogar;
Ist alles fruchtlos und eitel.

Vergebens wird der große Franz Liszt
Zum Besten des Doms musizieren,
Und ein talentvoller König wird
Vergebens deklamieren!

Er wird nicht vollendet, der Cölner Dom,
Obgleich die Narren in Schwaben
Zu seinem Fortbau ein ganzes Schiff
Voll Steine gesendet haben.

Er wird nicht vollendet, trotz allem Geschrei
Der Raben und der Eulen,
Die, altertümlich gesinnt, so gern
In hohen Kirchtürmen weilen.

Ja, kommen wird die Zeit sogar,
Wo man, statt ihn zu vollenden,
Die inneren Räume zu einem Stall
Für Pferde wird verwenden.

»Und wird der Dom ein Pferdestall,
Was sollen wir dann beginnen
Mit den heilgen drei Köngen, die da ruhn
Im Tabernakel da drinnen?«

So höre ich fragen. Doch brauchen wir uns
In unserer Zeit zu genieren?
Die heilgen drei Könge aus Morgenland,
Sie können wo anders logieren.

Folgt meinem Rat und steckt sie hinein
In jene drei Körbe von Eisen,
Die hoch zu Münster hängen am Turm,
Der Sankt Lamberti geheißen.

Der Schneiderkönig saß darin
Mit seinen beiden Räten,
Wir aber benutzen die Körbe jetzt
Für andre Majestäten.

Zur Rechten soll Herr Balthasar,
Zur Linken Herr Melchior schweben,
In der Mitte Herr Gaspar – Gott weiß, wie einst
Die Drei gehaust im Leben!

Die heilge Allianz des Morgenlands,
Die jetzt kanonisieret,
Sie hat vielleicht nicht immer schön
Und fromm sich aufgeführet.

Der Balthasar und der Melchior,
Das waren vielleicht zwei Gäuche,
Die in der Not eine Konstitution
Versprochen ihrem Reiche,

Und später nicht Wort gehalten – Es hat
Herr Gaspar, der König der Mohren,
Vielleicht mit schwarzem Undank sogar
Belohnt sein Volk, die Toren!

*

Und als ich an die Rheinbrück kam,
Wohl an die Hafenschanze,
Da sah ich fließen den Vater Rhein
Im stillen Mondenglanze.

Sei mir gegrüßt, mein Vater Rhein,
Wie ist es dir ergangen?
Ich habe oft an dich gedacht
Mit Sehnsucht und Verlangen.

So sprach ich, da hört ich im Wasser tief
Gar seltsam grämliche Töne,
Wie Hüsteln eines alten Manns,
Ein Brümmeln und weiches Gestöhne:

»Willkommen, mein Junge, das ist mir lieb,
Daß du mich nicht vergessen;
Seit dreizehn Jahren sah ich dich nicht,
Mir ging es schlecht unterdessen.

Zu Biberich hab ich Steine verschluckt,
Wahrhaftig, sie schmeckten nicht lecker!
Doch schwerer liegen im Magen mir
Die Verse von Niklas Becker.

Er hat mich besungen, als ob ich noch
Die reinste Jungfer wäre,
Die sich von niemand rauben läßt
Das Kränzlein ihrer Ehre.

Wenn ich es höre, das dumme Lied,
Dann möcht ich mir zerraufen
Den weißen Bart, ich möchte fürwahr
Mich in mir selbst ersaufen!

Daß ich keine reine Jungfer bin,
Die Franzosen wissen es besser,
Sie haben mit meinem Wasser so oft
Vermischt ihr Siegergewässer.

Das dumme Lied und der dumme Kerl!
Er hat mich schmählich blamieret,
Gewissermaßen hat er mich auch
Politisch kompromittieret.

Denn kehren jetzt die Franzosen zurück,
So muß ich vor ihnen erröten,
Ich, der um ihre Rückkehr so oft
Mit Tränen zum Himmel gebeten.

Ich habe sie immer so lieb gehabt,
Die lieben kleinen Französchen –
Singen und springen sie noch wie sonst?
Tragen noch weiße Höschen?

Ich möchte sie gerne wiedersehn,
Doch fürcht ich die Persiflage,
Von wegen des verwünschten Lieds,
Von wegen der Blamage.

Der Alfred de Musset, der Gassenbub,
Der kommt an ihrer Spitze
Vielleicht als Tambour, und trommelt mir vor
All seine schlechten Witze.«

So klagte der arme Vater Rhein,
Konnt sich nicht zufrieden geben.
Ich sprach zu ihm manch tröstendes Wort,
Um ihm das Herz zu heben:

O fürchte nicht, mein Vater Rhein,
Den spöttelnden Scherz der Franzosen;
Sie sind die alten Franzosen nicht mehr,
Auch tragen sie andere Hosen.

Die Hosen sind rot und nicht mehr weiß,
Sie haben auch andere Knöpfe,
Sie singen nicht mehr, sie springen nicht mehr,
Sie senken nachdenklich die Köpfe.

Sie philosophieren und sprechen jetzt
Von Kant, von Fichte und Hegel,
Sie rauchen Tabak, sie trinken Bier,
Und manche schieben auch Kegel.

Sie werden Philister ganz wie wir
Und treiben es endlich noch ärger;
Sie sind keine Voltairianer mehr,
Sie werden Hengstenberger.

Der Alfred de Musset, das ist wahr,
Ist noch ein Gassenjunge;
Doch fürchte nichts, wir fesseln ihm
Die schändliche Spötterzunge.

Und trommelt er dir einen schlechten Witz,
So pfeifen wir ihm einen schlimmern,
Wir pfeifen ihm vor, was ihm passiert
Bei schönen Frauenzimmern.

Gib dich zufrieden, Vater Rhein,
Denk nicht an schlechte Lieder,
Ein besseres Lied vernimmst du bald –
Leb wohl, wir sehen uns wieder.

FERDINAND FREILIGRATH

Von unten auf

Ein Dämpfer kam von Bieberich: – stolz war die Furche, die er zog!
Er qualmt' und räderte zu Tal, daß rechts und links die Brandung flog!
Von Wimpeln und von Flaggen voll, schoß er hinab keck und erfreut:
Den König, der in Preußen herrscht, nach seiner Rheinburg trug er heut!

Die Sonne schien wie lauter Gold! Auftauchte schimmernd Stadt um Stadt!
Der Rhein war wie ein Spiegel schier, und das Verdeck war blank und glatt!
Die Dielen blitzten frisch gebohnt, und auf den schmalen her und hin,
Vergnügten Auges wandelten der König und die Königin!

Nach allen Seiten schaut' umher und winkte das erhabne Paar;
Des Rheingaus Reben grüßten sie und auch dein Nußlaub, Sankt Goar!
Sie sahn zu Rhein, sie sahn zu Berg: – wie war das Schifflein doch so nett!
Es ging sich auf den Dielen fast als wie auf Sanssoucis Parkett!

Weinetiketten, 1858 und 1869

Doch unter all der Nettigkeit und unter all der schwimmenden Pracht,
Da frißt und flammt das Element, das sie von dannen schießen macht;
Da schafft in Ruß und Feuersglut, der dieses Glanzes Seele ist;
Da steht und schürt und ordnet er – der Proletariermaschinist!

Da draußen lacht und grünt die Welt, da draußen blitzt und rauscht der Rhein –
Er stiert den lieben langen Tag in seine Flammen nur hinein!
Im wollnen Hemde, halbernackt, vor seiner Esse muß er stehn!
Derweil ein König über ihm einschlürft der Berge freies Wehn!

Jetzt ist der Ofen zugekeilt, und alles geht und alles paßt;
So gönnt er auf Minuten denn sich eine kurze Sklavenrast.
Mit halbem Leibe taucht er auf aus seinem lodernden Versteck;
In seiner Falltür steht er da, und überschaut sich das Verdeck.

Das glühnde Eisen in der Hand, Antlitz und Arme rot erhitzt,
Mit der gewölbten, haargen Brust auf das Geländer breit gestützt –
So läßt er schweifen seinen Blick, so murrt er leis dem Fürsten zu:
»Wie mahnt dies Boot mich an den Staat! Licht auf den Höhen wandelst *du*!

Tief unten aber, in der Nacht und in der Arbeit dunkelm Schoß,
Tief unten, von der Not gespornt, da schür und schmied ich mir mein Los!

Friedrich Wilhelm III. besteigt das Dampfboot, 1825

Nicht meines nur, auch deines, Herr! Wer hält die Räder dir im Takt,
Wenn nicht mit schwielenharter Faust der Heizer seine Eisen packt?

Du bist viel weniger ein Zeus, als ich, o König, ein Titan!
Beherrsch ich nicht, auf dem du gehst, den allzeit kochenden Vulkan?
Es liegt an mir: – ein Ruck von mir, ein Schlag von mir zu dieser Frist,
Und siehe, das Gebäude stürzt, von welchem du die Spitze bist!

Der Boden birst, aufschlägt die Glut und sprengt dich krachend in die Luft!
Wir aber steigen feuerfest aufwärts ans Licht aus unsrer Gruft!
Wir sind die Kraft! Wir hämmern jung das alte morsche Ding, den Staat,
Die wir von Gottes Zorne sind bis jetzt das Proletariat!

Dann schreit ich jauchzend durch die Welt! Auf meinen Schultern, stark und breit,
Ein neuer Sankt Christophorus, trag ich den Christ der neuen Zeit!
Ich bin der Riese, der nicht wankt! Ich bin's, durch den zum Siegesfest
Über den tosenden Strom der Zeit der Heiland Geist sich tragen läßt!«

So hat in seinen krausen Bart der grollende Zyklop gemurrt;
Dann geht er wieder an sein Werk, nimmt sein Geschirr und stocht und purrt.

Stolzenfels

Die Hebel knirschen auf und ab, die Flamme strahlt ihm ins Gesicht,
Der Dampf rumort; – er aber sagt: »Heut, zornig Element, noch nicht!«

Der bunte Dämpfer unterdes legt vor Kapellen zischend an;
Sechsspännig fährt die Majestät den jungen Stolzenfels hinan.
Der Heizer blickt auch auf zur Burg; von seinen Flammen nur behorcht,
Lacht er: »Ei, wie man immer doch für künftige Ruinen sorgt!«

Wie still! Nur auf der Klosterau
Keift fernhin eine alte Frau;
Im kühlen Schatten nebendran
Dumpf donnerts auf der Kegelbahn.

GOTTFRIED KELLER: *aus* RHEINBILDER

GOTTFRIED KELLER

Rheinbilder

I
Das Tal

Mit dem grauen Felsensaal
Und der Handvoll Eichen
Kann das ruhevolle Tal
Hundert andern gleichen.

Kommt der Strom mit seinem Ruhm
Und den stolzen Wogen
Durch das stille Heiligtum
Prächtig hergezogen,

Und auf einmal lacht es jetzt
Hell im klarsten Scheine,
Und dies Liederschwälbchen netzt
Seine Brust im Rheine!

II
Stilleben

Durch Bäume dringt ein leiser Ton,
Die Fluten hört man rauschen schon,
Da zieht er her die breite Bahn,
Ein altes Städtlein hängt daran

Mit Türmen, Linden, Burg und Tor,
Mit Rathaus, Markt und Kirchenchor;
So schwimmt denn auf dem grünen Rhein
Der goldne Nachmittag herein.

Im Erkerhäuschen den Dechant
Sieht man, den Römer in der Hand,
Und über ihm sehr stille steht
Das Fähnlein, da kein Lüftchen geht.

Wie still! Nur auf der Klosterau
Keift fernhin eine alte Frau;
Im kühlen Schatten nebendran
Dumpf donnerts auf der Kegelbahn.

III
Frühgesicht

Es donnert über der Pfaffengaß
Des weiland heilgen römischen Reiches
Wie Gottes Heerschild jähen Streiches;
Der Morgen dämmert rosig blaß.

Und wie der Schlag weithin verhallt,
Wogt eine graue Nebelmasse,
Als zög ein Heervolk seine Straße,
Das auf den Wassern endlos wallt.

Im Zwielicht raget Dom an Dom,
An allen Fenstern lauschts verstohlen;
Doch auf gedankenleichten Sohlen
Vorüber eilt der Schattenstrom.

Das rauscht und tauschet Hand und Kuß,
Der Sturmhauch rührt verjährte Fahnen
Wie neues Hoffen, altes Mahnen,
Erschauernd wie ein Geistergruß.

Was brav und mannhaft ist, vereint
Zieht es, den letzten Streit zu schlagen;
Es klirrt zu Fuß, zu Roß und Wagen,
Zum Freunde wird der alte Feind,
Und neben Siegfried reitet Hagen.

FRIEDRICH NIETZSCHE

Studentenausflug nach Rolandseck

Wir versetzen uns mitten in den Zustand eines jungen Studenten hinein, das heißt in einen Zustand, der, in der rastlosen und heftigen Bewegung der Gegenwart, geradezu etwas Unglaubwürdiges ist, und den man erlebt haben muß, um ein solches unbekümmertes Sich-Wiegen, ein solches dem Augenblick abgerungenes gleichsam zeitloses Behagen überhaupt für möglich zu halten. In diesem Zustande verlebte ich, zugleich mit einem gleichalterigen Freunde, ein Jahr in der Universitätsstadt Bonn am Rhein: ein Jahr, welches durch die Abwesenheit aller Pläne und Zwecke, losgelöst von allen Zukunftsabsichten, für meine jetzige Empfindung fast etwas Traumartiges an sich trägt, während dasselbe zu beiden Seiten, vorher und nachher, durch Zeiträume des Wachseins eingerahmt ist. Wir beide blieben ungestört, ob wir gleich mit einer zahlreichen und im Grunde anders erregten und strebenden Verbindung zusammen lebten; mitunter hatten wir Mühe, die etwas zu lebhaften Zumutungen dieser unserer Altersgenossen zu befriedigen oder zurückzuweisen. Aber selbst dieses Spiel mit einem widerstrebenden Elemente hat jetzt, wenn ich es mir vor die Seele stelle, immer noch einen ähnlichen Charakter, wie mancherlei Hemmungen, die ein jeder im Traum erlebt, etwa wenn man glaubt fliegen zu können, aber durch unerklärliche Hindernisse sich zurückgezogen fühlt.

Ich hatte mit meinem Freunde zahlreiche Erinnerungen aus

der früheren Periode des Wachseins, aus unserer Gymnasiastenzeit, gemein, und *eine* derselben muß ich näher bezeichnen, weil sie den Übergang zu meinem harmlosen Erlebnis bildet. Mit jenem Freunde zusammen hatte ich bei einer früheren Rheinreise, die im Spätsommer unternommen worden war, einen Plan fast zu gleicher Zeit und an gleichem Orte – und doch jeder für sich – ausgedacht, so daß wir uns gerade durch dies ungewöhnliche Zusammentreffen gezwungen fühlten, ihn durchzuführen. Wir beschlossen damals, eine kleine Vereinigung von wenig Kameraden zu stiften, mit der Absicht, für unsere produktiven Neigungen in Kunst und Literatur eine feste und verpflichtende Organisation zu finden: das heißt schlichter ausgedrückt: es mußte sich ein jeder von uns verbindlich machen, von Monat zu Monat ein eignes Produkt, sei es eine Dichtung oder eine Abhandlung oder einen architektonischen Entwurf oder eine musikalische Produktion, einzusenden, über welches Produkt nun ein jeder der anderen mit der unbegrenzten Offenheit freundschaftlicher Kritik zu richten befugt war. So glaubten wir unsere Bildungstriebe durch gegenseitiges Überwachen ebenso zu reizen, als im Zaume zu halten: und wirklich war auch der Erfolg derart, daß wir immer eine dankbare, ja feierliche Empfindung für jenen Moment und jenen Ort zurückbehalten mußten, die uns jenen Einfall eingegeben hatten.

Für diese Empfindung fand sich bald die rechte Form, indem wir uns gegenseitig verpflichteten, wenn es irgend möglich sei, an jenem Tage, in jedem Jahre die einsame Stätte bei Rolandseck aufzusuchen, an der wir damals, im Spätsommer, in Gedanken nebeneinander sitzend, uns plötzlich zu dem gleichen Entschlusse begeistert fühlten. Genau genommen, ist diese Verpflichtung doch nicht streng genug eingehalten worden; aber gerade deshalb, weil wir manche Unterlassungssünde auf dem Gewissen hatten, wurde von uns beiden in jenem Bonner Studentenjahr, als wir endlich wieder

Bacharach

dauernd am Rheine wohnten, mit größter Festigkeit beschlossen, diesmal nicht nur unserem Gesetz, sondern auch unserem Gefühl, unserer dankbaren Erregung zu genügen und am rechten Tage die Stätte bei Rolandseck in weihevoller Weise heimzusuchen.

Es wurde uns nicht leicht gemacht: denn gerade an diesem Tage machte uns die zahlreiche und muntere Studentenverbindung, die uns am Fliegen hinderte, recht zu schaffen und zog mit allen Kräften an allen Fäden, die uns niederhalten konnten. Unsere Verbindung hatte für diesen Zeitpunkt eine große festliche Ausfahrt nach Rolandseck beschlossen, um am Schlusse des Sommerhalbjahrs sich noch einmal ihrer sämtlichen Mitglieder zu versichern und sie mit den besten Abschiedserinnerungen nachher in die Heimat zu schicken.

Es war einer jener vollkommenen Tage, wie sie, in unserem Klima wenigstens, nur eben diese Spätsommerzeit zu erzeugen vermag: Himmel und Erde im Einklang ruhig nebeneinander hinströmend, wunderbar aus Sonnenwärme, Herbstfrische und blauer Unendlichkeit gemischt. Wir bestiegen in dem buntesten phantastischen Aufzuge, an dem sich, bei der Trübsinnigkeit aller sonstigen Trachten, allein noch der Student ergötzen darf, ein Dampfschiff, das zu unseren Ehren festlich bewimpelt war, und pflanzten unsere Verbindungsfahnen auf seinem Verdecke auf. Von beiden Ufern des Rheines ertönte von Zeit zu Zeit ein Signalschuß, durch den, nach unserer Anordnung, ebenso die Rheinanwohner als vor allen unser Wirt in Rolandseck über unser Herankommen benachrichtigt wurde. Ich erzähle nun nichts von dem lärmenden Einzuge, vom Landungsplatze aus, durch den aufgeregt-neugierigen Ort hindurch, ebensowenig von den nicht für jedermann verständlichen Freuden und Scherzen, die wir uns untereinander gestatteten; ich übergehe ein allmählich bewegter, ja wild werdendes Festessen und eine unglaubliche musikalische Produktion, an der sich, bald durch Einzelvor-

Burschenherrlichkeit

träge, bald durch Gesamtleistungen die ganze Tafelgesellschaft beteiligen mußte, und die ich, als musikalischer Berater unserer Verbindung, früher einzustudieren und jetzt zu dirigieren hatte. Während des etwas wüsten und immer schneller werdenden Finale hatte ich bereits meinem Freunde einen Wink gegeben, und unmittelbar nach dem geheulähnlichen Schlußakkord verschwanden wir beide durch die Türe: hinter uns klappte gewissermaßen ein brüllender Abgrund zu.

Plötzlich erquickende, atemlose Naturstille. Die Schatten lagen schon etwas breiter, die Sonne glühte unbeweglich, aber schon niedergesenkt, und von den grünlichen glitzernden Wellen des Rheines her wehte ein leichter Hauch über unsere heißen Gesichter. Unsere Erinnerungsweihe verpflichtete uns nur erst für die späteren Stunden des Tags, und daher hatten wir daran gedacht, die letzten hellen Momente des Tags mit einer unserer einsamen Liebhabereien auszufüllen, an denen wir damals reich waren.

Wir pflegten damals mit Passion Pistolen zu schießen, und einem jeden von uns ist diese Technik in einer späteren militärischen Laufbahn von großem Nutzen gewesen. Der Diener unserer Verbindung kannte unseren etwas entfernt und hochgelegenen Schießplatz und hatte uns dorthin unsere Pistolen vorangetragen. Dieser Platz befand sich am oberen Saume des Waldes, der die niedrigen Höhenzüge hinter Rolandseck bedeckt, auf einem kleinen unebnen Plateau, und zwar ganz in der Nähe unserer Stiftungs- und Weihestätte. Am bewaldeten Abhang, seitwärts von unserem Schießplatz, gab es eine kleine baumfreie, zum Niedersitzen einladende Stelle, die einen Durchblick über Bäume und Gestrüpp hinweg nach dem Rheine zu gestattete, so daß gerade die schön gewundenen Linien des Siebengebirgs und vor allem der Drachenfels den Horizont gegen die Baumgruppen abgrenzten, während den Mittelpunkt dieses gerundeten Ausschnittes der glitzernde Rhein selbst, die Insel Nonnenwörth

Nonnenwerth

im Arme haltend, bildete. Dies war unsere, durch gemeinsame Träume und Pläne geweihte Stätte, zu der wir uns in späterer Abendstunde zurückziehn wollten, ja sogar mußten, falls wir im Sinne unseres Gesetzes den Tag beschließen mochten.

Seitwärts davon, auf jenem kleinen unebenen Plateau, stand unweit ein mächtiger Stumpf einer Eiche, einsam sich von der sonst baum- und strauchlosen Fläche und den niedrigen wellenartigen Erhöhungen abhebend. An diesem Stumpf hatten wir einst, mit vereinter Kraft, ein deutliches Pentagramm eingeschnitten, das in Wetter und Sturm der letzten Jahre noch mehr aufgeborsten war und eine willkommene Zielscheibe für unsere Pistolenkünste darbot. Es war bereits eine spätere Nachmittagsstunde, als wir auf unserem Schießplatz anlangten, und von unserem Eichenstumpf aus lehnte sich ein breiter und zugespitzter Schatten über die dürftige Heide hin. Es war sehr still: durch die höheren Bäume zu unseren Füßen waren wir verhindert, nach dem Rhein zu in die Tiefe zu sehen. Um so erschütternder klang in diese Einsamkeit bald der wiederhallende scharfe Laut unserer Pistolenschüsse – und eben hatte ich die zweite Kugel nach dem Pentagramm ausgeschickt, als ich mich heftig am Arme gefaßt fühlte und zugleich auch meinen Freund in einer ähnlichen Weise im Laden unterbrochen sah.

Als ich mich rasch umwendete, blickte ich in das erzürnte Gesicht eines alten Mannes, während ich zugleich fühlte, wie ein kräftiger Hund an meinem Rücken emporsprang. Ehe wir – nämlich ich und mein ebenfalls durch einen zweiten, etwas jüngeren Mann gestörter Kamerad – uns zu irgendeinem Wort der Verwunderung gesammelt hatten, erscholl bereits in drohendem und heftigem Tone die Rede des Greises. »Nein! Nein!« rief er uns zu, »hier wird nicht duelliert! Am wenigsten dürft ihr es, ihr studierenden Jünglinge! Fort mit den Pistolen! Beruhigt euch, versöhnt euch, reicht euch die

Hände! Wie? Das wäre das Salz der Erde, die Intelligenz der Zukunft, der Same unserer Hoffnungen – und das kann sich nicht einmal von dem verrückten Ehrenkatechismus und seinen Faustrechtssatzungen freimachen? Eurem Herzen will ich dabei nicht zu nahe treten, aber euren Köpfen macht es wenig Ehre. Ihr, deren Jugend die Sprache und Weisheit Hellas' und Latiums zur Pflegerin erhielt, und auf deren jungen Geist man die Lichtstrahlen der Weisen und Edlen des schönen Altertums frühzeitig fallen zu lassen die unschätzbare Sorge getragen hat – ihr wollt damit anfangen, daß ihr den Kodex der ritterlichen Ehre, das heißt den Kodex des Unverstands und der Brutalität zur Richtschnur eures Wandels macht? – Seht ihn doch einmal recht an, bringt ihn euch auf deutliche Begriffe, enthüllt seine erbärmliche Beschränktheit und laßt ihn den Prüfstein nicht eures Herzens, aber eures Verstandes sein. Verwirft dieser ihn jetzt nicht, so ist euer Kopf nicht geeignet, in dem Felde zu arbeiten, wo eine energische Urteilskraft, welche die Bande des Vorurteils leicht zerreißt, ein richtig ansprechender Verstand, der Wahres und Falsches selbst dort, wo der Unterschied tief verborgen liegt und nicht wie hier mit Händen zu greifen ist, rein zu sondern vermag, die notwendigen Erfordernisse sind: in diesem Falle also, meine Guten, sucht auf eine andere ehrliche Weise durch die Welt zu kommen, werdet Soldaten oder lernet ein Handwerk, das hat einen goldenen Boden.«

Aus: Über die Zukunft unserer Bildungsanstalten

RUDOLF BORCHARDT

Worms

Ein Tagebuchblatt

(Heidelberg) 24. VII. 1906

Gestern erst spät zu Bette, zuletzt am Fluß oberhalb der Stadthalle, als das Getümmel dort, Schwatzende und Schlendernde stromauf stromab, zur Ruhe gekommen, und nur noch hier und da ein Weib von der Lände mit einem Schiffer im Flusse oder sonst ein dunkles Paar auf den Bänken sich bei der Gutenacht verspätete. Vorher war die Welt zu nah gewesen, die Musik zu dringend, Lichter überall und überall her gespiegelt, selbst in Staffeln hügelan bis zu den vielen Aussichten, der Mond, rot im niedern Nachtrauche, zu fern, um all das durcheinander gestimmte mit seiner Kraft zu verwandeln. Nun, näher gegen Mitternacht, stieg ein Himmelshaufe, Stern an Stern, über den schwer und rein gewordenen Waldbergen. Überall füllte es sich wie Mulden mit finstrem schattenhaften Silber. Im erstarkenden Mond ward Licht und Klang eines, das Hüben gut, das Drüben gefeit und ganz unnahbar, außer für den Geisterweg der Brücke, die mit zitternden Lampen zwischen Monument und Monument, sieben Mal den Fuß im Gefälle rastend, aus bedeutender Ferne wie durch Traum stromübersetzte.

Heut früh kurz bei N., hernach S. bei mir, begleitete mich, der Beglaubigungen wegen, zum Notar. Briefe zu Haus gefunden, zu schreiben versucht, dann Einkäufe hier und da, um abzuschließen und in rechter Weise fortzukommen. Später Sch. und einer seiner Freunde, ein brauner Rheinfranke, schlank wie ein Degen, mit reizenden Augen und einem

Bärtchen über der zu kurzen Lippe, an der Wirtshaustafel bei mir, da ich ihnen Stelldichein gegeben, um auszumachen, was ich nach Erledigung allen Geschäftes mir noch von ihnen wollte zeigen lassen. Allerlei Tisch- und Nachtischgespräch, lustig genug überm Pfälzer. Wobei ich mir gleichwol wieder sagen mußte, wie wenig wir noch im Kriegsjahrzehnt Gebornen von dem 80er Jahrgang der jungen Leute eigentlich wissen. In den Jahren, in denen wir uns gegen die Feigheit der Älteren mit so leidenschaftlichen Hoffnungen auflehnten, scheinen sie sich schon wieder eine neue Resignation zurechtgemacht zu haben, deren letzte Spitze sich am Ende nur gegen uns selber richten kann. Will man dann wissen, worin sie im Grunde enttäuscht sind, so haben sie, je nachdem, halbe Silben oder geschickte Ausflüchte, wie sie denn überhaupt schlüssiger und technischer räsonnieren, als wir mit einundzwanzig für hübsch gehalten hätten. Alles in allem kein großer Wert darauf zu legen. Bis fünfundzwanzig lügt man fast immer, wenn man von sich selber spricht, und nie überzeugender, als wenn man verheimlichen will, wie Grenzenloses man von der Zukunft hofft.

Gleich darauf nach Worms, da mir vor dem frisch aufgeschminkten Speier graute, und irgendwelche Laune die Lust am Neckaraufwärtsgehen verdarb. Die Fahrt bis Mannheim sonst gewiß trist genug. Jetzt stand der regungslos glühende Hochsommertag linker und rechter Hand vom Gleis dunkelblau auf Erntemeilen und für die Häßlichkeit der götterlosen Neustädte, ganz auf Schein gestellt, fuchsfalsch wie der Menschenschlag selbst und mit aller dreisten und massigen Fassade vor dem unsichern Leben nichts ausdrückend als unsägliche Gemeinheit, für all dies giftige ›Aufblühen‹ entschädigte doch dann und wann wie eine gute Blume, noch unterdrückt von hybrider Besiedelung, ein oberdeutsches Haufendorf, in die Kreuz und Quere um seine fröhliche und wackelige Kirche gelagert. Inzwischen, näher und näher gegen den Boden des ältesten und feinsten Deutschland, vielleicht seinen wahren Herzpunkt und Omphalos, bewegte sich uns allen die Seele, das Gespräch zerriß mit jedem neuen Anknüpfen. Dem Blicke verrät der weite grüne Völkerplan gegen den Rhein zu, nun von nahen Ernten gesegnet, nichts von seinen ungeheuren Erfahrungen. Aber unter dieser dünnen Decke von Landschaft gewordener Ernte eines Jahres, wie stehn da Schicht über Schicht und Schicht gelagert die Jahrhunderte an, Brandschicht, Grabschicht, Mauerschicht und Humus und Walstatt und wieder Neustädte und wieder Bein und Gold in Sargstädten! Darüber das Schweigen wie in den parasangenweiten Kulturländern Kleinasiens, die Xenophon mit den Zehntausend durchzog, und das Schweigen der Ernten noch ergreifender wirkend, als das Schweigen der Wüste. Alle Kulte tiefer und gründlicher ausgerottet als irgendwo in der Ile de France oder Italien, alle urältesten Taufkirchen schon seit Jahrhunderten gestürzt und ersetzt, an den von Grund auf neugemauerten Städten nur noch dann und wann ein Name weihevoll, gar der Volksstamm wie in die Fremde verkauft, was nicht jenseits des Po aufgesogen worden, zwischen den Bauernkriegen und der französischen Wüstlegung ausgetilgt, und welch neugemengtes Blut nun in den uralten Lehen wuchernd! Ich sagte aus dem Kummer heraus, man solle Altdeutschland beileibe nicht für deutscher halten als Italien für römisch und die Spottgeburt des Wassilion für griechisch. Die beiden, wie sich's gehörte, erbitterten sich.

Der Bahnhof, Worms, eine greuliche Attrappe aus schönem Sandstein, davon wir in halber Flucht nur soviel sahen wie Billettschalter als romanische Lettner und Abtritte in etwas wie Kapellen gesteckt – romanisches Flechtband vom Steinmetzen, der aus sich selbst heraus ganz frei würde gearbeitet haben, »stilecht« ringsherum gepfuscht, all das einem mächtigen Bahnkörper gegenüber, dem man nichts romanisches hat anhaben können. Diese elende Baudummheit und dies Geldvertun, auch außerhalb des Bahnhofs in neuangelegten Vierteln, denen der beste Deutsche nichts bessers als einen zweiten Mélac wünschen kann – wir eilig und schon geärgert, zur Altstadt, durch eine der wöhnlichen beschränkten Gassen, wo jedes Haus sich durch eigene Miene oder sei es durch einen Schnörkel, auf seiner Eigenheit behauptet, freilich in nichts von dem unterschieden, was man von einer älteren Stadt in diesem Winkel überhaupt erwartet. Plötzlich aber links aufwärts zum Domberg und alles ist verändert. Am Hügel, den man ersteigt, spürt man den heiligen Sinn des weithin kenntlichen Gottesbaus und denkt geheimnisvoll in den ausgestorbenen Gedanken derer hinüber, die ihn dorthin über das Land stellten, hoch wie Burgen, um ihn zu verteidigen wie die; den Eingang durch den Rest der Täuferkirche zu gewinnen versucht; eine Werkstätte und Gerüste mit vespernden Arbeitern schrecken uns zurück: also war die Kirchenschändung auch hier wieder in vollem Gange, und ein flüchtiger Blick auf den frischen Bruchstein neuangeleimter Apsen zeigte uns das ganze Elend des Drauflosrestaurierens, für das in diesem Deutschland immer Geld erreichbar scheint, indes es an Brot für viele und Schiffen für alle mangelt. Aber zurück, und nach ein paar Schritten stellt der alte Zauber sich her. Auf halber Höhe ein nicht ganz ebener Grasplatz von unregelmäßiger Umschreibung, durch eine bröckelnde Mauer vorn gegen den Domhof, durch nicht viel mehr als Planken von den Kalkhaufen und Holzstapeln eines neuen Bauhofs abgeschlossen, im Winkel ein Rest alter Mauer links und rechts von einem romanischen Pförtchen mit reicher Lunette über den derben Säulengurten, verschlossen und verlassen, der von verschollenen Füßen ausgehöhlte Trittstein wieder moosig und wild geworden. Auf mittem Platz eine große Basis aus Marmor, durch und durch zerfressen und durchhöhlt, zwischen den Strängen des härtern Gesteins aller Weichkalk ausgewaschen, als blickte man in ein ganz eingefallenes Gesicht; wovon das einsame Steintrumm als einziger Rest geblieben ist, beweist ein mächtiges in seine Platte gemeißeltes Loch, Dübellöcher ringsherum. Vor dem Kreuz, das hineingelassen war, haben Ottonen und Staufer hügelan reitend sich geneigt. – Über der Mauer auf geht der Münster wie Gebirg, die Türme voran, das Antlitz gegen Strom und Stadt. Die Luft war dunkelblau, mit einem kühlen Nachmittagstone darin. Der Umriß der ungeheuren Firste und Zinken stand dagegen wie in den lebenlosen Saphir geschnitten, ohne jede Wahrscheinlichkeit, ein großes Jenseits.

Ein Durchgang bot sich nicht; abwärts und im Bogen durch die Hauptstraße wieder hinauf: welches Glück, diese Ansicht noch vor der Zerstörung genossen zu haben! Wieder steigt von der Straße ein grünes Plätzlein, wild wie eine Wiese, bis zu den Stufen des Umgangs hinauf, mit altmodischen Ketten umspannt. Von der andern Seite aber gehn fast bis an die Portale die schönen herzlichen Hausgiebel, den Oberstock durchwegs mit Schieferplatten geschuppt, und sonst welche Fülle von reichem Eigensinn in Torbögen und Fensterlaibungen, Fähnlein, Schilderwerk und Gesimsen! dazu die Gassen mit so sonderbarer Windung ins Gelände gepaßt, daß man fast körperlich spürt, wie nahe die erste Mauer den besiedelten und geheiligten Hügel muß umschlossen haben. Aber zum Hauptportal: und es ist geschlossen; rechts um das Lagerhaus herum – und das seitliche Pförtchen ist mit frischen Latten vernagelt wie ein Stall; den ganzen Weg zurück zur großen gemeißelten Pforte im Winkel des Kreuzschiffes: es ist der erste offene Zugang; ein kalter Mörtel- und Mulmgestank schlägt uns entgegen. Da die Platten des Bodenbelags aufgerissen sind, und Bohlen nicht überall liegen, tritt der Fuß zwischen Steinbrocken und Schutt fehl, so daß man anfänglich die Augen nicht zur Wölbung zu erheben wagt. Dann wie man's tut, ist das ungeheure Innre eine einzige geschändete Öde; die Altäre weggeschleppt; von dem, was sonst in die Wände eingelassen war, nur die Spuren herausgebrochener Verklammerungen; die heiligen Bilder fort; ein paar Grabplatten aus der Fuge gelöst und verkehrt gegen die abgeputzten Wände in den losen zollhohen Moder gestellt. Geblieben ist nichts als ein Kruzifix von Erz, aber er ist trostlos und kann nicht trösten. – In den Chor, der verhältnismäßig unversehrt schien. Man hat das schöne zopfige Chorherrngestühl, altgoldbraun mit alter Vergoldung der Muscheln und Rillen, fürs erste stehen gelassen, aus der ein und andern Nische wirft sich ein rauchgedunkelter Heiliger mit dem leidenden Pathos der Jesuitenskulptur. Sobald man sich klar wird, daß diese Wirkung, ein ganzes etwa der Art wie irgendwelche Jesuitenkirche einer piemontesischen Kleinstadt es bietet, der einzige Fleck im Dom von Worms ist, den man ohne Schmerz ansehen kann, verliert man auch daran die Lust und wendet sich ins Schiff zurück, wie zur Ruine eines Vaterhauses, um zu sehen, ob denn wirklich nicht das mindeste geblieben ist.

Die Antwort wagten wir uns kaum zu geben; was wirklich vernichtet ist, war nicht viel mehr als das Beste. Sie haben sich nicht begnügt, den Verputz von Pfeilern und Wänden herunterzuschlagen, sie haben das Ganze gereinigt, gründlich, wie ein baufälliges Lagerhaus, nicht wie den kaiserlichen Münster eines Jahrtausends. Sie haben in der Verwitterung der greisen Quadern, auch solcher ohne den mindesten statischen Belang, nur die Untüchtigkeit und nicht die Majestät des Alters gesehen; keine Spur davon ist geblieben; was nicht auf den Kehricht geworfen und durch einen frischen, grell vermörtelten Steinflick ersetzt ist, ist mit Schmirgel geputzt, glatt gefeilt und bis aufs Lebendige geschabt: was dort von Steinen steht und sichtbar ist, ist also nun weder älter noch jünger, als was morgen frisch aus dem Bruche ankommt, um die Bahnhofsmaskerade weiter zu maskieren. Und man fühlt, daß nun erst, da es jeder Farbe seiner Würde entkleidet, grell in den veränderten Tag hineinsteht, das Ganze zur Ruine im eigentlichen Sinne geworden ist, ohne eine andere Verbindung mit uns, als der, die zum mühsam arbeitenden Intellekt geht, nur mittelbar wirksam, jeder gebieterischen Herrschaft über unbefangene und fromme Sinne abscheulich entkleidet; sie malen jetzt, ihre Gerüste stehn da und dort, die große vornehme Gebundenheit im Stil, die Welt aus Flechtband und Tierphantasmen im halbantiken Schlingwerk, die ganze Zierwelt der halborientalischen Apulien und Sizilien äffen sie aus wertloser Seele mit Mätzchen nach, aus kunstgeschichtlichen Bilderbogen schreiben sie durch die Schablone hindurch einen Intreccio mit schreienden chemischen Farben an die Weihewände, verschmieren die Meißelung, tünchen die Gewölbe und heben die Ruhe der Wandflächen durch gepfuschten Schnörkel auf, da sie nicht den Mut haben, sich an die drohende Aufgabe des Fresco zu wagen. Wird das vollendet, so wird zwischen diesem Dom und den Fratzen stilgerechter Bierhäuser im schlimmsten Berlin kein Unterschied mehr sein; man kann einmal das eine niederreißen wie das andere, sobald dem Publikum die Manier nicht mehr behagt und wird damit hier nicht mehr Erbe und Güter vernichtet haben als dort.

Uns allen standen der Zorn und die Entwürdigung im Gesichte, einem mit scharfen Tränen. Zum unersetzlichen Verluste das Gefühl, ihn mitverantworten zu müssen und die Ohnmacht, der Verantwortung ledig zu werden. An Ricci gedacht und den Tag, an dem er mit mir durch sein Ravenna fuhr, gerettet mit einer handvoll Arbeiter und einer handvoll Scudi gegen alle Unbill der Zeit, geschützt durch Mut, Klugheit und die Größe des Entschlusses, gegen den durch Restauratoren drohenden Ruin; ich mag in Italien viel Übereiltes gegen die Verwahrlosung des Kunstbesitzes gesagt haben, daß ich es so büßen mußte. Nun will ich bei erster

Gelegenheit drucken lassen, daß gegen die nüchterne Verrücktheit der Denkmälerverheerung in Deutschland, gegen diesen in seiner Dummheit noch lehrhaften Zwitter aus schlechtester Architekten-Routine und verirrter Historie im Bunde mit dem allgemeinen Strebertum, das italienische Verfahren von jeher exemplarisch gewesen ist, wenn auch meinthalb nur, weil man dort das Geld nicht gehabt hat, das bei uns Lotterien und Auflagen dem Volk aus der Tasche spielen, zu keinem andern Zwecke als dem, das Alte zu verwüsten und es durch Barbareien zu erniedrigen. Strzygowski hat über Aachen geschrieben, es hat nichts gefruchtet, hier braucht es Menschen, die schreiben können und sich Gehör erzwingen.

Wir waren nur kurz bei der Protestantenkirche und einer andern, an der nichts Sonderliches einlud; das Straßenbild, aus dumpfgewordenem Backsteinrot und dem Spangrün der kupfernen Bedachungen zusammengestimmt, kleinbürgerlich sauber, nicht ohne Reiz. Aber uns zog der mächtige Platz links daneben mehr an, jetzt von niedern Häuslein und einigen beschränkten Amtsgebäuden umstanden, doch für ein gewaltiges Bedürfnis gedacht und fast wie ein gepflastertes Blachfeld, von der Leere und Größe italienischer Piazze, deren Sinn nur das politische Getümmel ist, das sie jeweils zu fassen da sind. Hier schon berührte uns ein Geisterhaftes, und ließ uns weiterhoffen; die Römerstraße dann, wo jede Hofstatt, ein weniges neues abgerechnet, Würde und Wert, ja einen eignen Formanspruch bewahrt, nahm uns gefangen und entließ uns nur in ein allerschönstes Wunder: Wir standen plötzlich auf einem einsamen Plätzlein, das nichts hatte ahnen lassen, dicht vor einer kleinen frühromanischen Basilika, tief unters neue Pflaster gebettet, mit den halborientalischen Türmchen von Ravenna, Fenster und Tore schmal und steil, der Schmuck spärlich, das Ganze unangerührt und rätselhafter als ich etwas kenne. Im Portal hangen Nachbildungen der

Bernwardtüren von Hildesheim und sind da mit dem Erinnerungshauch von Buonanno und der Pisanertür gegen den schiefen Turm, den sie bringen, an der rechten Stelle, so wenig einem sonst die Klitterungen behagen. Aus dem Innern ist ein Museum gemacht, wir hindurch, um in den Kreuzgang zu kommen, wo dann leider die Enttäuschung nicht ausblieb, denn die schönen Bögen sind mit gemeinen Fensterscheiben geschlossen, um die Wandelgänge noch für die Sammlungen nützen zu können, statt daß, wie in Italien, ein freier Hof unter dem hinreichenden Schutze der Hallen die architektonischen und gemeißelten Trümmer aufnähme, die jetzt den Kirchenraum hindurch sich stauen. Gleichviel, kaum wieder im Freien, stellte sich das Geheimnis der Anlage wieder her. Das uralte Werk bewahrt in jedem seiner Glieder untergegangene und schattenhaft gewordene Zwecke, und drückt sie für die Sinne immer dunkel und erregend aus, bei aller fremden Deutlichkeit, die den Geist zur Erklärung nötigt. Diese Zwecke aber hängen ebenso schattenhaft mit einem ganzen untergegangenen Weltwesen zusammen, von dem nichts geblieben ist als dies und die geheimen Andeutungen, mit denen es Zusammenhänge ausspricht; man fühlt sich in seinem dunkelsten Grunde getroffen; nun ist jeder Winkel, jedes Gebälk seltsam und fremde, jeder Durchgang verbirgt ein Geheimnis, und man trägt wider Willen scheidend ein schönes Grauen, das Gefühl von unberührten Möglichkeiten mit, aus dem Lebendiges wird, wie es vom Lebendigen stammt.

Eine Liebfrauenkirche sollte noch besucht werden, erst beim Gehn und Erfragen fand sich, daß sie vor der Stadt, nämlich auch der ältesten liegt, eine Maria foris portam wie in Lucca. Aber wir hätten ohne diesen Weg das eigentlichste dieses großen Abenteuers nicht erlebt, und Worms verlassen, ohne Worms zu sehen; die Reste der Metropole, bloße Raum- und Anlagereste wie in Pisa oder Ephesus, liegen im ärmsten

Viertel, wo die von dürftigen oder elenden Häusern eingefaßten Straßen weit und öde versiegen wie die Betten wasserloser Ströme. Plätze hier und da, nun voll Bauschutt oder eingezäunt, ehmals die Höfe wer weiß welcher gebrochenen Pfalzen, vollkommenes Schweigen über allem; es ging kein Mensch, die Kinder schienen minder lärmend als anderswo im Abfall zu spielen, durch die wüsten Königsstraßen strich die Schwalbe tief in der abendlichen Luft. Wir vermißten nichts an Trümmerstücken von Palast und Kirche, die in Italien im gleichen Falle eine deutlichere Sprache geredet hätten. Sondern in diesem weitausgebreiteten Riesengeripp, der Ruine eines halbverlassenen und ganz arm gewordenen Stadtwesens, stirbt Worms langsam aus, vornehmer als in den stupiden Straßen des Bahnhofsviertels, die sich erdreisten, tote Majestät zu beleben. Sie können nicht geben, was dies der Seele gibt, eine heilige Wahrheit jenseits von gemeinen Verwirklichungen, die unanrührbare Gottesstadt von Krönungen, Reichstagen, Volkswanderungen, Kaiserfahrten, den Schatten der mythischen Veste des Hof- und Heldengesangs, nie gewesen und eben darum unsterblich, wie das Tiryns und das Mykenae des Epos. – Stadtmauer und Tor, voll wildem Gras- und Feldblumenwuchs, überhangen von schweren Hausgärten linker und rechter Hand. Schmutzige Fischergassen voll verhärmtem Gesindel, Dirnen an den Fenstern. Ein Zug Neustadt, häßlich und scheinhaft wie zu erwarten. Das schönste lag dahinten; aber vor uns im weiten Rebgelände stand die schöne gotische Kirche, und bot uns später im Innern, das sonst mehr ärgerlich und vermalt ist als die reinen Türme überm Schiff erwarten lassen, doch eine wundersame Grablegung, lebensgroß in Holz geschnitzt, von ergreifender Wahrheit und Kraft in ihrer tiefen Einfalt.

Wir gleich darauf gewannen im Bogen das Flußufer; das geheiligte Strombette fast mienenlos, die unsäglich milde und mütterliche Landschaft weit und eben im letzten Lichte. Der

Rhein geht hier zwischen Weidendickichten, nichts läßt die Nähe des Gebirgs ahnen, Melibocus und Feldberg sind nicht sichtbar. Längs des Stromes vorwärts, sechs Füße im scharfen Wanderschritte gegen die Brücke. Nah einer Buchtung drin Schiffer Netze spannten, am andern Ufer hielt ein kleines Stück Busch- und Weideland unsere Augen fest. Man sagte uns später, daß die Streber und Macher, die jetzt in Worms allein das Maul reißen, auch dies unsägliche Stück Erde zu entweihen versuchen, das ihnen im Grunde nicht mehr sein kann, als zwei Steinwürfe grünes einsames Flußland, soviel als eine Kuh in einem Tage abgrast. Kommt es dazu, so bleibt uns nur die Erinnerung, den Rosengarten in seiner ergreifenden Öde über den Strom weg haben liegen zu sehen, und den sagenhaften Schauplatz der halbgöttlichen Waffenspiele, als Traumwelt im Zusammenfluß aller deutschesten Sage von heroischer Poesie errichtet, mit Opfergedanken verehrt zu haben, bevor ein gesunkenes Geschlecht sich daran versündigte.

Es dämmerte; wir mußten zurückeilen. Näher der Stadt fanden wir uns von Angesicht zu Angesicht mit der Münsterfront, deren schon ganz finstre Rundtürme aus den todkalten Höhlen ihrer leeren Fenster hinuntergähnten. Mit jedem Schritte wurde das Zwielicht schwebender, die Häusergiebel im Dufte zusammengeschoben, standen als Masse gegen Masse des enormen Heiligtums, an dem kein Licht die hinaufgehäufte Schattenwucht unterbrach, indes Gassen auf Gassen ab die Laternen aufglänzten; so schieden wir rein und versöhnt.

Man muß darüber schreiben, gegen und für, will sagen. Ich habe in Italien reisen gelernt und unterscheiden, und gehe nach Worms, Speier, Xanten, Aachen, Frankfurt, Köln, wie nach Lucca, Siena, S. Miniato al Tedesco, Imola. Erfassung und Durchdringung eines Stadtbildes oder einer geschichtlichen Landschaft läßt sich in Deutschland nur anwenden, nicht lernen. Wozu kommt, daß impressionistische Schilderungen hier wie immer schlechte Manieren sind und auf Täuschung ausgehn; hier wie immer ist Präzision des Präzisierbaren die einzige anständige Haltung; für das Unpräzisierbare gibt es die dichterische Äußerung selber; die rhetorischen Mischformen der poetischen Prose, die immer wieder mit den Halbkönnern obenauf kommen, sind nur des Rhetoren und seines Publikums wert.

Unsere heiligen Städte werden vielleicht schon nicht mehr unsere Söhne, gewiß nicht mehr unsere Enkel sehen. Kann sein, ich gehe durch Worms als sein letzter Beschreiber, wie Strabo durch Korinth. Ein Grund mehr, Rechenschaft zu geben.

In Mannheim ausgestiegen, im überfüllten Wirtshaus schlecht und recht gegessen. Hernach in Heidelberg noch lange zu dreien beieinander unter heftigem Gespräch. Abschied wol für immer im Morgengrauen unter den wehenden Nachtbäumen der Anlage – was könnte man für so flüchtige Berührungen auch nur hoffen wollen? Mögen sie mein gedenken und ich will sie nicht vergessen.

Geschrieben, aufgepackt, kurz geschlafen.

Du wirst nicht mehr die lauten fahrten preisen
Wo falsche flut gefährlich dich umstürmt
Und wo der abgrund schroffe felsen türmt
Um deren spitzen himmels adler kreisen.

In diesen einfachen gefilden lern
Den hauch der den zu kühlen frühling lindert
Und den begreifen der die schwüle mindert
Und ihrem kindesstammeln horche gern!

Du findest das geheimnis ewiger runen
In dieser halden strenger linienkunst
Nicht nur in mauermeeres zauberdunst.
›Schon lockt nicht mehr das Wunder der lagunen

Das allumworbene trümmergrosse Rom
Wie herber eichen duft und rebenblüten
Wie sie die Deines volkes hort behüten –
Wie Deine wogen – lebengrüner Strom!‹

STEFAN GEORGE

Rhein 1–6

Ein fürstlich paar geschwister hielt in frone
Bisher des weiten Innenreiches mitte.
Bald wacht aus dem jahrhundertschlaf das dritte
Auch echte kind und hebt im Rhein die krone.

Einer steht auf und schlägt mit mächtiger gabel
Und sprizt die wasser güldenrot vom horte..
Aus ödem tag erwachen fels und borte
Und pracht die lebt wird aus der toten fabel.

Dann fährt der wirbel aus den tiefsten höllen
Worin du donnerst bis zur Ersten Stadt.
Drängt von der Silberstadt zur Goldnen Stadt
Soweit die türme schaun vom heiligen Köllen.

Nun fragt nur bei dem furchtbaren gereut
Ob sich das land vor solchem dung nicht scheut!
Den eklen schutt von rötel kalk und teer
Spei ich hinaus ins reinigende meer.

Dies ist das land: solang die fluren strotzen
Von korn und obst · am hügel trauben schwellen
Und solche türme in die wolken trotzen –
Rosen und flieder aus gemäuern quellen.

Sprecht von des Festes von des Reiches nähe –
Sprecht erst vom neuen wein im neuen schlauch:
Wenn ganz durch eure seelen dumpf und zähe
Mein feurig blut sich regt · mein römischer hauch!

Vor-abend war es unsrer bergesfeier
Wo du den wein aus meinem becher trankst.
Wir stiegen von dem strom aus gipfel-an
Da ward mit eins des himmels rasengrüne
Durchleuchtend blau wie in der süder buchten.
Entrückter goldschein machte bäum und häuser
Zum sitz der Seligen.. zeitloses nu
Wo landschaft geistig wird und traum zu wesen.
Schauder umfloss uns.. nu des grössten glückes
Das ganzen erdenwandel fassend krönte
Und nicht mehr neiden liess den alt-ersehnten
Den glanz des göttlichen des Inselmeers.

GUILLAUME APOLLINAIRE

Rheinlieder

Rheinische Nacht

In meinem vollen Glas bebt flammengleich der Wein
Hört wie ein Schiffer sacht erzählt in seinem Sang
Wie er wohl sieben Fraun gesehn im Mondenschein
Flechten ihr grünes Haar bis an die Füße lang

Steht auf und lauter singt und hebt den Rundtanz an
Damit ich nur das Lied des Schiffers nicht mehr hör
Die blonden Mädchen holt an meine Seite dann
Die mit dem festen Blick das Haupt von Zöpfen schwer

Denn trunken ist der Rhein dort spiegeln sich die Reben
Und aller Nächte Gold versinkt im Wellenbeben
Noch immer aber tönt die Stimme todesbang
Von grünbehaarten Feen die Zaubernacht entlang

Und als mein Glas zerbrach es wie Gelächter klang

Mai

Im Mai im schönen Mai in Booten auf dem Rhein
Herab von Bergeshöhe schauten Damen heiter
Ihr seid so schön jedoch das Boot es gleitet weiter
Die Uferweiden weinen was macht ihnen Pein

Die Blüten hinter uns erstarrten an den Bäumen
Die Blütenblätter die im Mai der Kirschbaum gibt
Sind *ihre* Fingernägel die ich so geliebt
Verwelkt sind sie wie Augenlider über Träumen

Gemach auf einem Weg entlang den Stromesrand
Folgten Zigeuner dort mit Affe Bär und Hunden
Dem Zirkuswagen dem ein Esel vorgespannt
Indes im Weingelände das der Rhein durchwand
Mit ferner Pfeifen Lied ein Regiment entschwunden

Der Mai der schöne Mai schmückt die Ruinen mild
Mit Efeu Heckenrosen und mit wildem Weine
In Uferweiden spielt und wühlt der Wind vom Rheine
In Rebenblüten nackt und plauderhaftem Schilf

Die Synagoge

Ottomar Scholem und Abraham Loeweren
Sieht man mit grünem Filzhut am Sabbat zu zwein
Am Rheinufer hin zur Synagoge gehn
Wo die Reben erröten im Morgenschein

Sie streiten und schrein was man niederzuschreiben sich scheut
Der Teufel hol deinen Vater Bastard in der Regel gezeugt
Der alte Rhein hebt sein triefendes Haupt und wendet's lächelnd zur Seite
Ottomar Scholem und Abraham Loeweren sind zornige Leute

Weil man nämlich am Sabbat nicht rauchen darf
Während sich jeder Christ die Zigarre anzündet

Und dann sind Ottomar und Abraham beide scharf
Auf Lia die Schafsäugige deren Bauch sich schon ründet

Dennoch werden sie gleich in der Synagoge sich zeigen
Die Thora küssen die schönen Hüte lüften dazu
Und Ottomar unter des Laubhüttenfestes Zweigen
Lächelt freundlich beim Singen Abraham zu

Ihr maßloses Tremolo und der Männer tieferes Dröhnen
Bringen ein Ungeheuer im Rhein als stöhnte der Herbst zum Stöhnen
Und in der Synagoge voll Hüte schwenkt man die Lulabim
Hanoten ne Kamoth bagoim tholahoth baleumim

Schinderhannes

Im Wald macht sich mit seiner Bande
Schinderhannes von Waffen frei
Es wiehert liebestoll der Räuber
Bei seiner Räuberbraut im Mai

Benzel liest hockend in der Bibel
Und merkt nicht wie auf seinen Hut
Den spitzen mit der Adlerfeder
Zielt Jakob Born der Tunichtgut

Und Julchen Bläsius beim Rülpsen
Tut so als ob's ein Schluckauf wär
Hannes entfährt die falsche Note
Und Schulz schleppt einen Zuber her

Und schreit mit Tränen in den Augen
O Zuber voller Duft und Wein

Wenn heute die Gendarmen kommen
Der Maiwein muß getrunken sein

Los Mamsell Julie komm und trinke
Mit uns hier dieses helle Naß
Gemacht aus Moselwein und Kräutern
Bandit im Unterrock dein Glas

Die Räuberbraut ist rasch betrunken
Will Hannes doch der will nicht mehr
Jetzt keine Liebe meine Schlampe
Bring einen guten Imbiß her

Heut Abend muß ich noch erschlagen
Den reichen Juden dort am Rhein
Wenn die geharzten Fackeln brennen
Maiblume soll der Gulden sein

Nun wird geschmaust Die ganze Bande
Beim Essen furzt sie laut und lacht
Wird dann gerührt nach deutscher Weise
Eh sie sich brav ans Morden macht

ERNST STADLER

Fahrt über die Kölner Rheinbrücke bei Nacht

Der Schnellzug tastet sich
und stößt die Dunkelheit entlang.
Kein Stern will vor. Die ganze Welt ist nur ein enger,
nachtumschienter Minengang,
Darein zuweilen Förderstellen
blauen Lichtes jähe Horizonte reißen: Feuerkreis
Von Kugellampen, Dächern, Schloten,
dampfend, strömend.. nur sekundenweis..
Und wieder alles schwarz.
Als führen wir ins Eingeweid der Nacht zur Schicht.
Nun taumeln Lichter her.. verirrt, trostlos vereinsamt..
mehr.. und sammeln sich.. und werden dicht.
Gerippe grauer Häuserfronten liegen bloß,
im Zwielicht bleichend, tot –
etwas muß kommen.. o, ich fühl es schwer
Im Hirn. Eine Beklemmung singt im Blut.
Dann dröhnt der Boden plötzlich wie ein Meer:
Wir fliegen, aufgehoben,
königlich durch nachtentrissne Luft, hoch übern Strom.
O Biegung der Millionen Lichter, stumme Wacht,
Vor deren blitzender Parade
schwer die Wasser abwärts rollen.
Endloses Spalier, zum Gruß gestellt bei Nacht!
Wie Fackeln stürmend! Freudiges!
Salut von Schiffen über blauer See! Bestirntes Fest!

Wimmelnd, mit hellen Augen hingedrängt!
  Bis wo die Stadt
  mit letzten Häusern ihren Gast entläßt.
Und dann die langen Einsamkeiten. Nackte Ufer.
  Stille. Nacht. Besinnung. Einkehr. Kommunion.
  Und Glut und Drang
Zum Letzten, Segnenden. Zum Zeugungsfest.
  Zur Wollust. Zum Gebet. Zum Meer.
  Zum Untergang.

ERNST BLOCH

Ludwigshafen – Mannheim

Sonst rußt das Öl mehr für sich. Oder nur dort, wo gehobelt wird, liegen die Späne. Die Hobler wohnen in Mietslöchern, die Straßen sind trostlos. Weit weg aber wohnen die Herren mit dem von anderen verdienten Geld. Hatten Häuser wie Nippes, bekleideten sich mit alter Form. Kein Laut von dem sauren Tagwerk drang herein.

So trennten sich früher schon die Viertel, wo geschafft wird und wo verzehrt. Zwar sprang die Technik auch in ältere, edle Stadtteile vor, zerstörte das Bild. Die Zufahrtsstraße vom Bahnhof war meist eine andere als die von der Landstraße geworden, verlegte die alte Achse. Aber immerhin starb die überkommene Stadtkultur nicht ganz; der Wall, der Ring wurde bepflanzt oder gar Wohngegend. Der neue Wasserturm genierte sich, in den achtziger Jahren, einer zu sein, wurde wie ein Humpen gebaut. Auch gesellschaftlich rückte die Bourgeoisie ins höfische Vergnügen ein, hatte ihre guten Konzerte, plauderten in den Logen.

Schlecht aber erging es dabei neuen Städten, denen nichts die Schritte lenkte. Besonders wenn sie neben einer alten Kulturstadt liegen, wie Ludwigshafen neben Mannheim, auf beiden Seiten des Rheins. Der Fluß trennte schon genügend, die bayrisch-badische Landesgrenze hinderte erst recht jeden Ausgleich. Ludwigshafen war derart verpflichtet, eine eigene Stadt zu werden, nicht etwa nur eine Vorstadt, worin die Abwässer der Industrie fließen. Bei seiner Gründung vor 75

Jahren war es durchaus als Konkurrenz gegen Mannheim gedacht; so richtete es sich auch weiter höchst gegenwärtig aus Eigenem ein. Hier ist darum eine Stelle, bezeichnend fürs kapitalistische Jetzt durchaus, wo die Hobler in der Stadt selber wohnen, wo keine schönen Häuser weit weg, erst recht keine früheren Stadtkulturen das Jetzt überschwindeln. Die Badische Anilin- und Sodafabrik, der Kern von I.G.-Farben (hierher verlegt, damit Rauch und Proletariat nicht nach Mannheim bliesen), wurde das buchstäbliche Wahr-Zeichen der Stadt. Drüben lag das Schachbrett der alten Residenz, heiter und freundlich gebaut wie zu Hermann und Dorotheas Zeiten; hatte statt der größten Fabrik das größte Schloß Deutschlands, vielleicht weniger Wahr-Zeichen, im neunzehnten Jahrhundert, doch eine schöne Dekoration, die der Bourgeoisie Haltung gab, wann immer sie bei Kaffee und Zigarre angelangt war und bei dem Höheren. Ludwigshafen dagegen blieb der Fabrikschmutz, den man gezwungen hatte, Stadt zu werden: zufällig und hilflos, vom Bahndamm im Kreis entzweigeschnitten, ein Zwickau ohne Hemmungen, nach dem falschen Morgenrot von Biedermeier, das in seine Gründungszeit fiel, ein äußerst nasser Tag. Die Anläufe zu »Kunst und Wissenschaft« gerieten lächerlich, wurden alle von Mannheim abgefangen; es gibt in der zahlenmäßig längst perfekten Großstadt heute noch kein Theater. Auf dem Marktplatz steht ein »Monumentalbrunnen« (er heißt so); der ist grau, gelb, weiß, rot, weil er sämtliche Sorten des pfälzischen Sandsteins enthalten sollte. Männerköpfe, Wappensprüche, Säulen, Nischen, Urnen, Kränze, Schiffchen, Kronen, Bronze, Becken, Obelisk, alles im mickrigsten Ausmaß – das Ganze ist vielleicht das schönste Renaissance-Denkmal des neunzehnten Jahrhunderts. Tausend gute Stuben sehen von diesen Steinen auf uns herab; hier ist 1896 in nuce und in der Provinz. Und vom Bahndamm grüßt eine Trauerweide zum »Jubiläumsbrunnen« herüber (er heißt wieder so): dort steht Gußeisen auf Tuffstein, die Bavaria verleiht der Ludwigshafenia die Stadtkrone, schräg unten lehnt Vater Rhein grottenhaft, gießt spärlich Wasser aus seinem Füllhorn. Am Bahnhof steht eine Schillerbüste und die Berg- und Talbahn singt den Text dazu, Branntweinschenken heißen »Zur Pariser Uhr« und der theatralische Verein spielt den »Scharfrichter von Augsburg«: das ist oder war bis vor kurzem dieses kleinbürgerliche Wildwest am Rhein. Am feierlichsten Fluß Deutschlands, mitten zwischen Speyer und Worms, mitten im Nibelungenlied gleichsam, dicht neben Jesuitenkirche, Rokoko-Bibliothek, Schillers Hof- und Nationaltheater in Mannheim. Selten hatte man die Wirklichkeiten und die Ideale des Industriezeitalters so nahe beisammen, den Schmutz und das residenzhaft eingebaute Geld.

Weshalb schreiben wir aber darüber mit so langem Anlauf? Eben weil hier etwas umschlug, weil hervorkommt, wohin die Zeit marschiert. Weil Ludwigshafen, das für mehreres steht, plötzlich wichtiger geworden ist, in der neuen Luft, als Mannheim. Da liegt, nein, da *fährt* nun die häßliche Stadt, aber sie spektakelt so roh, Geld kreist und die I. G.-Farben dampfen. Da ist etwas zur Front geworden, die alles an den Tag legt und sich nicht mehr gebildet geniert. Selbst der Stadtgöttin Ludwigshafenia wie auch dem Vater Rhein legte man jetzt einen Strick um den Hals, am Jubiläumsbrunnen, und zog sie nieder, was mindestens so symbolisch ist wie der Baumeister Solneß. Und eine Vergnügungsmaschine soll an die romantische Stelle, ein Theater dazu mit wechselnden Truppen, die gerade vorn liegen; kurz, all der mischende Lärm, den die Bourgeoisie jetzt zuläßt und der immerhin konkreter ist als Schiller und Ibsen, vom Stamm Pensionsberechtigter gespielt. Die Knaben Ludwigshafens haben Krane vor Augen, Jahrmarkt und Karl May, der Mittelstand liest zwar auch hier seinen Rudolf Herzog, doch ohne Glauben daran, die meisten lesen überhaupt nicht, doch ihre Welt sieht aus wie Sinclair, manchmal auch wie Jack London. Darin haben Wassermann und Thomas Mann, soignierte Bürgerprobleme älterer Schicht, keinen Platz. Hier ist nur die Rampe für Fabriken und was damit zusammenhängt, ist Roheit und Gestank, doch ohne Stickluft. I. G.-Farben haben die Stadt von Anfang an begründet, geben ihr jetzt erst recht das reine, roh-kalte, phantastische Gesicht des Spätkapitalismus.

Städte dieser Art sollte man darum besonders wiegen. Im Ruhrgebiet gibt es manche dergleichen, obzwar ohne so nah scharfen Gegensatz. Sie haben noch reaktionären Muff genug, den Stumpfsinn währender Kleinbürger, eine schauerliche Provinzpresse. Dennoch hat Ludwigshafen gegen den Typ Mannheim das ehrlichere Gesicht; seine Industrie zerstört nicht erst natürliche, kulturelle Zusammenhänge, sondern steht ab ovo fremd zu ihnen. Da ist aufrichtigster Hohlraum des Kapitalismus: dieser Schmutz, dieses rohe und todmüde Proletariat, ausgetüftelt bezahlt, ausgetüftelt ans laufende Band gestellt, dies Projektemachen eiskalter Herren, dieser Profitbetrieb ohne Legendenreste und Phrase, dieser schundig-kühne Kinoglanz in den traurigen Straßen. So sieht es jetzt aus in der deutschen Seele, eine proletarisch-kapitalistische Mischwirklichkeit ohne Maske. Und rings um Ludwigshafen die dunstige Ebene mit Sumpflöchern und Wassertümpeln, eine Art Prärie, die keine Gütchen und Idyllen kennt, zu der Fabrikmauern und Feuerschlote bedeutend passen; die Telefonstange singt dazu. Das ist ein guter Standort, um die jetzige Wirklichkeit zu sehen, um mehr noch die Tendenz zu fassen, die sie ist und die sie aufheben wird. Ältere, gemütlichere Städte, Plüschstädte gleichsam, haben diese Tendenz auch, doch nicht in solch traditionsloser Luftleere. In 50 Jahren könnte auf dem kruden Boden eine Stadt stehen, die sich gewaschen, die sich nicht einmal gewaschen hat, sondern direktester Wuchs ist aus Schiffbau,

Silos, Elevatoren, Fabriksaal. Die kommende Zeit hat hier mehr umzustoßen, aber weniger anzuzünden als in der alten Kultur, die dafür mehr zu plündern gibt.

Im jetzigen Schmutz blüht noch kaum etwas, der Rede wert. An die vorgeschrittenste Stelle kommt nichts als dürftiger Abhub Berlins, bestenfalls, hie und da. Dafür aber sind Sprungstellen da, die Berlin noch nicht hat, und in denen Improvisationen nisten können, die kein »Kulturwille« ahnt. Orte wie Ludwigshafen sind die ersten Seestädte auf dem Land, fluktuierend, aufgelockert, am Meer einer unstatischen Zukunft. Das behagliche pfälzische Weinland, eine halbe Stunde von hier, Hof- und Nationaltheater, die nahen Dome von Worms und Speyer rücken vorerst fern. Die internationale Bahnhofhaftigkeit schmilzt alles ein, hat weder die frühere Muse noch kann sie sich am rezeptiven Genuß überkommener Bilder begnügen. Der Nullpunkt, der schreit, das Chaos, das kalt und gegenwärtig sich verschiebt, ist dem Ursprung, der die Kulturbilder gemacht hat, wahrscheinlich näher als das bloß »gebildete« Bürgertum, das sie im Eßzimmer aufhängt. Noch das Alte zu plündern, zu Neuem zu montieren, gelingt vom Standort solcher Städte am besten. Sie sind selber ein Knotenpunkt; Arbeiter und Unternehmer schürzen ihn klar, gleichzeitig, sachlich, zwischen sich und Künftigem.

KURT TUCHOLSKY

Denkmal am Deutschen Eck

An der Mosel ging es noch an. Wir soffen uns langsam den Fluß hinab, wir fuhren mit dem Saufbähnchen von Trier nach Bulley hinunter, und auf jeder dritten Station stiegen wir aus und sahen nach, wie es mit dem Weine wäre. Es war. Wenn wir das festgestellt hatten, stiegen wir wieder ein: der Zug führte einen Waggon mit, der sah innen aus wie ein Salonwagen, von hier aus hätte man ganz bequem Krieg führen können, so mit einem Telefon auf dem Tisch, mit dicken Zigarren und: »Seiner Majestät ist soeben der Sturmangriff gemeldet worden.« Wir führten aber keinen Krieg, sondern drückten auf die Kellnerin, und dann erschien ein Klingelknopf, oder umgekehrt, und dann konnte man auf dem langen Tisch einen naturreinen Mosel trinken und dabei Würfel spielen. Und es entstanden in diesen Bahnstunden die Spiele:

Lottchen dick
Spix ist stolz
und:
Georgine, die ordentliche Blume
sowie:
Karlchen und die Rehlein –

das letztere Spiel zur Erinnerung an Karlchen seine Liebesabenteuer im freien, frischen, frommen Walde, wo ihm einmal die kleinen Rehlein zugesehn hatten. Ich verlor auf das

Grauenerregendste und mußte immer bezahlen. Aber so ist alles.

Bernkastel, Traben-Trarbach, Bulley... dann aber setzten wir uns in einen seriösen Zug und fuhren nach Koblenz. (Diese Aussprache wurde adoptiert, falls Jakopp ein künstliches Gebiß hätte: es spricht sich leichter aus.) In Koblenz tranken wir der Geographie halber einen Rheinwein, und der konnte Papa und Mama sagen, wir aber nicht mehr. Am nächsten Morgen – es war ein Sonntag hell und klar – gingen wir spazieren.

Ich kannte Koblenz nicht. Das erste, was mir auffiel, war ein breites und lautes Bürgerpublikum von Reisenden, die sich merkwürdig aufgeregt gebärdeten. So, wie schwarzhaarige Frauen, wenn sie einmal in Paris sind, dem Zauber des Wortes ›Paris‹ erliegen und sich so benehmen, wie sie es zu Hause niemals täten, so kippten hier die blonden Damen aus den Pantinen; der Rhein, Vater Rhein, der deutsche Rhein klingelte in den Gläsern, und es war ziemlich scheußlich anzusehn. Das zweite, was damals auffiel, war die ›Schmachch‹. Wir sprachen das Wort mit zwei ch, und wir meinten die Franzosen damit, von deren ›schwarzer Schmach‹ wir so viel in den bildenden Kinos gesehen hatten. Hier war nur weiße Schmachch, und wir mochten sie nicht. Und zwar nicht etwa, weil wir die Franzosen nicht mögen, sondern weil wir das Militär nicht mögen. Wir sind nur nicht so dumm wie zum Beispiel der Koblenzer *›General Anzeiger‹*, der nun, nach dem Abzug der Schmachch, Mord und Tod hinter ihnen herschimpfte, ohne auch nur einen Augenblick lang zu untersuchen: wie sich die Deutschen in Belgien und Frankreich benommen haben, was das Militär eigentlich ist und für wen es arbeitet, und wie an diesem ganzen namenlosen Unglück, am Krieg und seinen Folgen, Europa schuld ist und seine nationale Zerfetztheit. Statt dessen krähte die Zeitung in echt kleinbürgerlicher Wut wegen der unbedingt zu verurteilenden Übergriffe nun hinter ein paar tausend Soldaten her, deren jugendliche Kraft genau so unproduktiv mißbraucht wird, wie das mit Soldaten in allen Ländern geschieht – auch in Deutschland.

Wir spazierten also am Rhein entlang, ich hatte wieder einmal meine Geographie nicht gelernt und ließ mir von Jakopp die Gegend erklären. Da war der Ehrenbreitstein; auf dem brannte zum Gaudium aller Rheinkadetten eine französische Fahne – wirklich, die Fahne brannte hoch am Fahnenstock, verglomm, leuchtete wieder auf... mich interessiert Militär nicht, und ich weiß nicht, was sie da gekokelt haben. Es ist ja auch gleichgültig, so gleichgültig wie alles, was diese uniformierten Brüder tun. Und da war der Rhein, der kitschumrauschte, und, wie bei Goethe steht, da waren große Schiffe im Begriffe, auf diesem Flusse hier zu sein... und plötzlich bekam ich den größten Schreck auf dieser Reise. Ich weiß es noch ganz genau:

Wir gingen auf der breiten, baumbestandenen Allee; vorn an der Ecke war eine Fotografenbude, sie hatten Bilder ausgestellt, die waren braun wie alte Daguerrotypien, dann standen da keine Bäume mehr, ein freier Platz, ich sah hoch... und fiel beinah um.

Da stand – Tschingbumm! – ein riesiges Denkmal Kaiser Wilhelms des Ersten: ein Faustschlag aus Stein. Zunächst blieb einem der Atem weg.

Sah man näher hin, so entdeckte man, daß es ein herrliches, ein wilhelminisches, ein künstlerisches Kunstwerk war. Das Ding sah aus wie ein gigantischer Tortenaufsatz und repräsentierte jenes Deutschland, das am Kriege schuld gewesen ist – nun wollen wir sie dreschen! In Holland.

Zunächst ist an diesem Monstrum kein leerer Fleck zu entdecken. Es hat die Ornamenten-Masern.

Oben jener, auf einem Pferd, was: Pferd! auf einem Roß, was: Roß! auf einem riesigen Gefechtshengst wie aus einer

Wagneroper, hoihotoho! Der alte Herr sitzt da und tut etwas, was er all seine Lebtage nicht getan hat: er dräut in die Lande, das Pferd dräut auch, und wenn ich mich recht erinnere, wallt irgend eine Frauensperson um ihn herum und beut ihm etwas dar. Aber da kann mich meine Erinnerung täuschen... vielleicht gibt sie dem Riesen-Pferdchen nur ein Zuckerchen. Und Ornamente und sich bäumende Reptile und gewürgte Schlangen und Adler und Wappen und Schnörkel und erbrochene Lilien und was weiß ich... es war ganz großartig. Ich schwieg erschüttert und sah Jakoppn an.

»Ja«, sagte Jakopp, »das ist das Kaiser-Wilhelm-Denkmal am Deutschen Eck.«

Richtig: da floß noch ein zweiter Fluß in den ersten Fluß, und es war, wenn man von den Fabrikschornsteinen absah, eine hübsche Gegend, viel zu hübsch für dieses steinerne Geklump, für diesen Trumm, diesen Trubas von einem Denkmal. »Was... wie...« stammelte ich ergriffen. Da hörte ich ein leises Stimmchen an meiner Linken, ein Knabe war mir unversehens genaht, er hatte wohl meine Ratlosigkeit bemerkt, und er sprach: »Soll ich Ihnen mal das Denkmal erklären –?« Rasches Erfassen der Kriegslager ziert den SA-Mann, und ich sprach: »Erkläre mir mal das Denkmal.«

Da sah der Knabe überall hin, nur nicht auf den Tortenaufsatz, er schlief im Stehen, seine Augen hatten den Ausdruck einer friedlich grasenden Kuh, ich hatte so etwas noch nie bei einem Menschen gesehen. Er sprach mit modulationsloser, quäkender Stimme. Und weil dieses arme Kind solches nicht allein tat, sondern vier oder fünf seiner Kollegen, wie ich später sah, den ganzen Sonntagvormittag lang gewerbsmäßig dasselbe ausübten, vor dem Denkmal und weiter unten, vor dem Hotel und überall, so habe ich das, was sich die Knaben eingepaukt hatten, mehrere Male hören können. Nach Verabreichung mehrerer Gläser guten Weines zwecks Auffrischung des Gedächtnisses läßt sich das etwa folgendermaßen an:

»Dieses Denkmal wurde gegründet im Jahre 1897; es stellt dar den berittenen Kaiser Wilhelm den Ersten, sowie auch eine Siegesgöttin benebst die besiegten Feinde. Die Siegesgöttin ist nach verlorenen Kriegen ein Friedensengel und hat eine Flügelbespannung von fünf Meter in die Breite. Das Denkmal wiegt fünf Millionen Kilogramm und hat einen Flächeninhalt von 1200 Quadratmetern, daher ist es ein großes Kunstwerk. Auf dem Grundsockel erhebt sich der Sockel, auf dem das Denkmal aufgebaut ist; auf diesem Sockel steht der richtige Sockel, und auf diesem der Untersockel, worauf sich der Denkmalssockel erhebt. Die Künstler, die an dem Denkmal schuld sind, heißen Schmitz und Hundrieser. Der Spruch, der in das Denkmal eingelassen ist, besagt: ›Nimmer wird das Reich zerstöret, wenn ihr einig seid und treu.‹ Die Köpfe der Seeschlangen bedeuten Deutschlands Feinde, der Granit der Söckel ist aus dem Schwarzwald. Die Mosel fließt hinter dem Denkmal, ihre Strömung ist hier besonders schnell, weil sie an dem Denkmal vorbei muß. Das Denkmal ist in der Regierungszeit Kaiser Wilhelms des Zweiten eröffnet worden und hat daher zwei Millionen Mark gekostet. Das ist das Denkmal am Deutschen Eck.« (Große Trinkgeldpause.)

Wie ich in der Zeitung gelesen habe, sind die Reden, die sie nach dem Abzug der Schmachch gehalten haben, genau so gewesen wie das Denkmal. Aber könnt ihr euch denken, daß sich jemals eine Regierung bereit fände, einen solchen gefrorenen Mist abzukarren –? Im Gegenteil: sie werden gar bald ein neues Mal errichten: das Reichsehrenmal. Wenn es errichtet ist, werden rotzgenäste Knaben hingehn und es uns erklären: die Gastwirtschaften ringsherum werden voll sein, und in den Massengräbern zu Nordfrankreich wird sich ein Geraune erheben:

»Wofür –? Dafür.«

THOMAS MANN

Felix Krulls Heimat

Der Rheingau hat mich hervorgebracht, jener begünstigte Landstrich, welcher, gelinde und ohne Schroffheit sowohl in Hinsicht auf die Witterungsverhältnisse wie auf die Bodenbeschaffenheit, reich mit Städten und Ortschaften besetzt und fröhlich bevölkert, wohl zu den lieblichsten der bewohnten Erde gehört. Hier blühen, vom Rheingaugebirge vor rauhen Winden bewahrt und der Mittagssonne glücklich hingebreitet, jene berühmten Siedlungen, bei deren Namensklange dem Zecher das Herz lacht, hier Rauenthal, Johannisberg, Rüdesheim, und hier auch das ehrwürdige Städtchen, in dem ich, wenige Jahre nur nach der glorreichen Gründung des Deutschen Reiches, das Licht der Welt erblickte. Ein wenig westlich des Knies gelegen, welches der Rhein bei Mainz beschreibt, und berühmt durch seine Schaumweinfabrikation, ist es Hauptanlegeplatz der den Strom hinauf und hinab eilenden Dampfer und zählt gegen viertausend Einwohner. Das lustige Mainz war also sehr nahe und ebenso die vornehmen Taunusbäder, als: Wiesbaden, Homburg, Langenschwalbach und Schlangenbad, welch letzteres man in halbstündiger Fahrt auf einer Schmalspurbahn erreichte. Wie oft in der schönen Jahreszeit unternahmen wir Ausflüge, meine Eltern, meine Schwester Olympia und ich, zu Schiff, zu Wagen und mit der Eisenbahn, und zwar nach allen Himmelsrichtungen: denn überall lockten Reize und Sehenswürdigkeiten, die Natur und Menschenwitz geschaffen. Noch sehe ich meinen Vater in kleinkariertem, bequemem Sommeranzug mit uns in irgendeinem Wirtshaus sitzen – ein wenig weitab vom Tische, weil sein Bauch ihn hinderte, nahe heranzurücken – und mit unendlichem Behagen ein Gericht Krebse nebst goldenem Rebensaft genießen. Oftmals war auch mein Pate Schimmelpreester dabei, betrachtete Land und Leute scharf prüfend durch seine rundäugige Malerbrille und nahm das Große und Kleine in seine Künstlerseele auf.

Mein armer Vater war Inhaber der Firma Engelbert Krull, welche die untergegangene Sektmarke »Lorley extra cuvée« erzeugte. Unten am Rhein, nicht weit von der Landungsbrükke, lagen ihre Kellereien, und nicht selten trieb ich mich als Knabe in den kühlen Gewölben umher, schlenderte gedankenvoll die steinernen Pfade entlang, welche in die Kreuz und Quere zwischen den hohen Gestellen hinführten, und betrachtete die Heere von Flaschen, die dort in halbgeneigter Lage übereinandergeschichtet ruhten. Da liegt ihr, dachte ich bei mir selbst (wenn ich auch meine Gedanken natürlich noch nicht in so treffende Worte zu fassen wußte), da liegt ihr in unterirdischem Dämmerlicht, und in euerem Innern klärt und bereitet sich still der prickelnde Goldsaft, der so manchen Herzschlag beleben, so manches Augenpaar zu höherem Glanze erwecken soll! Noch seht ihr kahl und unscheinbar, aber prachtvoll geschmückt werdet ihr eines Tages zur Oberwelt aufsteigen, um bei Festen, auf Hochzeiten, in Sonderkabinetten eure Pfropfen mit übermütigem Knall zur Decke zu schleudern und Rausch, Leichtsinn und Lust unter den Menschen zu verbreiten. Ähnlich sprach der Knabe; und so viel wenigstens war richtig, daß die Firma Engelbert Krull auf das Äußere ihrer Flaschen, jene letzte Ausstattung, die man fachmännisch die Coiffure nennt, ein ungemeines Gewicht legte. Die gepreßten Korke waren mit Silberdraht und vergoldetem Bindfaden befestigt und mit purpurrotem Lack übersiegelt, ja ein feierliches Rundsiegel, wie man es an Bullen und alten Staatsdokumenten sieht, hing an einer Goldschnur noch besonders herab; die Hälse waren reichlich mit glänzendem Stanniol umkleidet, und auf den Bäuchen prangte ein golden umschnörkeltes Etikett, das mein Pate Schimmelpreester für die Firma entworfen hatte und worauf außer mehreren Wappen und Sternen, dem Namenszuge meines Vaters und der Marke »Lorley extra cuvée« in Golddruck eine nur mit Spangen und Halsketten bekleidete Frauengestalt zu sehen war, welche, mit übergeschlagenem Beine auf der Spitze eines Felsens sitzend, erhobenen Armes einen Kamm durch ihr wallendes Haar führte. Übrigens scheint es, daß die Beschaffenheit des Weines dieser blendenden Aufmachung nicht vollkommen entsprach. »Krull«, mochte mein Pate Schimmelpreester wohl zu meinem Vater sagen, »Ihre Person in Ehren, aber Ihren Champagner sollte die Polizei verbieten. Vor acht Tagen habe ich mich verleiten lassen, eine halbe Flasche davon zu trinken, und noch heute hat meine Natur sich nicht von diesem Angriff erholt. Was für Krätzer verstechen Sie eigentlich zu diesem Gebräu? Ist es Petroleum oder Fusel, was Sie bei der Dosierung zusetzen? Kurzum, das ist Giftmischerei. Fürchten Sie die Gesetze!« Hierauf wurde mein armer Vater verlegen, denn er war ein weicher Mensch, der scharfen Reden nicht standhielt. »Sie haben leicht spotten, Schimmelpreester«, versetzte er wohl, indem er nach seiner Gewohnheit mit den Fingerspitzen zart seinen Bauch streichelte, »aber ich muß billig herstellen, weil das Vorurteil gegen die heimischen Fabrikate es so will – kurz, ich gebe dem Publikum, woran es glaubt. Außerdem sitzt die Konkurrenz mir im Nacken, lieber Freund, so daß es kaum noch zum Aushalten ist.« Soweit mein Vater.

Unsere Villa gehörte zu jenen anmutigen Herrensitzen, die, an sanfte Abhänge gelehnt, den Blick über die Rheinlandschaft beherrschen. Der abfallende Garten war freigebig mit Zwergen, Pilzen und allerlei täuschend nachgeahmtem Getier

Weinetikett, 1834

aus Steingut geschmückt; auf einem Postament ruhte eine spiegelnde Glaskugel, welche die Gesichter überaus komisch verzerrte, und auch eine Äolsharfe, mehrere Grotten sowie ein Springbrunnen waren da, der eine kunstreiche Figur von Wasserstrahlen in die Lüfte warf und in dessen Becken Silberfische schwammen. Um nun von der inneren Häuslichkeit zu reden, so war sie nach dem Geschmack meines Vaters sowohl lauschig wie heiter. Trauliche Erkerplätze luden zum Sitzen ein, und in einem davon stand ein wirkliches Spinnrad. Zahllose Kleinigkeiten: Nippes, Muscheln, Spiegelkästchen und Riechflakons waren auf Etageren und Plüschtischchen angeordnet; Daunenkissen in großer Anzahl, mit Seide oder vielfarbiger Handarbeit überzogen, waren überall auf Sofas und Ruhebetten verteilt, denn mein Vater liebte es, weich zu liegen; die Gardinenträger waren Hellebarden, und zwischen den Türen waren jene luftigen Vorhänge aus Rohr und bunten Perlenschnüren befestigt, die scheinbar eine feste Wand bilden und die man doch, ohne eine Hand zu heben, durchschreiten kann, wobei sie sich mit einem leisen Rauschen oder Klappern teilen und wieder zusammenschließen. Über dem Windfang war eine kleine, sinnreiche Vorrichtung angebracht, die, während die Tür, durch Luftdruck aufgehalten, langsam ins Schloß zurücksank, mit feinem Klingen den Anfang des Liedes »Freut euch des Lebens« spielte.

Aus: Bekenntnisse des Hochstaplers Felix Krull

ERICH KÄSTNER

Der Handstand auf der Loreley

(Nach einer wahren Begebenheit)

Die Loreley, bekannt als Fee und Felsen,
ist jener Fleck am Rhein, nicht weit von Bingen,
wo früher Schiffer mit verdrehten Hälsen,
von blonden Haaren schwärmend, untergingen.

Wir wandeln uns. Die Schiffer inbegriffen.
Der Rhein ist reguliert und eingedämmt.
Die Zeit vergeht. Man stirbt nicht mehr beim Schiffen,
bloß weil ein blondes Weib sich dauernd kämmt.

Nichtsdestotrotz geschieht auch heutzutage
noch manches, was der Steinzeit ähnlich sieht.
So alt ist keine deutsche Heldensage,
daß sie nicht doch noch Helden nach sich zieht.

Erst neulich machte auf der Loreley
hoch überm Rhein ein Turner einen Handstand!
Von allen Dampfern tönte Angstgeschrei,
als er kopfüber oben auf der Wand stand.

Er stand, als ob er auf dem Barren stünde.
Mit hohlem Kreuz. Und lustbetonten Zügen.
Man fragte nicht: Was hatte er für Gründe?
Er war ein Held. Das dürfte wohl genügen.

Er stand, verkehrt, im Abendsonnenscheine.
Da trübte Wehmut seinen Turnerblick.
Er dachte an die Loreley von Heine.
Und stürzte ab. Und brach sich das Genick.

Er starb als Held. Man muß ihn nicht beweinen.
Sein Handstand war vom Schicksal überstrahlt.
Ein Augenblick mit zwei gehobnen Beinen
ist nicht zu teuer mit dem Tod bezahlt!

P. S. Eins wäre allerdings noch nachzutragen:
Der Turner hinterließ uns Frau und Kind.
Hinwiederum, man soll sie nicht beklagen.
Weil im Bezirk der Helden und der Sagen
die Überlebenden nicht wichtig sind.

Durch den Stacheldraht schau ich
grad auf das Fließen des Rheins.
Ein Erdloch daneben bau ich,
ein Zelt hab ich keins.

Ich habe auch keine Decke.
Der Mantel blieb in Opladen.
Wenn ich ins Erdloch mich strecke,
find ich keinen Kameraden.

Zur Lagerstatt rupf ich Luzerne.
Nachts sprech ich mit mir allein.
Zu Häupten mir funkeln die Sterne,
es flüstert verworren der Rhein.

Bald wird die Luzerne verdorrt sein,
der Himmel sich finster bezieht,
im Fließen des Rheins wird kein Wort sein,
das mir süß einschläfert das Lid.

Nichts wird sein als der Regen, –
mich schützt kein Dach und kein Damm, –
zertreten wird auf den Wegen
das Grün des Frühlings zu Schlamm.

Wo blieben die Kameraden?
Ach, bei Regen und Sturm
wollen zu mir sich laden
nur Laus und Regenwurm.

GÜNTER EICH: *aus* CAMP 16

ANNA SEGHERS

Vortaunus

Anfang Oktober fuhr ein gewisser Franz Marnet von dem Gehöft seiner Verwandten, das zu der Gemeinde Schmiedtheim im vorderen Taunus gehörte, ein paar Minuten früher als gewöhnlich auf seinem Fahrrad ab. Franz war ein mittelgroßer, stämmiger Mensch, an die Dreißig, mit ruhigen, wenn er so unter den Leuten herumging, fast schläfrigen Zügen. Jetzt aber, auf seinem liebsten Wegstück, der steilen Abfahrt zwischen den Feldern bis zur Chaussee, lag auf seinem Gesicht eine starke, einfache Lebensfreude.

Vielleicht wird man später nicht verstehen, wieso Franz vergnügt sein konnte in der Haut, in der er steckte. Er war aber gerade vergnügt, er stieß sogar einen leisen glücklichen Schrei aus, als sein Fahrrad über zwei Erdwellen huppelte.

Morgen sollte die Schafherde, die seit gestern bei den Mangolds das Nachbarfeld düngte, auf die große Apfelbaumwiese seiner Verwandten getrieben werden. Deshalb wollten sie heute mit der Apfelernte fertig werden. Fünfunddreißig knorpelige Geäste, kraftvoll hineingewunden in die bläuliche Luft, hingen dick voll Goldparmänen. Sie waren alle so blank und reif, daß sie jetzt im ersten Morgenlicht aufglänzten wie unzählige kleine runde Sonnen.

Franz bedauerte aber nicht, daß er die Apfelernte versäumte. Er hatte lange genug bloß für ein Taschengeld mit den Bauern herumgebuddelt. Dafür hatte er noch froh sein können, nach all den Jahren Arbeitslosigkeit, und der Hof seines

Onkels – eines ruhigen, ganz ordentlichen Menschen – war immer noch hundertmal besser gewesen als ein Arbeitslager. Seit dem 1. September fuhr er endlich in die Fabrik. Das war ihm aus allen Gründen lieb, auch den Verwandten, weil er den Winter über als zahlender Gast wohnen blieb.

Als Franz an dem Nachbardorf, den Mangolds, vorbeifuhr, richteten die gerade Leiter und Stangen und Körbe an ihrem mächtigen Mollebuschbirnbaum. Sophie, die älteste Tochter, ein starkes, fast dickes, aber nicht plumpes Mädchen, mit ganz feinen Fuß- und Handgelenken, sprang als erste auf die Leiter, wobei sie Franz etwas zurief. Er verstand sie zwar nicht, drehte sich aber kurz um und lachte. Das Gefühl überwältigte ihn, dazuzugehören. Schwächlich fühlende, schwächlich handelnde Menschen werden ihn schwer verstehen. Ihnen bedeutet Dazugehören eine bestimmte Familie oder Gemeinde oder Liebschaft. Für Franz bedeutete es einfach zu diesem Stück Land gehören, zu seinen Menschen und zu der Frühschicht, die nach Höchst fuhr, und vor allem, überhaupt zu den Lebenden.

Als er um Marnets Gehöft herum war, konnte er über das freie, sacht abfallende Land auf den Nebel hinuntersehen. Etwas tiefer, unterhalb der Landstraße, öffnete gerade der Schäfer seinen Pferch. Die Herde schob sich heraus und schmiegte sich sofort dem Abhang an, still und dicht wie ein Wölkchen, das bald in kleinere Wölkchen zerfällt, bald sich zusammenzieht und aufplustert. Auch der Schäfer, ein Mensch aus Schmiedtheim, rief Marnets Franz etwas zu. Franz lächelte. Ernst der Schäfer, mit seinem knallroten Halstuch, war ein ganz frecher, unschäferischer Bursche. In den fröstlichen Herbstnächten kamen aus den Dörfern mitleidige Bauerntöchter in sein fahrbares Hüttchen. Hinter dem Rücken des Schäfers fiel das Land ab in gelassenen weitatmigen Wellen. Wenn man den Rhein auch jetzt von hier aus nicht sieht, da er noch fast eine Eisenbahnstunde weg ist, so ist es doch klar, daß diese weiten, ausgeschwungenen Abhänge mit ihren Feldern und Obstbäumen und tiefer unten mit Reben, daß der Fabrikrauch, den man bis hierherauf riecht, daß die südwestliche Krümmung der Eisenbahnlinien und Straßen, daß die glitzernden schimmrigen Stellen im Nebel, daß auch der Schäfer mit seinem knallroten Halstuch, einen Arm in die Hüfte gestemmt, ein Bein vorgestellt, als beobachte er nicht Schafe, sondern eine Armee – daß das alles schon Rhein bedeutet.

Das ist das Land, von dem es heißt, daß die Geschosse des letzten Krieges jeweils die Geschosse des vorletzten aus der Erde wühlen. Diese Hügel sind keine Gebirge. Jedes Kind kann sonntags zu Kaffee und Streuselkuchen seine Verwandten im jenseitigen Dorf besuchen und zum Abendläuten zurück sein. Doch diese Hügelkette war der lange Rand der Welt – jenseits begann die Wildnis, das unbekannte Land. Diese Hügel entlang zogen die Römer den Limes. So viele Geschlechter waren verblutet, seitdem sie die Sonnenaltäre der Kelten hier auf den Hügeln verbrannt hatten, so viele Kämpfe durchgekämpft, daß sie jetzt glauben konnten, die besitzbare Welt sei endgültig umzäunt und gerodet. Aber nicht den Adler und nicht das Kreuz hat die Stadt dort unten im Wappen behalten, sondern das keltische Sonnenrad, die Sonne, die Marnets Äpfel reift. Hier lagerten die Legionen und mit ihnen alle Götter der Welt, städtische und bäuerliche, Judengott und Christengott, Astarte und Isis, Mithras und Orpheus. Hier riß die Wildnis, da, wo jetzt Ernst aus Schmiedtheim bei den Schafen steht, ein Bein vorgestellt, einen Arm in der Hüfte, und ein Zipfelchen seines Schals steht stracks ab, als wehe beständig ein Wind. In dem Tal in seinem Rücken, in der weichen verdunsteten Sonne, sind die Völker gargekocht worden. Norden und Süden, Osten und Westen haben ineinandergebrodelt, aber das Land wurde nichts von alledem und behielt doch von allem etwas. Reiche wie farbige Blasen sind aus dem Land im Rücken des Schäfers Ernst herausgestiegen und fast sofort zerplatzt. Sie hinterließen keinen Limes und keine Triumphbögen und keine Heerstraßen, nur ein paar zersprungene Goldbänder von den Fußknöcheln ihrer Frauen. Aber sie waren so zäh und unausrottbar wie Träume. Und so stolz steht der Schäfer da, so vollkommen gleichmütig, als wüßte er all das und stünde nur darum so da, und vielleicht, wenn er auch nichts davon weiß, steht er wirklich darum so da. Dort, wo die Chaussee in die Autobahn mündet, wurde das Frankenheer gesammelt, als man den Übergang über den Main suchte. Hier ritt der Mönch herauf zwischen Mangolds und Marnets Gehöft, hinein in vollkommene Wildnis, die von hier aus noch keiner betreten hatte, ein zarter Mann auf einem Eselchen, die Brust geschützt mit dem Panzer des Glaubens, gegürtet mit dem Schwert des Heils, und er brachte die Evangelien und die Kunst, Äpfel zu okulieren.

Ernst der Schäfer drehte sich nach dem Radfahrer um. Sein Halstuch wird ihm schon zu heiß, er reißt es ab und wirft es auf das Stoppelfeld wie ein Feldzeichen. Man könnte glauben, das sei eine Geste vor tausend Augenpaaren. Aber nur sein Hündchen Nelli sieht ihn an. Er nimmt seine unnachahmbar spöttisch-hochmütige Haltung wieder auf, aber jetzt mit dem Rücken zur Straße, mit dem Gesicht zur Ebene, dahin, wo der Main in den Rhein fließt. Bei der Mündung liegt Mainz. Das stellte dem Heiligen Römischen Reich die Erzkanzler. Und das flache Land zwischen Mainz und Worms, das ganze Ufer war bedeckt von den Zeltlagern der Kaiserwahlen. Jedes Jahr geschah etwas Neues in diesem Land und jedes Jahr dasselbe: daß die Äpfel reiften und der Wein bei einer sanften vernebelten Sonne und den Mühen und Sorgen der Menschen. Denn den Wein brauchten alle für alles, die Bischöfe und Grundbesitzer, um ihren Kaiser zu wählen, die Mönche und Ritter, um ihre Orden zu gründen, die Kreuzfahrer, um Juden zu verbrennen, vierhundert auf einmal auf dem Platz in Mainz, der noch heute der Brand heißt, die geistlichen und weltlichen Kurfürsten, als das Heilige Reich zerfallen war, aber die Feste der Großen lustig wie nie wurden, die Jakobiner, um die Freiheitsbäume zu umtanzen.

Zwanzig Jahre später stand auf der Mainzer Schiffsbrücke ein alter Soldat Posten. Wie sie an ihm vorüberzogen, die Letzten der Großen Armee, zerlumpt und düster, da fiel ihm ein, wie er hier Posten gestanden hatte, als sie eingezogen waren mit den Trikoloren und mit den Menschenrechten, und er weinte laut auf. Auch dieser Posten wurde zurückgezogen. Es wurde stiller, selbst hierzuland. Auch hierher kamen die Jahre 33 und 48, dünn und bitter, zwei Fäden geronnenes Blut. Dann kam wieder ein Reich, das man heute das Zweite nennt. Bismarck ließ seine inneren Grenzpfähle ziehen, nicht um das Land herum, sondern quer durch, daß die Preußen ein Stück ins Schlepptau bekamen. Denn die Bewohner waren zwar nicht gerade rebellisch, sie waren nur allzu gleichgültig wie Leute, die allerhand erlebt haben und noch erleben werden.

War es wirklich die Schlacht von Verdun, die die Schulbuben hörten, wenn sie sich hinter Zahlbach auf die Erde legten, oder nur das fortwährende Zittern der Erde unter den Eisenbahnzügen und Märschen der Armeen? Manche von diesen Buben standen später vor den Gerichten. Manche, weil sie sich mit den Soldaten der Okkupationsarmee verbrüdert, manche, weil sie ihnen unter die Schienen Lunten gelegt hatten. Auf dem Gerichtsgebäude wehten die Fahnen der Interalliierten Kommission.

Daß man die Fahnen eingeholt hat und gegen die schwarzrotgoldene vertauscht, die das Reich damals noch hatte, das ist noch längst keine zehn Jahre her. Selbst die Kinder haben sich neulich daran erinnert, als das hundertvierundzwanzigste Infanterie-Regiment zum erstenmal wieder mit klingendem

Spiel über die Brücke zog. War das abends ein Feuerwerk! Ernst konnte es hier oben sehen. Brennende, johlende Stadt hinter dem Fluß! Tausende Hakenkreuzelchen, die sich im Wasser kringelten! Wie die Flämmchen darüberhexten! Als der Strom morgens hinter der Eisenbahnbrücke die Stadt zurückließ, war sein stilles bläuliches Grau doch unvermischt. Wie viele Feldzeichen hat er schon durchgespült, wie viele Fahnen. Ernst pfeift seinem Hündchen, das ihm das Halstuch zwischen den Zähnen bringt.

Jetzt sind wir hier. Was jetzt geschieht, geschieht uns.

Aus: Das siebte Kreuz

CARL ZUCKMAYER

Mainz, versunkene Stadt

Die Stadt, an die ich denke und von der ich sprechen will, liegt auf dem Grund der Gewässer, tief unter der Flut. Wieviele Faden tief? Da schon am ›großen Bassin‹ der Badeanstalt Watrin, knapp einen Laufsteg vom Ufer weg, zu lesen stand: ›Vorsicht! Nur für Schwimmer! Fünf Meter tief!‹ – so muß die Flut, in der die alte Stadt versunken ist, mindestens zehnmal so tief sein. Denn in Watrins großem Schwimmbassin konnte man, mit einem Kopfsprung (oder ›Schlubbert‹) vom hohen Trampolin, leicht auf den Grund tauchen und einen Stein heraufholen, es lag eine ganze Sammlung solcher Steine, vom Rhein glatt gespült, auf dem Fensterbrett meines Knabenzimmers. Von unserer alten Stadt aber unter der Flut holt kein Mensch mehr einen Stein herauf, und wenn er die Flossen eines Froschmanns hätte.

Es ist eine Flut, so mächtig wie die, die einst das ganze mittelrheinische Becken bedeckte, und von der unser ›Großer Sand‹, – die Schleifstätte der Rekruten, Zeugnis abgelegt, – auch der schöne Muschelkalk, den man in der Umgebung findet. Aber sie ist von einer vollkommenen Durchsichtigkeit, klarer als die Luft, und nicht nur einmal im Jahr, sondern täglich hört man zu den geheiligten Stunden die Stadtglocken brausen. Spiegelklar, wie durch ein scharfes Fernglas, sieht man die alten Gassen, die alten Plätze, die alten Häuser und Kirchen, und es schwimmen keine Fische, es weht kein Tang zwischen ihren Mauern: aus und ein gehen Menschen, – Du kennst sie alle, sie sind Dir ganz vertraut, – auch wenn Du sie nicht hören kannst, weißt Du, wie ihre Stimmen klingen, wie ihre Mundart lautet, – und es ist gleich, ob sie vor fünfzig Jahren gelebt haben, als Du jung warst, oder vor hundert und aber hundert, oder ob sie morgen erst leben werden. Denn sie sind das Volk, das Volk Deiner Stadt.

Da gehen sie ein und aus, rasch und langsam, geschäftig oder der Muse hingegeben, dem Gewerbe nach oder zum Abendschoppen ins Wirtshaus, und die Namen der Gassen und Plätze, die ihnen selbstverständlich sind, klingen wie der Tropfenfall der Geschichte, wie der Widerhall der Legenden: da ist die Golden Luft, der Kästrich, die Umbach, (in die man auch fallen kann, denn wenn jemand ohnmächtig wurde, hieß es: der is in die Umbach gefalle), – da ist der Flachsmarkt, die Heidelbergerfaßgaß, die Reicheclarastraß, da ist die große, die mittlere, die hintere Bleich, wo man früher wirklich einmal die Wäsche aufhing, noch bevor dort nah beim Schloßplatz die prächtige Barockkirche St. Peter gebaut wurde und das Kurfürstliche Schloß, und dann zerstört, und dann wieder gebaut, – da gibt es den Brand und die Mitternacht, das Kapuzinergäßchen, die Schlossergaß, und in der Korbgasse und im Seilergäßchen lebten noch wirklich die Korbmacher und die Seiler, man konnte sie in Gewölben ihr Geflecht binden sehen und betastete die langen, gedrehten Seile, die in dicken Bündeln auf der Straße hingen, – so wie man am Fischtor zusehen konnte, wie die frischgefangenen Rheinsalmen oder eine Ladung blankschuppiger Seefische in den Hof der Fischhandlung unseres Onkels Wallau geschafft wurden. Der Mittelpunkt aber war der Markt, groß, langgezogen, reich besetzt, dicht bevölkert, – vom Fischtorgäßchen, bei dem auch der Fischmarkt lag, weiter am Dom vorbei und am Liebfrauenplatz, um den herrlichen alten Marktbrunnen herum, bis zum Höfchen hin, wo die Stände und Körbe im Frühling überquollen von Gemüsen und wo es nach Kräutern und Früchten, aber auch nach Zwiebeln und Handkäs roch. Ob es wohl heute noch so mächtige, durch Körperfülle und Zungenfertigkeit gleichermaßen imponierende Originalgestalten gibt, wie die Marktweiber von dazumal? Sie kamen von Mombach, oder Budenheim, noch mit dem bespannten Fuhrwerk, einige wohl auch mit der Pferdebahn, die mit lautem Hufklappern, Achsenrattern und Klingeln vom Kaisertor durch die schmalen Straßen bis zum Neutor trabte, sie kamen von Gonsenheim, Finthen und Bretzenheim mit der Dampfbahn, die so langsam fuhr, daß die Buben aus ihren Fenstern heraus reife Kirschen von den Bäumen pflückten, und die schnaufend und prustend am Münsterplatz anhielt: von dort marschierten die Marktfrauen, mit wiegenden aber festen Schritten, den großen schweren Korb überm wohlfrisierten, festgeflochtenen ›Nest‹ auf den Kopf gestellt, von einem ringartigen, weichen Tragkreuz unterstützt, die Hände in die Hüften gestemmt oder die Arme leicht schlenkernd, immer ein Witzwort auf den Lippen oder auf Anruf zu einer schlagfertigen Antwort bereit, – so schritten sie dahin, die Große Bleich entlang und dann durch die engeren Straßen bis zu ihren Marktständen. Sie waren wohl freundlicher und gesitteter, als man sich die Pariser Hallenweiber vorstellt, aber auch gegen sie hätte es im Falle einer Revolution keinen Widerspruch gegeben. Wie sie tratschen konnten, wie sie lachen konnten, – und wie sie schimpfen konnten! Das reizte natürlich die Jugend, ihre homerische Sprachgewalt herauszufordern. Schon in der Dampfbahn, mit der wir im Frühling zur Schule fuhren, versuchten wir, unter den Bänken hinter sie schleichend, ihre über dem respektablen Hinterquartier zur Schleife gebundenen Schürzenbändel aufzuziehen. Durch die dicken Röcke spürten sie das nicht, aber wenn sie dann aufstanden und die Schürze herunterfiel, dann konnte man etwas hören, wovon die hessische Dialektdichtung von Niebergall über Lennig bis Zuckmayer ein schwacher Abklatsch ist. Viel toller trieben es die Wallau-Buben, Carl und Adam, unsere Vettern von der großen Fischhandlung, die am hellen Tage mitten auf dem Markt mit beiden Füßen in einen vollen Eierkorb sprangen und gleichzeitig ihre vier Händevoll Rheinsand in den daneben stehenden Handkäskorb schmissen. Der ganze Markt einschließlich zweier behelmter Schutzmänner rannte hinter ihnen her. Ob es heute, hier droben, noch so böse Buben gibt? Drunten, in Vineta, springen sie immer noch, jeden Dienstag und Freitag in die Körbe. Dort flanieren auch noch die jungen Leute, Gymnasiasten der oberen Jahrgänge, Studenten auf Ferienurlaub mit Band und Mütze, aber auch Referendare, Gerichtsassesoren, Kaufmannsstifte, Geschäftsreisende, unverheiratetes Volk eben, am Sonntag Morgen halb zwölf über die Ludwigstraße, vom Höfchen langsam auf der einen Seite bis zum Schillerplatz, dann auf der anderen zurück. Auf dem Schillerplatz, neben dem Denkmal, vis-à-vis vom Gouvernement, spielt eine Militärkapelle forsch und mit graziösem Schwung in dem kleinen Pavillon: einen Marsch, eine Ouvertüre, ein Potpourri. Man schlendert mit einer lässigen Steifheit, so als ginge man nur zufällig da herum, und doch so als werde man heimlich beobachtet und dürfe sichs nicht merken lassen, daß man es weiß. Man lacht etwas zu laut, spielt sich weltläufig auf, mondän und unbefangen. Man tut als bemerke man kaum die gelegentlich vorbeitrottenden Mädchenpaare, manche davon nicht ganz eindeutigen Rufes, sie gehen Arm in Arm, sie gucken frech und kichern, man weiß wie sie heißen, aber man traut sich nicht sie zu grüßen oder gar sie anzusprechen. Geht ein ›besseres‹ Mädchen vorbei, hält es die Augen gesenkt und trippelt in ihrem langen engen Rock oder, wenn sie noch jünger ist, im kurzen mit Steckelbeinen ganz rasch dahin, weiß aber genau, daß man ihr nachschaut. Man versucht sich in zynischen Bonmots, mein Gott die Weiber, man kennt das Leben. Man träumt, man flaniere auf einem

Boulevard, in Paris, man sei ein Spieler, ein Verführer, ein Lebemann oder wenigstens ein ›Bohèmien‹, wie unser großes Vorbild, der wulstlippige Student H. W. Eppelsheimer, um den sich, wenn er in den Ferien hier ist, immer eine Gruppe neugieriger Primaner drängt, denn es heißt, er lebe in Schwabing ganz wild, und gäbe sich einer ausschweifenden Erotik hin, – da stimmt die Kapelle, zum Abschluß, den Präsentiermarsch an, es ist ja schon halb eins! man beginnt zu laufen, zu Haus wird die Suppe aufgetragen, und um zwei muß man in die Andacht.

Verhaßte Spaziergänge, im guten Anzug am Sonntag Nachmittag: ›Am Rhein entlang‹, – es ist Herbst, die Blätter der Platanen liegen gehäuft auf der Promenade, man kann sie mit den Stiefelspitzen in immer größeren Haufen vor sich her schieben, so wie man es gern bei der Fronleichnamsprozession mit den auf die Straße gestreuten, schon etwas angewelkt duftenden Gräsern und Blumen tut. Jetzt duftet es bitterlich von den Laubhaufen, und das Rheinwasser, rasch und klar vorüberströmend, noch frei von Dieselöl, mischt seinen scharfen, sauberen Hauch hinein. Zur Ingelheimer Au, über die Drehbrücke beim alten Zollhafen, gehts an dem hübschen Favoritenschlößchen gottseliger Kurfürsten vorbei, oder nach Osten, an den verschiedenen Toren entlang, an der Straßenbrücke, der Stadthalle, dem Fischtor, man sieht den unheimlich anheimelnden Holzturm, in dem der Schinderhannes gesessen hat, man lugt voll Sehnsucht auf den Halleplatz, auf dem im Frühling und Herbst die märchenhafte ›Mess‹ ihre bunten Buden aufschlägt und das Rasseln und Schmettern der Karusselwerke auf den ›Dippemarkt‹ hinüber schallt, wo Hausfrauen und Köchinnen um das oder jenes Geschirr feilschen, ach, der brenzlige Geruch der ›Waffeln‹, der süßfade Geschmack des ›Messklumpens‹, einer grellroten oder giftgrünen Zuckerstange, die man langsam spitzlutscht, – aber im Winter ist dort, wenns die Witterung erlaubt, die

Eisbahn zu finden, blanke Fläche, über die der Schlittschuh zischt und von der seine Schneide einen mehligen Eisstaub abkratzt, man läuft mit überkreuzten Händen zum Takt der Musik oder versucht sich in ungeschickten ›Bogen‹, während am Eingang Bäckerfrauen ein nach oben geschwelltes, in der Mitte geteiltes Backwerk ausbieten, das man ›Buweschenkel‹ nennt, die dickeren hießen ›Boppeschenkel‹, es wäre ein Traum für den Dr. Freud gewesen. Und dann kommt der alte Floßhafen, der Winterhafen, in dem mancher Schlepper oder Lastkahn vor Anker liegt, und von dem in der Sylvesternacht um zwölf, zum Dröhnen der Domglocken, das Tuten, Pfeifen und Bimmeln aus Dampferschloten und von Schiffsglöckchen erschallt, während fauchende Raketen zum Nachthimmel steigen und mit taubem Knall ihre farbigen Lichtsplitter versprühen. Das ›Schifferviertel‹ wird beim Spaziergang ausgelassen, obwohl es da – gleich hinterm Dom und dem Leichhof oder der Augustinerstraße – die interessantesten alten Gäßchen gibt. Aber die besseren Leute umgehen sie lieber. Dort gibt es, sagen die Eltern, ›Schlechte Kerl‹, Lumpen, die schon bei Tag betrunken sind und mit dem Messer stechen. Besonders im Dunkeln müsse man sich vor dieser Gegend hüten, sagen sie, dort sei es nicht geheuer. Hätten sie eine Ahnung, wie oft man sich, gerade bei Dunkelheit, von ihren Warnungen angestachelt, in seinen ersten langen Hosen schlotternd, dort hingeschlichen hat, – daß man die Bierkneipen in der Schlossergasse kennt, mit ihrem Fuselgeruch und ihren scheppernden Orchestrions, die ›Schiffige‹ aus Holland, Köln oder Straßburg, in ihren dunkelblauen Strickjacken und Sweaters, manche mit tätowierten Armen und goldenen Ohrringen, (nur eine Messerstecherei hat man leider nie erlebt), – ja sogar das berüchtigte Kapellhofgäßchen, wo in schmalen groß numerierten Fachwerkhäusern das Laster haust, und die roten Laternen blühn. So bunt ist die Stadt, so voll von dichtgehäuftem Leben, zwischen ihrem rötlichen Sandstein, dem matten Schiefergrau ihrer Dächer. Eng und weit, wuchtig und leicht, von bürgerlichem Ernst getragen, von frommer Weihe, vom Wandel der Geschlechter, von kindlicher Heiterkeit; auch von kindlichem Grauen besucht, Gespensterangst, heimlich grölenden Stimmen in der Nacht, dem Fauchen eines Zugs vom Bahnhof, das wie der Maulhauch eines mörderischen Ungetüms immer näher kommt, bis ins Bett hinein, – und von mancherlei drohenden, unförmigen Gestalten bei Tag, den ›Erwachsenen‹, die nie gespielt hatten, die nicht lachen konnten, unter deren pflichtbeschwertem Schritt die Stadt ein kaltes klirrendes Gefängnis wurde, eine einzige, trockene, muffig riechende Schulstube. Und doch war sie vom guten Wein durchtränkt, von Musik durchweht, deren Pflege ihre schönste Erbschaft ist: im Saal der ›Liedertafel‹ in der Großen Bleich, bei den Symphoniekonzerten des Städtischen Orchesters, in Kammer- und Hausmusik wird dem Heranwachsenden Sinn und Gehör für eine Musica viva erweckt, die ihm erst später aufgeht. Aber auch im Dom, in dem wir gefirmt wurden, erklangen die Chorwerke alter Kirchenmusik. Und in der Augustinerkirche, in der sonntags die Schulmesse gelesen wurde, predigten abwechselnd unsere Gymnasialpfarrer, Professor Sartorius und der spätere Domkapitular, der geistvolle Professor Mayer: man ärgerte ihn wohl oft in der Religionsstunde, man brachte ihn durch heimtückisch ausgedachte Fragen in Verlegenheit, man konnte nicht anders, aber man hatte ein schlechtes Gewissen dabei, wenn seine klugen, freundlichen Augen hinter der Brille trüb und hilflos wurden. Manchmal, bei festlichen Konzerten der Liedertafel, oder im Theater, erschien in der Mittelloge eine schlanke, schmalköpfige Männergestalt, ein sehr ziviler Herr im dunklen Anzug, höchstens mit einem unauffälligen Ordensband geschmückt, er wurde stehend begrüßt, das Orchester spielte die deutsche Fürstenhymne, die der englischen gleicht, der schlanke Herr verneigte sich vor der Ehrerbietung des Publikums, wie es schien in einer scheuen, fast gequälten und ungemein sympathischen Haltung, bevor er sich in seinen Sessel zurücklehnte: das war Ernst Ludwig von Hessen und bei Rhein, ›unser Großherzog‹, Schirmherr der Künste, Schwager des letzten Zaren, jedem Waffengerassel und Kriegsgeschrei abhold, einer der vornehmsten Fürsten dieser Zeit. Man liebte ihn, man freute sich, ihn zu sehen, vom Sperrsitz der feinen Leute bis zur Galerie hinauf, er wurde den Kindern mit Stolz gezeigt.

Aber auf der Straße zeigte man uns auch manchmal einen kleinen, älteren Mann, in Havelock und Schlapphut, und sagte mit großem Respekt: das ist der Dr. David, unser Reichstagsabgeordneter, – mit Stolz sagte man das, ›obwohl‹ er Sozialist war, eine führende Persönlichkeit der deutschen Sozialdemokratie, in deren Geschichte er neben August Bebel einen Ehrenplatz einnimmt. ›Unser‹ Großherzog, – ›unser‹ Dr. David, – der eine regierte in Darmstadt, der andere hielt seine Reden, gewiß nicht fürstenfromme, in Berlin, – aber sie gehörten uns, gehörten unserer Stadt. Die Stadt selbst war damals noch vom alten Festungswerk umschlossen, das sich von der Zitadelle im Osten übers Gautor, Binger und Gonsenheimer Tor im Halbkreis nach Westen zog, doch hatten die hohen Wälle wohl keine andere militärische Bedeutung mehr, als daß manche unserer mehr preußisch gesinnten Lehrer sie uns bei Schulspaziergängen als Zehnjährige erstürmen ließen. Auch ergaben sie im Winter gute Rodelbahnen. Lag aber nur wenig oder sehr dünner Schnee, dann ging man in eine der steileren Gassen, am liebsten die Gaugass, und zog ›scharfe Schleifen‹, die glatter waren als jede Eisbahn und auf denen man, einen Fuß vorangestellt, viele Meter weit dahin schlidderte. Bis man von einem wütenden Herrn oder einer älteren Frau, die darauf ausgerutscht waren, verjagt wurde. Laut höre ich ihr Schimpfen und Drohn, laut unser Johlen und Lachen aus der Flut herauf. Mein Blick folgt jenem alten Spazierweg ›Um die Tore‹, der am Linsenberg beginnt und, an der Steinfratze des Gautor vorbei, in der ›Anlage‹ überm Neutor endet, wo man, die Arme aufs Geländer gestemmt, in eine weiße Dampfwolke gehüllt, die Züge aus dem schwarzen Loch des großen Tunnels herauskommen sah. Und man hört, von einem der infanteristischen Übungsplätze da draußen, das dünne Trommeln und Pfeifen, – ›He Mutter die Landwehr kommt‹, – der Exerziermusik. Das sind ›die Preusse‹ sagt man, obschon es gewöhnlich wohl hessische Bauernbuben und Bürgersöhne bei den 117ern, dem ›Leibregiment‹ der Großherzogin, waren und schauert leise bei dem Gedanken, daß man auch einmal bei ihnen dienen müsse. Man weiß noch nicht, daß es einen August 1914 geben wird, wo man atemlos, und ahnungslos, von Kaserne zu Kaserne rennen wird, um als Freiwilliger angenommen zu werden. Man weiß noch nicht mehr – als das, was in schöner lebendiger Gegenwart greifbar um uns ausgebreitet liegt. Man hört, aus den Gärten beim ›Schützenhaus‹, oberhalb der Wallstraße und der Gonsenheimer Hohl, an einem Maiabend die Nachtigallen flöten. Man ist sechzehn Jahre. Man schlendert zur Stadt zurück, ruhelos. Man steht am niedrigen Steingeländer der Mathildenterrasse, die schon zu Römerzeiten eine die Stadt beherrschende Bastion war, unweit vom alten Pulverturm – es ist schwül, der Himmel hängt tief, es riecht nach Regen, der kommen will, vielleicht wirds ein Gewitter, – der Rhein hat einen bleiernen Glanz, der Streif der Taunusberge ist ganz nah, tief dunkelblau über die Stadt getuscht, darüber noch ein schmaler, gelber Lichtstreif. Die Dächer und Türme aber fast schon im Dämmergrau versunken. Ein trüber Dunst zieht sich darüber zusammen, wie vom Schwelen der ›Newwelinge‹, der um einen Stock gewundenen Wachsringe, auf dem Friedhof am Allerseelentag. Versunken im Dämmergrau. Verschüttet. Begraben unter der Flut. Die Städte der Kindheit sind verschwunden. Auch wenn sie verschont blieben, sind sie nicht mehr die gleichen, sie sind vom Wandel berührt wie wir selbst, man findet sie nicht wieder, es führt kein Weg zurück. Jede Stadt ist Vineta.

WOLFGANG KOEPPEN

Nibelungenexpreß

Nicht alle Abgeordneten reisten im Bundesbahnbett. Andere kamen im Auto zur Hauptstadt gefahren, quittierten das Kilometergeld und standen sich gut dabei; sie waren die schärferen Hechte. Auf der Rheinstraße brausten die schwarzen Mercedeswagen neben dem Wasser stromabwärts. Stromabwärts der Schlick, stromabwärts das Treibholz, stromabwärts Bakterien und Kot und die Laugen der Industrie. Die Herren hockten neben ihrem Fahrer, sie hockten hinter ihrem Fahrer, sie waren eingenickt. Die Familie hatte einen strapaziert. Körperabwärts, unter dem Mantel, der Jacke, dem Hemd, lief der Schweiß. Schweiß der Erschöpfung, Schweiß der Erinnerung, Schweiß des Schlummers, Schweiß des Sterbens, Schweiß der Neugeburt, Schweiß des Wohingefahrenwerdens und wer weiß wohin, Schweiß der nackten, der bloßen Angst. Der Fahrer kannte die Strecke und haßte die Gegend. Der Fahrer konnte Lorkowski heißen und aus Masuren sein. Er kam aus den Tannenwäldern; da lagen Tote. Er gedachte der Seen in den Wäldern; da lagen Tote. Der Abgeordnete hatte ein Herz für die Vertriebenen. Das soll hier nun schön sein, dachte Lorkowski, ich scheiß' doch auf den Rhein. *Er schiß auf den Rhein, Lorkowski, Abgeordnetenfahrer aus Masuren, Lorkowski, Leichenfahrer aus dem Gefangenenlager, Lorkowski, Sanitätsfahrer von Stalingrad, Lorkowski, NSKKfahrer aus Kraftdurchfreudetagen, alles Scheiße, Leichen, Abgeordnete und Verstümmelte dieselbe Ladung, alles Scheiße, er schiß nicht nur auf den Rhein.*

»Puppe.«

Der Interessenvertreter verließ den Abort, schlenkerte das Hosenbein, nichts Menschliches war ihm fremd. Er trat zu den anderen Interessenvertretern in den Vorraum des Wagens, ein Mann unter Männern.

»Bißchen blaß ist sie.«

»Macht nichts.«

»Durchgeschüttelt, durchgerüttelt, durchgerollt.«

»Zu lange unten gelegen.«

Wagalaweia.

Das Mädchen kam wehenden Gewandes, Engel des Schienenstranges, ein Nachtengel, wehenden Nachtgewandes, Spitzen streiften den Staub Rotz und Dreck des gefirnißten Ganges, Brustspitzen, pralle Knospen rieben die Gewandspitzen, die Füße trippelten in zierlichen Pantöffelchen, Bändergeschnür, *die Füße der Salome die wie kleine weiße Tauben sind*, die Zehennägel leuchteten rot, verschlafen war das Kind, launisch, mürrisch, viele Mädchen trugen den Ausdruck des Mürrischen im hübschen Puppengesicht, es war eine Mädchenmode, mürrisch zu sein, im Hals kratzte der Raucherhusten, die Männer sahen zu, wie das Mädchen trippelnd, lackiert, hochbeinig, hübsch und mürrisch auf den Lokus ging. Parfum kitzelte die Nasen und mischte sich hinter der Tür mit des Interessenvertreters strengem Ablauf am Abend genossener Bockbiere – an ihm war Hopfen und Malz nicht verloren.

»Feinen Koffer haben Sie da. Richtige Diplomatenkiste. Wie neu aus dem AA. Schwarzrotgoldene Streifen.«

»Schwarzrotmostrich, wie wir früher sagten.«

Wagalaweia.

Der Rhein schlängelte sich nun, ein gewundenes, silbernes Band, durch flache Ufer. Fern aus dem Frühdunst wölbten sich Berge. Keetenheuve atmete die milde Luft, und schon spürte er, wie sehr sie ihn traurig stimmte. Verkehrsvereine,

Fremdenlockbetriebe nannten das Land die rheinische Riviera. Ein Treibhausklima gedieh im Kessel zwischen den Bergen; die Luft staute sich über dem Strom und seinen Ufern. Villen standen am Wasser, Rosen wurden gezüchtet, die Wohlhabenheit schritt mit der Heckenschere durch den Park, knirschenden Kies unter dem leichten Altersschuh, Keetenheuve würde nie dazu gehören, nie hier ein Haus haben, nie Rosen schneiden, nie die Edelrosen, die Nobiles, die Rosa indica, er dachte an die Wundrose, Erysipelas traumaticum, Gesundbeter waren am Werk, Deutschland war ein großes öffentliches Treibhaus, Keetenheuve sah seltsame Floren, gierige, fleischfressende Pflanzen, Riesenphallen, Schornsteinen gleich voll schwelenden Rauches, blaugrün, rotgelb, giftig, aber es war eine Üppigkeit ohne Mark und Jugend, es war alles morsch, es war alles alt, die Glieder strotzten, aber es war eine Elephantiasis arabum. Besetzt, stand auf der Klinke, und hinter der Tür pinkelte das Mädchen, hübsch und mürrisch, die Schwellen an.

Aus: Das Treibhaus

HEINRICH BÖLL

Undines gewaltiger Vater

Ich bin bereit, dem Rhein alles zu glauben, nur seine sommerliche Heiterkeit habe ich ihm nie glauben können; ich habe diese Heiterkeit gesucht, aber nie gefunden; vielleicht ist es ein Augenfehler oder ein Gemütsfehler, der mich hinderte, diese Heiterkeit zu entdecken.

Mein Rhein ist dunkel und schwermütig, ist zu sehr Fluß händlerischer Schläue, als daß ich ihm sein sommerliches Jünglingsgesicht glauben könnte.

Ich bin mit den weißen Schiffen gefahren, über die Rheinhöhen gegangen, mit dem Fahrrad von Mainz bis Köln, von Rüdesheim bis Deutz, von Köln bis Xanten gefahren, im Herbst, im Frühjahr und im Sommer, ich habe während des Winters in kleinen Hotels gewohnt, die nahe am Fluß lagen, und mein Rhein war nie der Sommer-Rhein.

Mein Rhein ist der, den ich aus meiner frühesten Kindheit kenne: ein dunkler, schwermütiger Fluß, den ich immer gefürchtet und geliebt habe; drei Minuten nur von ihm entfernt bin ich geboren; ich konnte noch nicht sprechen, soeben laufen, da spielte ich schon an seinen Ufern: bis zu den Knien wateten wir im Laub der Alleebäume, suchten nach unseren Papierrädern, die wir dem Ostwind anvertraut hatten, der sie – zu schnell für unsere Kinderbeine – westwärts trieb, auf die alten Festungsgräben zu.

Es war Herbst, Sturm herrschte, Regenwolken und der bittere Rauch der Schiffsschornsteine hingen in der Luft;

abends war Windstille, Nebel lag im Rheintal, dunkel tuteten die Nebelhörner, rote, grüne Signallichter an den Mastkörben schwebten wie auf Gespensterschiffen vorbei, und wir beugten uns über die Brückengeländer und hörten die hellen, nervösen Signalhörner der Flößer, die rheinabwärts fuhren.

Winter kam: Eisschollen, so groß wie Fußballplätze, weiß, mit einer hohen Schneeschicht bedeckt; still war der Rhein an diesen klaren Tagen; die einzigen Passagiere waren die Krähen, die sich von den Eisschollen in Richtung Holland treiben ließen, auf ihren riesigen, phantastisch eleganten Taxis ruhig dahinfahrend.

Viele Wochen lang blieb der Rhein still: schmale, graue Wasserrinnen nur zwischen den großen weißen Schollen. Möwen segelten unter den Brückenbogen her, Schollen brachen sich splitternd an den Pfeilern, und im Februar oder März warteten wir atemlos auf die große Drift, die vom Oberrhein kam. Arktisch anmutende Eismassen kamen von dort oben, und man konnte nicht glauben, daß dies ein Fluß ist, an dem Wein wächst, guter Wein. Vielschichtig schob sich das krachende, splitternde Eis an Dörfern und Städten vorbei, riß Bäume um, drückte Häuser ein, kam gelöster, schon weniger gefährlich nach Köln. Zweifellos, es gibt zwei Rheine: den oberen, den Weintrinkerrhein, den unteren, den Schnapstrinkerrhein, den man weniger kennt und für den ich plädiere; ein Rhein, der sich mit seinem Ostufer nie so recht ausgesöhnt hat, bis heute nicht; wo früher die Opferfeuer der Germanen rauchten, rauchen jetzt die Schornsteine, von Köln rheinabwärts bis weit nördlich Duisburg: rote, gelbe, grüne Flammen, die gespenstische Kulisse großer Industrien, während das westliche, das linke Ufer mehr noch einem Hirtenufer gleicht: Kühe, Weidenbäume, Schilf und die Spuren römischer Winterlager; hier standen sie, die römischen Soldaten, starrten auf das unversöhnliche Ostufer; opferten der Venus, dem Dionys, feierten die Geburt der Agrippina: ein rheinisches Mädchen war die Tochter des Germanicus, Enkelin Caligulas, Mutter Neros, Frau und Mörderin des Claudius, später von ihrem Sohn Nero ermordet. Rheinisches Blut in den Adern Neros!

Geboren war sie inmitten von Kasernen: Reiterkasernen, Matrosenkasernen, Fußvolkkasernen, und im Westend auch damals schon die Villen der Händler, Verwaltungsbeamten, Offiziere, Warmwasserbäder, Schwimmhallen; noch hat die Neuzeit diesen Luxus nicht ganz eingeholt, der zehn Meter unter den Spielplätzen unserer Kinder im Schutt der Jahrhunderte begraben liegt.

Zu viele Heere hat dieser Fluß gesehen, der alte grüne Rhein, Römer, Germanen, Hunnen, Kosaken, Raubritter – Sieger und Besiegte, und – als letzte Boten der sich vollziehenden Geschichte – die den weitesten Weg hatten: die Jungen aus Wisconsin, Cleveland oder Manila, die den Handel fortsetzten, den römische Söldner um das Jahr Null herum begonnen hatten. Zuviel Handel, zuviel Geschichte hat dieser breite, grünlichgrau dahinfließende Rhein gesehen, als daß ich ihm sein sommerliches Jünglingsgesicht glauben könnte. Glaubhafter ist seine Schwermut, seine Dunkelheit; auch die düsteren Ruinen der Raubritterburgen auf seinen Bergen sind nicht Delikte eines sehr fröhlichen Interregnums. Römischer Flitter wurde im Jahre Null hier gegen germanische Frauenehre getauscht und im Jahr 1947 Zeißgläser gegen Kaffee und Zigaretten, die kleinen weißen Räucherstäbchen der Vergänglichkeit. Nicht einmal die Nibelungen, die dort wohnten, wo der Wein wächst, waren ein sehr fröhliches Geschlecht, Blut war ihre Münze, deren eine Seite Treue, deren andere Verrat war.

Der Weintrinkerrhein hört ungefähr bei Bonn auf, geht dann durch eine Art Quarantäne, die bis Köln reicht; hier fängt der Schnapstrinkerrhein an; das mag für viele bedeuten, daß der Rhein hier aufhört. Mein Rhein fängt hier an, er wechselt in Gelassenheit und Schwermut über, ohne das, was er oben gelernt und gesehen hat, zu vergessen, immer ernster wird er auf seine Mündung zu, bis er in der Nordsee stirbt, seine Wasser sich mit denen des großen Ozeans mischen; der Rhein der lieblichen mittelrheinischen Madonnen fließt auf Rembrandt zu und verliert sich in den Nebeln der Nordsee.

Mein Rhein ist der Winterrhein, der Rhein der Krähen, die auf Eisschollen nordwestwärts ziehen, den Niederlanden zu, ein Breughel-Rhein, dessen Farben Grüngrau sind, Schwarz und Weiß, viel Grau, und die bräunlichen Fassaden der Häuser, die sich erst wieder auftakeln, wenn der Sommer naht; der stille Rhein, der noch elementar genug ist, sich die Emsigkeit der Hermes-Anbeter für einige Wochen wenigstens vom Leibe zu halten, und souverän sich selbst beherrscht, nur Vögeln, Fischen und Eisschollen sein altes Bett überläßt. Und ich habe immer noch Angst vor dem Rhein, der im Frühjahr böse werden kann, wenn Hausrat im Fluß dahintreibt, ertrunkenes Vieh, entwurzelte Bäume; wenn auf die Uferbäume Plakate mit dem roten Wort *Warnung* geklebt werden, die lehmigen Fluten steigen, wenn die Ketten, an denen die mächtigen schwimmenden Bootshäuser befestigt sind, zu reißen drohen, Angst vor dem Rhein, der unheimlich und so sanft durch die Träume der Kinder murmelt, ein dunkler Gott, der bewiesen haben will, daß er noch Opfer fordert: heidnisch, Natur, nichts von Lieblichkeit, wird er breit wie ein Meer, dringt in Wohnungen ein, steigt grünlich in den Kellern hoch, quillt aus Kanälen, brüllt unter Brückenbogen dahin: Undines gewaltiger Vater.

MARIE LUISE KASCHNITZ

Mein Rhein

Der Rhein wird mir lieb, wenn er sich aus dem Burgenzauber herauswindet, breit, niederrheinisch schön, ein Strom. Unter den Burgen fahren und landen die Ausflugsschiffe, Loreley, Drosselgasse, niemand will glauben, daß ich sie nicht kenne. Da war ich selig, sagt eine Dame im Zug. Wer den Rheinwein nicht schätzt, kann da nicht mitreden. Etwas anderes ist die Tiefebene, die schweren Wolken, die Wege auf den Rheindämmen, den Niederlanden zu. *Mein* Rhein ist jung, bei Basel macht er das Knie, noch nichts Besonderes, doch er wird schon eingespannt, muß etwas tun für die französische Industrie. Die Gegenden, durch die er fließt, sind einzigartig, das Elsaß, der Breisgau, geschichtliche Landschaften, Weinland, und hier und da noch die schönen Altwasser mit ihrer feuchtüppigen Vegetation. Im Oberrhein bin ich vor Jahrzehnten geschwommen, immer in Angst vor der starken Strömung, die imstande ist, den Schwimmer gegen die Brückenpfeiler von Breisach zu werfen oder hinauszureißen in die Mitte des Stroms. Es gab da eine bestimmte Technik, sich nicht gänzlich forttreiben zu lassen, nur ein paar Kilometer, das Münster, auch den Kalvarienberg noch im Blick. Hochsommerhitze und die glühenden Steine, auf denen man zurücklief, das Kleiderbündel suchte, um dann, angezogen, in die eiskalte Kirche zu schlüpfen. Zu jener Zeit der sauberen Flüsse waren die Fresken noch nicht aufgedeckt, aber der Altar mit dem seltsam chinesischen Schnitzwerk ragte hoch auf im Chor. Bei den Festspielen galoppierten die schweren Bauernmädchen auf den schweren Bauernrössern durch die engen Gassen hinauf zum Kirchplatz, und in dem kleinen absurden Museum bekam man Kaspar Hausers Schädel gezeigt, und noch einen kleinen, Kaspar Hauser als Kind.

*

Hinauszugelangen über das Nebelmeer, gingen wir drei Stunden zu Fuß, an den Schwaighöfen vorbei, da riß sie schon auf, die graue Masse, lag uns bald zu Füßen, dick, undurchschaubar, während Sonne uns beschien, wärmte, durchglühte, auch in der Weihnachtszeit. Später dann gingen wir nicht mehr zu Fuß, fuhren mit dem Wagen nach St. Ulrich, dann das Serpentinensträßchen hinauf, wo auf der Höhe bald ein Parkplatz angelegt wurde. Ein alter Mann spielt dort den Wächter, zirpt auf einer Maultrommel, man fragt sich, wohin er gehört. Ein Stück noch bergauf, an irgendeinen Waldrand, wo der Schnee schon getaut ist, da sitzen wir auf Wurzeln, sehen hinunter auf das graue Meer, unter dem sich das Heimattal, das Vaterhaus verbirgt, und doch erkennbar ist, mit anderen Augen, die zugleich weiter und genauer sehen; so daß allerlei Verschwundenes mit auftaucht, die Silberbergwerke zum Beispiel oder die Mühlsteine, die man dort den Hexen um den Hals gebunden hatte, oder die kriegerischen Horden, die brandschatzend durch das Tal gezogen waren, die undurchdringlichen Wälder, der Rhein zwischen mückensummenden Fieberauen, alles lange her. Oder Zukünftiges, ebenfalls Unerfreuliches, mit Atomkraftwerken zu beiden Seiten des Stromes, davon sprechen wir; eine Dunstwolke über dem Breisgau und dem Elsaß, die weicht nicht, bei Tag nicht und bei Nacht nicht, und keine Traube wird mehr reif. Eine Dunstschicht, ähnlich dem Nebelmeer zu unseren Füßen, und die darunter leben müssen, werden nicht sterben, sondern sich daran gewöhnen, werden statt des Weins Kraut und Rüben anbauen für Hengstenberg, werden schnelle Wagen, herrliche Straßen und funkelnde Badezimmer haben, nur eben die Sonne nicht mehr.

Aus: Orte

JÜRGEN BECKER

Ein ganzer Freitag

Feriengeschrei der Kinder. Fahrräder glitzern
in der Sonne; in den Vorgärten hustend die Männer,
Rentenalter, mit klirrenden Hacken; Staubsauger
aus den offenen Fenstern.
                                        Ich ging weiter
durch den Vorort zum Fluß; in Ruhe sitzen
weit entfernt –
                              das Geschiebe auf den Brücken;
Kräne und die neuen Funkhaus-Türme; es regnete
lange nicht und das Strandzeug liegt wie ein Haufen
Skelett.
                    Immer leichter und völlig unmöglich
zu lernen das programmierte Sprechen; einige Leute
gehen geduckt.
                              Ich schaute den Lastschiffen nach,
und ich weiß nicht, warum es mich traf, als
ich auf einem Ruhrort-Kahn eine Frau die Wäsche
abhängen sah. Mehr Zeit Richtung Basel. Kam
ein Angler dann.
                                Draußen auf der Mole sitzend
sehnte ich mich weiter hinaus. Vor Jahren schrieb
ich über dieses Ufer wie von einem alten Bild,
ahnungslos, was kommen sollte. Der Angler
jede Woche hier, seit zweiundfünfzig Jahren; gibt es
denn noch einen Fisch?
                                              Hubschrauber flatterten

zwischen den zugeschobenen Brücken; Geräusche
einer möglichen Katastrophe, der Einsatz einer plötzlichen
Massenflucht ins westliche Land, und die Grenzen
wären zu. Und der Angler würde sagen: das
gibt es doch gar nicht –

nein, denn im Sommer
badet er noch jeden Tag in diesem Chemie-Fluß,
und mittags Rotauge oder Forelle. Was Ihr da
immer erzählt, sagte der Angler, was Ihr da schreibt
vom kaputten Wasser –

ich betrachtete lange
das Wasser, und meine Geduld veränderte es nicht.
Ohne Nachricht leben, ohne Kommentar; das Leben
des Anglers. Es wurde wärmer, und der Südwind
kam über die Raffinerien von Wesseling; rauchend
ging ich weiter.

FRIEDRICH CHRISTIAN DELIUS

Geschichte vom Rheinfisch

Dieser da, Lachs oder Hecht, hatte den Rhein
Von unten gesehn, kannte Metallschlamm, Ölfleck,
Reichtum der Welt. So gut wie heut
Gings dem noch nie. Lachs oder Hecht, der schwamm
Ins Netz, zuckte im Netz des Beschützers, Erforschers
Des Flusses. Der wirft in sauberes Wasser das Tier,
Schon kracht, noch wünscht der Mensch ihm glückliches
Leben, der Schlag ins Genick Sauerstoff ins Blut.
Schreit der Fisch: Salze und Cadmium für meine
Kiemen! Hilfe! Blei her oder ich sterbe!
Und krepiert am Schock. Wieder bietet ein Toter
Das Beispiel, der Fisch.

ENDE.
VALETE

NACHWORT

Die poetische Geschichte des Rheins ist die Geschichte seiner romantischen Entdeckung und seiner Fixierung zum nationalen Stereotyp. Die Landschaft des Flußlaufes zwischen Mainz und Köln – und besonders des windungsreichen Abschnitts zwischen Bingen und Koblenz – wurde seit dem Anfang des 19. Jahrhunderts zur symbolischen Geographie par excellence der europäischen Romantik, aber auch zum Symbol der zwiespältigen Identitätsbildung des deutschen Nationalbewußtseins. Einige Daten markieren den historischen Hintergrund der im vorliegenden Band versammelten Texte. 1788/91 erscheint das erste (englische) Ansichtenbuch (Gardnors Aquatinta-Stiche); zwanzig Jahre später bringt die neue Technik des Stahlstichs die Bilder vom Rhein unter ein breites Publikum, der erste Baedeker wird der Rhein-Baedeker von 1835 sein. 1792 hatten die französischen Revolutionsarmeen den Strom überquert, die Zeit der Besatzung dauerte bis 1814. 1816 legte in Köln das erste Dampfschiff ab. Poesie, Tourismus und Politik verbanden sich eng und widersprüchlich. Die neue ästhetische Wertschätzung des Mittelalters und der Gotik fand an den Burg- und Kapellenruinen und malerischen Weinorten immer neue Nahrung, eine Bootsfahrt auf dem noch nicht regulierten Fluß mit seinen Klippen und Gewittern befriedigte jenes Quantum Abenteuerbedürfnis, das die Menschen an der Schwelle des technischen Zeitalters entwickelten.

Es waren die Engländer, die nach der Aufhebung der napoleonischen Kontinentalsperre dem Siegeszug ihrer Industrieprodukte folgten und die Epoche der demokratischen Massenreisen begannen, indem sie die traditionelle aristokratische Kavalierstour nach Frankreich und Italien über den

Rhein leiteten. Sie fanden freilich weniger teutonische Größe als ihre nordische Schauerromantik in bereits mediterran geprägter Szenerie, die begehrte Mischung grausiger Lieblichkeit, wie Byrons Childe Harold und der Frankenstein der Mary Shelley. In Deutschland dagegen richtete sich unter der Franzosenherrschaft das nationale Selbstgefühl an den Zeugnissen einer verklärten größeren Vergangenheit auf. Schon die ersten kulturgeschichtlich bedeutsamen Rheintexte der deutschen Romantik (Heinrich von Kleist, Friedrich Schlegel) blicken nach Frankreich; und nichts hat das Bild des Stroms so bestimmt wie das zwischen Faszination und chauvinistischem Ressentiment gelegene Verhältnis der beiden europäischen Nachbarn (und zwar durchaus in beide Richtungen). Der Rhein verband sie und war ihre umkämpfte Frontlinie, ein Schibboleth der nationalistischen Ikonographie. Friedrich Schlegels früh (1803) ausgesprochene Vision, daß hier »eine Welt zusammenkommen« könnte, wenn »statt der unnatürlich natürlichen Grenze und der kläglich zerrißnen Einheit der Länder und Nationen, eine Kette von Burgen, Städten und Dörfern längst dem herrlichen Strome wiederum ein Ganzes und gleichsam eine größere Stadt bildeten, als würdigen Mittelpunkt eines glücklichen Weltteils« (S. 125), blieb unerfüllt und wurde allenfalls heute auf makabre Weise realisiert in der gemeineuropäischen industriellen Nutzung. 1840 warf man, ausgelöst durch das erfolgreiche Lied von Nikolaus Becker: »Sie sollen ihn nicht haben, Den freien deutschen Rhein«, mit Versen und Karikaturen hinüber und herüber, bevor 1870/71 usw. die Kanonen folgten. Zu der Zeit war der Rhein längst preußisch und patriotisch vereinnahmt, wovon ja bis heute Niederwalddenkmal und Deutsches Eck Zeugnis ablegen. Daß dies keine schicksalsnotwendige Entwicklung war, zeigt Goethes Niederschrift über das 1814 nach Abzug der französischen Truppen erstmals wieder gefeierte »Sankt Rochus-Fest zu Bingen«, in dem das Glück des Friedens und die ganz unsentimentale Freude am Volksleben und einheimischer Überlieferung sich mit behaglicher Ausführlichkeit mitteilen – ein heute wenig bekannter und gedruckter Text, vielleicht die schönste Rheindichtung.

Goethe war in Rheinnähe geboren und aufgewachsen und hatte bereits in *Hermann und Dorothea* (1797) die Landschaft als symbolisches Lokal der Erschütterung und Belebung deutscher Zustände durch die revolutionären Nachbarn gewählt. Er wurde zwanzig Jahre später noch einmal zum – eher passiven – Mittelpunkt einer romantischen Rheinschwärmerei, die von seinen Frankfurter Landsleuten Clemens und Bettina Brentano (und ihrem Mann Achim von Arnim) ausging und die insbesondere in Bettinas *Goethes Briefwechsel mit einem Kinde* (1835) den großen Alten als selbst mythische Figur in ihre imaginären Stromlandschaften einspann. Im Kreise dieser Romantiker wurden die Märchen und Sagen und Lieder in dem hochartistischen Volkston erfunden, deren verspielte Virtuosität schnell durch weinseligen Massenverbrauch überdeckt werden konnte, auf den dann die Parodie antwortete: »Man stirbt nicht mehr beim Schiffen, bloß weil ein blondes Weib sich dauernd kämmt« (S. 391). Die ästhetischen Mythen von Loreley und Vater Rhein usw. sind nostalgische Kunstschöpfungen wie der Rolandsbogen, Burg Stolzenfeld oder der rheinische Karneval. Die bekannteste ist natürlich die vollendende Restauration des Kölner Doms, gegen deren falsche nationale Untertöne die sensibel christliche Droste scharf protestierte. Auch die demokratische Dichterriege versuchte 1848 (Herwegh, Prutz, Freiligrath), die Rheinsymbolik auf ihre Weise zu benutzen. Wie nah Loreley und Germania, Märchenburg und trutzige Wacht am Rhein beieinander lagen, war niemand so schmerzlich bewußt wie Heinrich Heine, der seiner Liebe und seinem Haß gleichermaßen Ausdruck gab. Mit ihm wäre zuletzt einer Gruppe von Rheindichtern zu gedenken, die am Rhein geboren sind (wie es insgesamt ja nicht viele waren, die ihn darstellten – neben den Brentanos wären hier vor allem Stefan George und Heinrich Böll zu nennen); geboren und dennoch in anderem Sinne Wahl-Rheinländer, weil sie Wahl- und Wunsch-Deutsche waren: die deutschen Autoren jüdischer Herkunft, nach Heine Carl Zuckmayer und Anna Seghers (auch Ernst Bloch), die in der Zeit ihres brutalen Ausgestoßenseins in der heimatlichen Landschaft die Erinnerung des guten Deutschland bewahrten. Das *Siebte Kreuz* der Anna Seghers ist das bewegende poetische Dokument dafür, wie der Rhein anderthalb Jahrhunderte nach seiner romantischen Entdeckung und trivialen Ausschlachtung noch einmal zum utopischen Bild einer sich an der Vergangenheit nährenden Glückshoffnung werden konnte.

VERFASSER- UND QUELLENVERZEICHNIS

Abkürzungen

D: Druckvorlage. E: erstmals erschienen (bei Abweichung von D)
*: vom Herausgeber eingesetzter Titel

[ANONYM]

Die Rheinfahrt nach Köln. Fragment aus Briefen. S. 20–26. D: C. A. von Bertram [Hg.]: Litteratur- und Theater-Zeitung. 2. Jahrgang. Berlin 1779, S. 275–280.

GUILLAUME APOLLINAIRE 26. Aug. 1880 Rom – 9. Nov. 1918 Paris

Rheinlieder (Rhénanes, E: 1913 in ›Alcools‹). *S. 370–373.* D: Poetische Werke / Œuvres Poétiques. Ausgewählt und hg. Gerd Henninger. Deutsch von Gerd Henninger, Johannes Hübner, Lothar Klünner. Neuwied und Berlin 1969, S. 157, 159, 165. ©: Hermann Luchterhand Verlag Darmstadt und Neuwied.

ACHIM VON ARNIM 26. Jan. 1781 Berlin – 21. Jan. 1831 Wiepersdorf b. Jüterborg

An die Gräfin Schlitz, vor 28. Juli 1802 (Konzept). *S. 126–128.* D: Achim von Arnim und die ihm nahestanden. Hg. R. Steig und H. Grimm. Bd. 1. Stuttgart 1894, S. 34f.

BETTINA VON ARNIM geb. BRENTANO 4. April 1785 Frankfurt/M. – 20. Jan. 1859 Berlin

Aus: *Goethes Briefwechsel mit einem Kinde* (E: 1835). *S. 200–220.* D: Werke und Briefe. Hg. G. Konrad. Bd. 2. Frechen 1969, S. 110–125.

DECIMUS MAGNUS AUSONIUS um 310 n. Chr. Bordeaux – nach 393 n. Chr. ebd.

Aus: *Die Mosel* (Mosella). *S. 11f.* D: Mosella. Lateinisch und Deutsch. Nebst einem Anhange [...] hg. Dr. Eduard Böcking. Berlin: Nicolaische Buchhandlung 1828, S. 15–17 (= V. 189–208).

JÜRGEN BECKER 10. Juli Köln

Ein ganzer Freitag. S. 420f. D: Erzähl mir nichts vom Krieg. Gedichte. Frankfurt/M. 1977, S. 15f.

NIKOLAUS BECKER 8. Okt. 1809 Bonn – 28. Aug. 1845 Hunshoven b. Geilenkirchen

Der deutsche Rhein (E: 1840). *S. 302–304.* D: vgl. das Faksimile S. 303 (Kölnisches Stadtmuseum).

AURELIO DE' GIORGI BERTOLA 1753 Rimini – 1798

Aus: *Malerische Rheinreise. S. 52–58.* D: Malerische Rheinreise. Von Speyer bis Düsseldorf. Aus dem Italienischen des Abbate de Bertola. Mit einer Karte. Mannheim: Schwan und Götz 1796, S. 106–111, 123–127.

ERNST BLOCH 8. Juli 1885 Ludwigshafen – 4. Aug. 1977 Tübingen

Ludwigshafen–Mannheim (E: 1928). *S. 376–380.* D: Verfremdungen II. Geographica. Frankfurt/M. 1964, S. 13–17.

HEINRICH BÖLL 21. Dez. 1917 Köln

Undines gewaltiger Vater (E: 1960). *S. 413–416.* D: Erzählungen 1950–1970. Köln 1972, S. 189–192. ©: Kiepenheuer und Witsch.

RUDOLF BORCHARDT 9. Juni 1877 Königsberg – 10. Jan. 1945 Trins/Brenner

Worms. Ein Tagebuchblatt. S. 354–365. D: Gesammelte Werke in Einzelbänden. Hg. Marie Luise Borchardt unter Mitarbeit von Ernst Zinn. Prosa III. Stuttgart 1960, S. 256–267. ©: Ernst Klett Verlag Stuttgart.

CLEMENS BRENTANO 8. Sept. 1778 Ehrenbreitstein – 28. Juli 1842 Aschaffenburg

Auf dem Rhein. (E – andere Fassung –: 1800/02). *S. 221–224.* D: Werke. Hg. W. Frühwald und F. Kemp. Bd. 1. München 1978, S. 98–101.

Wie der Müller Radlauf dem Rhein ein Lied sang und einen Traum hatte. Aus: Das Märchen von dem Rhein und dem Müller Radlauf (E: 1846). *S. 225–228.* D: Werke a.a.O. Bd. 3, S. 9–11.

Lureley (E – andere Fassung –: 1800/02). *S. 229–233.* D: Werke a.a.O. Bd. 1, S. 115–118.

GEORGE GORDON NOEL BYRON 22. Jan. 1788 London – 19. April 1824 Missolunghi

Aus: *Childe Harolds Pilgerfahrt* (E: 1816 [3. Gesang]). *S. 190–198.* D: Byrons Werke. Üs. R. Böttger u. a. Bd. 1. Leipzig und Wien 1912, S. 192–198.

CARL GUSTAV CARUS 3. Jan. 1789 Leipzig – 28. Juli 1869 Dresden

**Am Rhein.* Aus: Paris und die Rheingegenden. Tagebuch einer Reise im Jahre 1835 (E: 1836). *S. 242–258.* D: Denkwürdigkeiten aus Europa, mitgeteilt von C. G. Carus, zu einem Lebensbild zusammengestellt von M. Schlösser. Hamburg 1963, S. 409–419.

MATTHIAS CLAUDIUS 15. Aug. 1740 Reinfeld/Holstein – 21. Jan. 1815 Hamburg

Rheinweinlied (E: 1775). *S. 27f.* D: Sämtliche Werke. Hg. J. Perfahl. München o. J., S. 172f.

SAMUEL TAYLOR COLERIDGE 20. Okt. 1772 Ottery St. Mary / Devonshire – 25. Juli 1834 Highgate

Köln. S. 264. D (englisch): The Poems of Samuel Taylor Coleridge. Leipzig: Tauchnitz 1860, S. 305. – Üs. vom Herausgeber.

FRIEDRICH CHRISTIAN DELIUS 13. Febr. 1943 Rom

Geschichte vom Rheinfisch. S. 422. D: Die unsichtbaren Blitze. Gedichte. Berlin 1981, S. 9. ©: Klaus Wagenbach, Berlin.

ANNETTE VON DROSTE-HÜLSHOFF 10. Jan. 1797 Schloß Hülshoff b. Münster – 24. Mai 1848 Meersburg/Bodensee

Die Stadt und der Dom. Eine Karikatur des Heiligsten (E: 1844). *S. 318–324.* D: Sämtliche Werke in zwei Bänden. Nach dem Text der Originaldrucke und der Handschriften. Hg. G. Weydt und W. Woesler. Bd. I. Darmstadt 1975, S. 9–12.

GÜNTER EICH 1. Febr. 1907 Lebus/Oder – 20. Dez. 1972 Groß-Gmain

Camp 16 (»Durch den Stacheldraht schau ich grad auf das Fließen des Rheins« – E: 1948). *S. 393.* D: Gesammelte Werke. Bd. 1. Frankfurt/M. 1973, S. 33.

JOSEPH VON EICHENDORFF 10. März 1788 Schloß Lubowitz/Oberschlesien – 26. Nov. 1857 Neiße

Aus: *Ahnung und Gegenwart* (E: 1815). *S. 175–181.* D: Werke. Hg. W. Rasch. München 1966, S. 713–719.

Waldgespräch (E: 1815). *S. 234.* D: Ebd. S. 304f.

FRIEDRICH ENGELS 28. Nov. 1820 Barmen – 5. Aug. 1895 London

Siegfrieds Heimat (E: 1840). *S. 290–296.* D: Karl Marx / Friedrich Engels: Werke. Ergänzungsband 2. Berlin 1973, S. 105–109.

GEORG FORSTER 27. Nov. 1754 Nassenhuben b. Danzig – 10. Jan. 1794 Paris

Aus: *Ansichten vom Niederrhein*, von Brabant, Flandern, Holland, England und Frankreich im April, Mai und Junius 1790 (E: 1791). *S. 67–86.* D: Werke in vier Bänden. Hg. G. Steiner. Bd. 2. Frankfurt/M. 1969, S. 379–388, 390, 393, 404f.

FERDINAND FREILIGRATH 17. Juni 1810 Detmold – 18. März 1876 Cannstadt

Von unten auf (E: 1846). *S. 334–340.* D: Werke in sechs Teilen. Hg. J. Schwering. T. 2, S. 95–97.

STEFAN GEORGE 12. Juli 1868 Büdesheim/Hessen – 4. Dez. 1933 Minusio b. Locarno

Du wirst nicht mehr die lauten fahrten preisen (E: 1899). *S. 366.* D: Werke. Ausgabe in zwei Bänden. Bd. 1. Düsseldorf und München 1958, S. 174f.

Rhein I–VI. (E: 1907). *S. 367f.* D: Ebd. S. 332.

Vor-abend war es unsrer bergesfeier (E: 1914). *S. 369.* D: Ebd. S. 378f.

©: Verlag Helmut Küpper vorm. G. Bondi, Düsseldorf und München (jetzt Stuttgart).

JOHANN WOLFGANG VON GOETHE 28. Aug. 1749 Frankfurt/M. – 22. März 1832 Weimar

Geistes-Gruß (»Hoch auf dem alten Turme steht« – E: 1789 [geschr. 1774]). *S. 19.* D: Gedenkausgabe der Werke, Briefe und Gespräche. Hg. E. Beutler. Zürich 1950. Bd. 1, S. 68. (Gemeint ist Schloß Lahneck.)

Sankt Rochus-Fest zu Bingen. Am 16. August 1814 (E: 1817). *S. 141–174.* D: Ebd. Bd. 12, S. 468–497.

HEINRICH HEINE 13. Dez. 1797 Düsseldorf – 17. Febr. 1856 Paris

Ich weiß nicht, was soll es bedeuten (»Ein Märchen aus alten Zeiten« – E: 1827). *S. 199.* D: Sämtliche Schriften in zwölf Bänden. Hg. K. Briegleb. Bd. 1. München/Wien 1976, S. 107.

Die Wallfahrt nach Kevlaar (E: 1822). *S. 237–240.* D: Ebd. S. 163–165.

Die Nacht auf dem Drachenfels. An Fritz v. B. (»Wir tranken Deutschlands Wohl aus Rheinweinkrügen« – geschr. 1819/20). *S. 277.* D: Ebd. S. 224f.

Aus: *Deutschland. Ein Wintermärchen* (E: 1844). *S. 325–333.* D: Werke a.a.O. Bd. 7, S. 583–589 (= Caput IV und V).

WILHELM HEINSE 15. Dez. 1746 Langewiesen b. Ilmenau/Thüringen – 22. Juni 1803 Aschaffenburg

**Am Rheinfall von Schaffhausen.* An Johann Wilhelm Ludwig Gleim 15. Aug. 1780. *S. 29–32.* D: Sämmtliche Werke. Hg. C. Schüddekopf. Bd. 10. Leipzig 1910, S. 33–35.

GEORG HERWEGH 31. Mai 1817 Stuttgart – 7. April 1875 Lichtenthal/Baden-Baden

Rheinweinlied (E: 1841). *S. 300f.* D: Werke in drei Teilen. Hg. H. Tardel. Berlin/Leipzig/Wien/Stuttgart o.J. (Bong). Bd. 1, S. 31f.

FRIEDRICH HÖLDERLIN 20. März 1770 Lauffen a. Neckar – 7. Juni 1843 Tübingen

Aus: *Der Wanderer* (»Seliges Tal des Rheins!« E: nach 1800). *S. 9f.* D: Sämtliche Werke. Hg. F. Beissner. Bd. 2. Stuttgart 1953, S. 85.

**Reisetagebuch 1788.* An die Mutter [etwa 10. Juni 1788]. *S. 40–51.* D: Ebd. Bd. 6. Hg. A. Beck. Stuttgart 1969, S. 33–42.

Der Rhein (E: nach 1800). *S. 116–123.* D: Ebd. Bd. 2, S. 149–156.

VICTOR HUGO 26. Febr. 1802 Besançon – 22. Mai 1885 Paris

**Bacharach.* Aus: Der Rhein (E: 1842). *S. 259–263.* D: Le Rhin / Notizen einer Rheinreise. Üs. K. Zimmer. München 1973, S. 61–69. ©: Edition Langewiesche-Brandt, 1965.

KARL IMMERMANN 24. April 1776 Magdeburg – 25. Aug. 1840 Düsseldorf

**Die Ahr.* Aus: Ahr und Lahn (E: 1835). *S. 272–276.* D: Werke in fünf Bänden. Unter Mitarbeit von H. Asbeck, H.-M. Gerresheim, H. J. Schneider, H. Steinecke hg. B. v. Wiese. Bd. IV: Frankfurt/M. 1973, S. 229f.

**Auf dem Dampfschiff und die Ebene der Nibelungen.* Aus: Reisejournal (E: 1833). *S. 285–289.* D: Ebd. S. 15–18, 38–40.

ERICH KÄSTNER 23. Febr. 1899 Dresden – 3. Febr. 1974 Staufen i. Br.

Der Handstand auf der Loreley (E: 1932). *S. 391f.* D: Gesammelte Schriften. Bd. 1. Köln 1959, S. 231f. ©: Atrium Verlag Zürich.

NIKOLAJ MICHAILOWITSCH KARAMSIN 12. Dez. 1766 Michailowska – 3. Juni 1826 Zarskoje Selo

Aus: *Briefe eines reisenden Russen* (E: 1791/2 auszugsweise, 1799/1801 vollst.). *S. 59–62.* D: Aus dem Russischen übertragen von J. Richter. München 1966, S. 134–138. ©: Winkler Verlag, München.

MARIE LUISE KASCHNITZ 31. Jan. 1901 Karlsruhe – 9. Okt. 1974 Rom

**Mein Rhein.* Aus: Orte. *S. 417–419.* D: Orte. Aufzeichnungen. Frankfurt/M. 1973, S. 119, 223.

GOTTFRIED KELLER 19. Juli 1819 Zürich – 16. Juli 1890 ebd.

Rheinbilder (»Wie still! Nur auf der Klosterau Keift fernhin eine alte

Frau« – E: 1878). *S. 342–344.* D: Sämtliche Werke und ausgewählte Briefe. Hg. C. Heselhaus. Bd. 3. München 1958, S. 308–310.

GOTTFRIED KINKEL 11. Aug. 1815 Oberkassel b. Bonn – 13. Nov. 1882 Zürich

**Bonner Bildungsleben* (geschr. ca. 1850). *S. 266–271.* D: Gottfried Kinkels Selbstbiographie 1838–1848. Hg. R. Sander. Bonn 1931, S. 90–93.

HEINRICH VON KLEIST 18. Okt. 1777 Frankfurt/O. – 21. Nov. 1811 Wannsee b. Potsdam

An Adolfine von Werdeck 28. Juli 1801. S. 130–134. D: Sämtliche Werke und Briefe. Hg. H. Semdner. Bd. 2. München 1964, S. 672–675.

WOLFGANG KOEPPEN 23. Juni 1906 Greifswald

**Nibelungenexpreß.* Aus: Das Treibhaus (E: 1953). *S. 410–412.* D: Drei Romane. Tauben im Gras. Das Treibhaus. Der Tod in Rom. Frankfurt/M. 1972, S. 241–243.

JOSEPH GREGOR LANG um 1750 Koblenz – 1834 ebd.

**Blick vom Kreuzberg bei Bonn.* Aus: Reise auf dem Rhein. *S. 63–66.* D: Reise auf dem Rhein. Frankfurt: auf Kosten des Verfassers in Kommission der Andreeischen Buchhandlung 1789. 2. Teil. ebd. 1790, S. 216–220.

NIKOLAUS LENAU (= Nikolaus Franz Niembsch, Edler von Strehlenau) 13. Aug. 1802 Csatád/Ungarn – 22. Aug. 1850 Oberdölding b. Wien

**Briefe auf dem Rhein.* An Gustav Schwab 27. Juni 1832 und an Emilie Reinbeck 2. Juli 1832. *S. 281–284.* D: Sämtliche Werke und Briefe. In zwei Bänden. Frankfurt/M. o.J. Bd. 2, S. 184–187.

OTTO HEINRICH GRAF VON LOEBEN 18. Aug. 1786 Dresden – 3. April 1825 ebd.

Der Lurleyfels (E: 1821). *S. 235f.* D: Gedichte. Hg. R. Pissin. Berlin 1905, S. 68.

THOMAS MANN 6. Juni 1875 Lübeck – 12. Aug. 1955 Kilchberg b. Zürich

**Felix Krulls Heimat.* Aus: Bekenntnisse des Hochstaplers Felix Krull. Der Memoiren erster Teil (E: 1922, Neufassung 1954). *S. 386–390.* D: Frankfurt/M. 1957 (= Stockholmer Gesamtausgabe Bd. 10), S. 10–13. ©: 1954. Abdruck mit freundlicher Genehmigung der S. Fischer Verlag GmbH, Frankfurt am Main.

FRIEDRICH (gen. MALER) MÜLLER 13. Jan. 1749 Kreuznach – 23. April 1825 Rom

Aus: *Kreuznach* (E: 1778). *S. 33–39.* D: Deutsche National-Litteratur. Hg. J. Kürschner. Bd. 81. Stürmer und Dränger III. Hg. A. Sauer, S. 231–236.

ALFRED DE MUSSET 11. Dez. 1810 Paris – 2. Mai 1857 ebd.

Der deutsche Rhein. Antwort auf das Lied von Becker (E: 1841). *S. 306–308.* D: Dichtungen. Poésies Nouvelles. Französisch mit deutscher Übertragung von F. Schäfer. Heidelberg 1960, S. 209. ©: Lambert Schneider, Heidelberg.

FRIEDRICH NIETZSCHE 15. Okt. 1844 Röcken – 25. Aug. 1900 Weimar

**Studentenausflug nach Rolandseck.* Aus: Über die Zukunft unserer Bildungsanstalten (gehalten 1872). *S. 345–353.* D: Werke in drei Bänden. Hg. K. Schlechta. Bd. 3. München 1966, S. 178–182.

FRANCESCO PETRARCA 20. Juli 1304 Arezzo – 18. Juli 1374 Arquà b. Padua

**Köln.* An den Kardinal Colonna in Avignon 9. August 1333. *S. 13–18.* D: Dichtungen, Briefe, Schriften. Auswahl und Einleitung von H. W. Eppelsheimer. Frankfurt/M. 1956, S. 75–78.

ROBERT PRUTZ 30. Mai 1816 Stettin – 21. Juni 1872 ebd.

Der Rhein (E: 1840). *S. 310–313.* D: Robert Prutz: Zwischen Vaterland und Freiheit. Eine Werkauswahl. Hg. und kommentiert H. Kirchner. Köln 1975, S. 177–179.

Dem Könige von Preußen. Zum Kölner Dombaufest. Den 4. September 1842. S. 314–317. D: Ebd. S. 194f.

MAX VON SCHENKENDORF 11. Dez. 1783 Tilsit – 11. Dez. 1817 Koblenz

Das Lied vom Rhein (E: 1814). *S. 278–280.* D: Gedichte. 5. Aufl. Hg. A. Hagen. Stuttgart: Cotta 1878, S. 141–143.

FRIEDRICH SCHLEGEL 10. März 1772 Hannover – 12. Jan. 1829 Dresden

Köln und Rheinfahrt. Briefe auf einer Reise (E: 1805). *S. 87–115.* D: Kritische Friedrich Schlegel-Ausgabe. Hg. E. Behler. Abt. I, Bd. 4, Paderborn/München/Wien 1959, S. 174–192.

(»Nirgends werden die Erinnerungen...«, Motto *S. 125*). Aus: Reise nach Frankreich. D: Europa. Eine Zeitschrift. Hg. von Friedrich Schlegel bei Friedrich Wilmans, Frankfurt/M. 1803. Mit einem Nachwort zur Neuausgabe hg. E. Behler. Erster und zweiter Band. Stuttgart 1963, S. 15.

MAX SCHNECKENBURGER 17. Febr. 1819 Thalheim/Württ. – 3. Mai 1849 Burgdorf b. Bern

Die Wacht am Rhein (E: 1840). *S. 297f.* D: Wolfgang Gast [Hg.]: Politische Lyrik. Deutsche Zeitgedichte des 19. und 20. Jahrhunderts. Stuttgart 1973, S. 9f.

ANNA SEGHERS 19. Nov. 1900 Mainz

**Vortaunus.* Aus: Das siebte Kreuz (E: 1942). *S. 394–399.* D: Berlin/DDR 1961, S. 9–13. ©: Hermann Luchterhand Verlag, Darmstadt und Neuwied.

MARY W. SHELLEY, geb. Wollstonecraft 30. Aug. 1797 Somers Town – 1. Febr. 1851 London

**Frankenstein am Rhein.* Aus: Frankenstein oder Der neue Prometheus (E: 1818). *S. 182–189.* D: Aus dem Englischen von F. Polakovics. München o. J. (dtv), S. 166–169. ©: Hanser Verlag München.

ERNST STADLER 11. Aug. 1883 Kolmar/Elsaß – 30. Okt. 1914 Zandvoord b. Ypern

Fahrt über die Kölner Rheinbrücke bei Nacht (E: 1914). *S. 374f.* D: Dichtungen. Hg. K. L. Schneider. Bd. 1. Hamburg [1954], S. 161f. ©: Heinrich Ellermann, München.

KURT TUCHOLSKY 9. Jan. 1890 Berlin – 21. Dez. 1935 Hindås b. Göteborg

Denkmal am Deutschen Eck (E: 1930). *S. 381–385.* D: Gesammelte Werke. Hg. M. Gerold-Tucholsky und F. J. Raddatz. Reinbek b. Hamburg 1960. Bd. 3, S. 330–333. ©: Rowohlt Verlag GmbH Reinbek bei Hamburg, 1960.

NICLAS VOGT 6. Dez. 1756 Mainz – 19. Mai 1836 Frankfurt/M.

Die Rheinflöße. Aus: Ansichten des Rheins. *S. 135–140.* D: Nic. Vogt [und August Wilhelm Schreiber]: Ansichten des Rheins. Erstes bis Drittes Heft. Frankfurt am Mayn: Friedrich Wilmans 1804–1806. Heft 3, S. 20–28.

CARL ZUCKMAYER 27. Dez. 1896 Nackenheim a. Rhein – 18. Jan. 1977 Visp (Kt. Wallis)

Mainz, versunkene Stadt. S. 400–409. D: Atlas, zusammengestellt von deutschen Autoren. Berlin 1965, S. 211–220. ©: Kurt Wagenbach, Berlin.

NACHWEISE DER ABBILDUNGEN

Häufig benutzte Werke

[Reverend John Gardnor]: Views Taken on and near the River Rhine, at Aix la Chapelle and on the River Maese, by the Rev. Gardnor. Engraved in Aqua Tinta by William and Elizabeth Ellis. London: W. Ellis and J. Walter 1788. (*Gardnor*)

[Laurenz Janscha und Johann Ziegler]: [Fünfzig] Malerische Ansichten des Rhein-Stromes von Speyer bis Düsseldorf. Nach der Natur gezeichnet von L. Janscha und von Ziegler gestochen. Wien: Kunsthandlung Artaria 1798. (*Janscha/Ziegler*)

[William Tombleson]: Tombleson's Views of the Rhine / Vues du Rhin / Rhein Ansichten. Edited by W. G. Fearnside. London: Tombleson & Co [1832]. (*Tombleson*)

[Karl Simrock]: Das malerische und romantische Rheinland. Von Karl Simrock. Mit 60 Stahlstichen. Leipzig: Georg Wigand 1838 bis 1840. (= Das malerische und romantische Deutschland IX.) (*Simrock*)

[Johann Wilhelm Spitz]: Das malerische und romantische Rheinland in Geschichten und Sagen, mit Stahlstichen. Herausgegeben von Joh. Wilh. Spitz. [2 Bde in einem.] Düsseldorf: Kommission Kunsthandlung H. Werbrunn 1838. (*Spitz*)

Titelvignette: Bacharach. J. M. W. Turner/E. Finden. (The Works of Lord Byron with his Letters and Journals, and his Life, by Thomas Moore, esq. in fourteen volumes. London: John Murray 1832. Vol. VIII, Frontispiz.)

15 *Köln.* G. Altzenbach/Merian 1620. (Kölnisches Stadtmuseum, Foto: Rheinisches Bildarchiv Nr. 5747)

21 *Lahneck und Niederlahnstein* gez. den 9. August 1815 von Johann Adam Klein. (Hessisches Landesmuseum, Darmstadt, Foto: Rheinisches Bildarchiv Nr. 63010.)

25 *Ansicht des Schlosses Rolandseck und der Abtei Nonnenwerth.* (Janscha/Ziegler.)

31 *Der Rheinfall bei Schaffhausen.* Unbez./C. Gunst. (Spitz.)
45 *Ansicht von Speyer.* Janscha/Ziegler.
49 *Heidelberg mit der schönen Ferne.* Feder und Tuschpinsel von Carl Philipp Fohr (unbez.). (Kupferstichkabinett Berlin.)
57 *Ansicht von Schloß Rheinfels bei St. Goar über dem Rhein.* Gardnor/R. Dedd. (Gardnor.)
65 *Bonn.* Tombleson/H. Winkles. (Tombleson.)
71 *St. Goarshausen und Ruinen der Katze.* Tombleson/Ward. (Tombleson.)
75 *Ansicht von Boppart.* Janscha/Ziegler.
79 *Ehrenbreitstein.* Tombleson/Price. (Tombleson.)
81 *Churkölnische Stadt Andernach am Rhein.* Janscha/Ziegler.
85 *Chor des Kölner Doms,* ca. 1837. C. Wild. (Kölnisches Stadtmuseum. Foto: Rheinisches Bildarchiv Nr. 157190.)
89 *Köln.* R. Kunz/L. Schnell. (Malerische Ansichten des Rheins, der Mosel, des Haardt und Taunusgebirges, in 72 Blättern. Heidelberg: Joseph Engelmann [1817]. Foto: Rheinisches Bildarchiv Nr. 134658.)
91 *Köln.* K. F. Schinkel/Haldenwang und L. Schnell. (Sulpiz Boisserée: Ansichten, Risse und einzelne Theile des Doms von Köln. Titelvign. Foto: Rheinisches Bildarchiv Nr. 94540.)
99 *Köln.* Tombleson/Tombleson.
107 *Ansicht der sieben Berge unweit Bonn.* Janscha/Ziegler.
109 *Schloß Elz.* Verhas/H. Winkles. (Simrock.)
113 *Ruine von Stolzenfels.* Tombleson/J. Cox. (Tombleson.)
121 *Rolandsbogen und Drachenfels.* Tombleson/Ward (Tombleson)
127 *Frankfurt.* Unbez./C. Lindemann. (Ursprünglich: C. Frommel/Frommel & Winkles.) (Simrock.)
129 *Ansicht von Rüdesheim unweit Bingen.* Janscha/Ziegler.
133 *Mainz.* J. M. W. Turner/W. Miller. (The Prose Works of Sir Walter Scott. Vol. 12. Edinburgh/London: Robert Cadell 1835, Frontispiz.)
143 *Ansicht von Elfeld [Eltville] und Erbach.* Janscha/Ziegler.
149 *Bingen.* F. Foltz/F. Foltz. (Der Führer am Rhein von seiner Quelle bis zur Mündung. Ein Handbuch für Freunde der schönen Natur, der Kunst und des Alterthums, mit ausgewählten Balladen und Liedern. Von Adolph Waldeck. Nebst 40

Stahlstichen und einer Karte. Bonn: T. Habicht 1842. – Foto: Rheinisches Bildarchiv Nr. 184315.)

177 *Tal von Engelhölle und Ruine Schönberg.* Tombleson/J. Saunders. (Tombleson.)

185 *Straßburg.* Zeichnung von Caspar Scheuren. (Kölnisches Stadtmuseum. Foto: Rheinisches Bildarchiv Nr. 184313.)

187 *Braubach und die Marksburg.* Tombleson/J. Watts. (Tombleson.)

195 *Drachenfels.* Tuschzeichnung von Ernst Fries 1821. (Kölnisches Stadtmuseum. Foto: Rheinisches Bildarchiv Nr. 101735.)

197 *Ehrenbreitstein.* Gardnor/Gardnor.

205 *Johannisberg.* C. Frommel/Frommel & Winkles. (Simrock.)

231 *Lurleifelsen.* Aquarell von Caspar Scheuren 1862. Lith. W. Kraft. (Kölnisches Stadtmuseum. Foto: Rheinisches Bildarchiv Nr. 184305.)

245 *Ruine Ehrenfels.* Tombleson/T. Jones. (Tombleson.)

251 *Ruine einer Kirche [der Wernerkapelle] zu Bacharach.* Gardnor/W. Ellis. (Gardnor.)

255 *Turm zu Oberwesel.* Tombleson/T. Clark. (Tombleson, Titelvignette.)

261 *Bacharach.* W. L. Leitch/A. Willmore. (George Newnham Wright: The Rhine, Italy, and Greece. In a Series of Drawings from Nature by Colonel Cockburn, Major Irton, Messrs. Bartlett, Leitch and Wolfensberger. With Historical and Legendary Descriptions by the Rev. G. N. Wright. Vol. 1. London/Paris: Fisher 1841.)

265 »Das wirkliche Kölnische Wasser und seine Wirkung auf die Nase dreier bekannter Persönlichkeiten« (Illustration aus Richard Doyle: The Foreign Tour of Messrs. Brown, Jones and Robinson. London 1854, S. 8. Foto: Rheinisches Bildarchiv Nr. L 1999/62.)

269 *Die Sommernacht am Rhein.* Gemälde von Christian Eduard Böttcher 1862. (Köln, Wallraf-Richartz-Museum. Foto: Rheinisches Bildarchiv Nr. 109828.)

273 *Mayschoß und Umgebung.* Ponsart/Ponsart. (Nicolas Ponsart: Vallée de l'Ahr. Prusse Rhénane, dessinée d'après nature et lithographée par N. Ponsart de Malmedy. Bruxelles: P. Degobert 1839.)

275 *Panorama der Gegend von Altenahr.* C. Schlickum/Winkles &

Lehmann. (Gottfried Kinkel: Die Ahr. Landschaft, Geschichte und Volksleben. Zugleich ein Führer für Ahrreisende. Mit 20 Stahlstichen nach Originalzeichnung von Carl Schlickum. Bonn: T. Habicht 1849.)

283 *Auswanderer auf dem Rhein.* H. Leutemann ca. 1850. Kölnisches Stadtmuseum. Foto: Rheinisches Bildarchiv Nr. 184317.)

299 Weinetikett aus der Sammlung des Kölnischen Stadtmuseums. Fotos: Rheinisches Bildarchiv Nr. 184311.

303 Flugblatt mit dem Lied von Nikolaus Becker: Der Rhein (= Erstausgabe). (Kölnisches Stadtmuseum. Foto: Rheinisches Bildarchiv Nr. 147122.)

305, 307 u. 309 Karikaturen aus dem Besitz des Kölnischen Stadtmuseums von 1840/1. (Fotos: Rheinisches Bildarchiv Nr. 184318, 179962 u. 176207.)

315 *Postkarte mit dem Aufruf von Friedrich Wilhelm IV. zum Kölner Dombaufest 1842.* (Kölnisches Stadtmuseum. Foto: Rheinisches Bildarchiv Nr. 184316.)

321 *Germania zerreißt ihre Ketten 1848.* (Kölnisches Stadtmuseum. Foto: Rheinisches Bildarchiv Nr. 184319.)

323 *Titelblatt der ›Kölnischen Zeitung‹ vom 4. September 1842 zum Dombaufest.* (Kölnisches Stadtmuseum. Foto: Rheinisches Bildarchiv Nr. 96252.)

327 *Der Dom zu Köln.* Verhas/Winkles. (Simrock.)

335 Weinetiketten aus der Sammlung des Kölnischen Stadtmuseums (Fotos: Rheinisches Bildarchiv Nr. 184308 u. 184307.)

337 *Friedrich Wilhelm III. besteigt am 14. September 1825 in Koblenz das Dampfboot.* (Kölnisches Stadtmuseum. Foto: Rheinisches Bildarchiv Nr. 85038.)

339 *Stolzenfels.* W. Schneider/Th. Beck. (Foto: Rheinisches Bildarchiv Nr. 129056.)

347 *Bacharach.* Aquarell von Caspar Scheuren 1862. (Köln, Wallraf-Richartz-Museum. Foto: Rheinisches Bildarchiv Nr. 50275.)

349 *Burschenherrlichkeit.* Gez. J. Lörper. Verlag J. Dickhoff Bonn. (Kölnisches Stadtmuseum. Foto: Rheinisches Bildarchiv Nr. 184320.)

351 *Nonnenwerth bei Bonn.* N. Ponsart/Thierry Frères lith. (Ponsart: Vallée de l'Ahr [...] [s. zu S. 273].)

389 Weinetikett aus der Sammlung des Kölnischen Stadtmuseums. (Foto: Rheinisches Bildarchiv Nr. 184309.)

423 Aquarell von Caspar Scheuren 1862. (Wallraf-Richartz-Museum. Foto: Rheinisches Bildarchiv Nr. 116698.)

Oskar Walzel: Rheinromantik. In ders.: Vom Geistesleben alter und neuer Zeit. Aufsätze. Leipzig 1922, S. 440–466 (zuerst 1901).

Heinz Stephan: Die Entstehung der Rheinromantik. (Diss. Bonn.) Köln 1922 (mit ausführlicher Bibliographie).

Paul Ortwin Raabe: Die Rheinansichten in den Reisewerken zur Zeit der Romantik. In: Wallraf-Richartz-Jahrbuch 1 (1924), S. 123 bis 150.

Heinz Steinmeyer: Mensch und Landschaft der Romantik unter besonderer Berücksichtigung der Rheinansichten. Köln 1928.

Paul Ortwin Raabe [Hg.]: Der deutsche Rhein. Wanderungen und Fahrten der Romantik. Berlin [1938].

Heinrich Lützeler: Der Kölner Dom in der deutschen Geistesgeschichte. Bonn 1948.

Walter Ottendorf-Simrock: Die Stimme des Rheins. Der Strom im Spiegel der Dichter des 18. und 19. Jahrhunderts. Ein rheinisches Lese- und Bilderbuch. Bad Honnef 1956.

Willy Krogmann: Loreley. Geburt einer Sage. In: Rheinisch-Westfälische Zeitschrift für Volkskunde 3 (1956), S. 170–195.

Rheinische Landschaften und Städtebilder 1600–1850. Köln 1960 (= Katalog der Ausstellung im Rheinischen Landesmuseum Bonn 10.12.1960–26.2.1961).

Helmut Häuser: Ansichten vom Rhein. Stahlstichbücher des 19. Jahrhunderts. Darstellung und Bibliographie. Köln 1963.

Albrecht Mann: Die Neuromantik. Eine rheinische Komponente im Historismus des 19. Jahrhunderts. Köln 1966.

Horst-Johs Tümmers: Rheinromantik. Romantik und Reisen am Rhein. Köln 1968.

Gisela Dischner: Ursprünge der Rheinromantik in England. Zur Geschichte der romantischen Ästhetik. Frankfurt am Main 1972.

Jörg-Ulrich Fechner: Erfahrene und erfundene Landschaft. Aurelio de' Giorgi Bertòlas Deutschland und die Begründung der Rheinromantik. Köln 1974.

Norbert Oellers: Geschichte der Literatur in den Rheinlanden seit 1815. In Franz Petri und Georg Droege [Hg.]: Rheinische Geschichte in drei Bänden. Bd. 3. Wirtschaft und Kultur im 19. und 20. Jahrhundert. Düsseldorf 1979, S. 553–696.

INHALT

Seliges Tal des Rheins!

Hoch auf dem alten Turme steht Des Helden edler Geist

Nirgends werden die Erinnerungen an das, was die Deutschen einst waren, und was sie sein könnten, so wach, als am Rheine